KB267271

매니페스토와 지방선거

일본의 경험과 한국의 실험

매니페스토와 지방선거
이본의 경험과 한국의 실험

지은이 | 김영래 · 이현출 편
초판 1쇄 인쇄 | 2006년 3월 25일
초판 1쇄 발행 | 2006년 3월 30일
펴낸곳 | 논형
펴낸이 | 소재두
표지 | 에이디 솔루션
편집 | 에이디 솔루션
등록번호 | 제2003-000019호
등록일자 | 2003년 3월 5일
주소 | 서울시 관악구 봉천2동 7-78 한립토이프라자 6층
전화 | 02-887-3561   팩스 | 02-886-4600

ISBN 89-90618-83-5 94340
값 15,000원

논형출판사와 한립토이북은 한립토이스의 자회사로 출판과
문화컨텐츠 개발을 통해 향유 문화의 지평을 넓히고자 합니다.

매니페스토와 지방선거

일본의 경험과 한국의 실험

김영래·이현출 편

올해 5월 31일에는 제4회 전국 동시 지방선거가 실시된다. 이번 실시되는 지방선거를 기점으로 우리나라는 해마다 선거를 치르게 된다. 2007년 12월 19일은 17대 대통령 선거, 2008년 4월 16일은 18대 국회의원 선거 등 각종 선거가 있을 예정이어서 본격적인 선거철이 다가왔다.

선거는 민주주의의 꽃으로서 민주 정치를 하는데 가장 중요하고 또한 반드시 거쳐야 될 절차이다. 절차적 민주주의를 통한 정치체제의 운용은 국민에 의한 선택이며 동시에 정치 체제에 대한 정통성 확보이다. 선거의 핵심은 투표를 통하여 대표자를 선출하는 것이다. 선거를 통하여 어떠한 후보자를 선택하느냐에 따라 국가 발전의 미래가 결정된다.

세계화 · 지방화 · 정보화 시대인 21세기의 선거는 무엇보다도 중요한 의미를 가진다. 특히 풀뿌리 민주주의인 지방 자치를 발전시키는데 지방선거는 지방화뿐만 아니라 세계화의 초석이 된다. 이런 의미에서 지방화

(Localization)와 세계화(Globalization)의 합성어인 지세화(地世化:Loc-balization) 시대를 맞이한 오늘날 지방선거의 중요성은 더욱 강조된다.

지세화 시대를 맞이한 우리나라도 본격적인 지방 자치 시대를 맞고 있다. 1995년 자치단체장의 직선으로 지방 자치가 실시된 지 어연 12년이 된다. 그 동안 지방 자치는 여러 가지 시행착오 속에서도 꾸준히 발전을 해 왔으며, 중앙 정치의 불안정 속에서도 한국 정치 사회가 그런대로 안정을 찾아 발전하는 것은 지방 자치의 결과라고 본다.

그러나 아직도 우리 정치 사회에서 민주주의의 기초인 지방 자치를 꽃피우고 주민들의 행복한 삶이 실현되기 위해서 해결해 나가야 할 많은 과제들이 있다. 이와 같은 과제들이 해결되기 위해 이번 5월 31일 실시되는 지방선거에서 후보자나 정당들은 좋은 정책, 책임 있는 정책을 내놓아야 하며, 또한 유권자는 지연, 학연, 혈연, 금권이 아닌 정책에 의한 올바른 선택을 하여야 한다.

이 책은 이러한 선거 문화를 발전시키기 위하여 발간하는 것이다. 영국, 일본 등 선진국에서 정당이나 후보자의 매니페스토(Manifesto)는 이미 선거에 적용하고 있다. 허황된 실현성 없는 공약이 아닌 구체적이고 실현성 있으며, 정책의 우선 순위까지 적시되어 유권자에게 일종의 계약으로 제시된 정책인 매니페스토에 의한 선거를 한국에도 적용하여 한국 정치 문화, 선거 문화를 향상시키는 데 도움을 주고자 이 책을 발간한다.

이 책에 실린 논문은 지난 2월 3일 사단법인 내나라연구소가 아주대학교 사회과학연구소, 한국정당학회와 공동으로 주최한 '지방선거와 정치 발전: 한·일 비교' 국제 학술회의에서 발표된 내용을 중심으로 하였다. 이 학술회의는 한국에서 최초로 매니페스토를 주제로 다룬 세미나로 학계는 물론 정치권, 언론계, 그리고 일반인들로부터 대단한 관심을 끌었다.

필자가 매니페스토에 대한 국제 학술회의를 기획한 것은 2004년 12월 중순이다. 당시 필자는 일본 사학의 명문 게이오대학교(慶應義塾大學校)에 방문 교수로서 연구 활동을 하던 중 게이오대학원 박사 과정에 재학 중인 유학생들로 구성된 미타동북아연구회(三田東北亞研究會) 모임에서 매니페스토에 대한 토론회를 할 기회가 있었으며, 이를 계기로 소네 야스노리(曾根泰敎) 게이오대학교 교수 등을 초청해 수차례에 걸쳐 토론회를 가졌다.

이후 2005년 6월 7일 게이오대학교 대학원에서 주최하는 마츠자와 시게후미(松澤成文) 가나가와현(神奈川縣) 지사의 일본 정치 개혁에 관한 특강을 들을 기회가 있었다. 당시 마츠자와 지사는 특강에서 일본 정치 개혁은 지방에서 출발하여야 하며, 이는 로컬 메니페스토를 통하여 이룩되어야 한다고 하면서 2003년 가나가와현 지사 선거에서 자신이 발표한 매니페스토에 대한 설명이 있었다.

한국 정치 개혁에 많은 관심을 가지고 있던 필자는 매니페스토를 한국 선거에 도입하면 한국 정치 문화를 변화시키는 데 기여할 수 있을 것이라는 인식 하에 2005년 8월 23일 요코하마에 있는 가나가와현 지사실에서 마츠자와 지사를 면담하면서 서울에서 매니페스토에 관한 국제 학술회의 개최 의사를 알리고, 동시에 마츠자와 지사를 기조 연설자로 초청키로 하여 이번 학술회의가 개최된 것이다.

그 후 연구년을 마치고 귀국하여 국내에서 각종 학술발표회, 신문 기고 등을 통하여 매니페스토에 대한 소개를 하였으며, 이를 시민운동 차원에서 전개하기 위하여 지난 2월 1일 필자를 포함하여 '지방의제21전국

협의회', '한국장애인단체총연합회', '열린사회시민연합', '볼런티어21' 등 10여개의 시민단체 대표자가 공동 대표가 되어 '531스마트매니페스토정책선거추진본부' (www.manifesto.or.kr)를 세종회관에서 출범하게 되었다.

매니페스토 추진 본부가 출범된 이후 정치권, 언론계, 학계, 그리고 일반 시민들이 보여준 관심과 격려는 필자가 예상한 것 이상으로 뜨거웠다. 매니페스토에 관한 기사가 주요 일간지 1면 톱을 장식하는가 하면, 서울 시장, 경기 지사 등 광역 자치 단체 후보 예상자들이 앞 다투어 매니페스토 운동에 대한 동참 의사를 밝히고, 부산을 비롯한 각 지역의 시민단체들이 해당 지역에서 지방선거에 매니페스토에 의한 평가를 실시하겠다고 성명서를 발표하기도 했다.

매니페스토에 대한 이런 뜨거운 반응은 세 가지 관점에서 나타났다. 첫째 시민들의 정치개혁에 대한 열망이다. 지난 2004년 4월 실시된 17대 총선을 통해 무려 60%이상의 정치 신인이 국회에 진입하였음에도 불구하고 정치권은 여전히 구태의연한 정치 행태를 보이고 있고, 지연, 학연, 혈연, 금권 등이 아직도 선거 시 가장 큰 위력을 발휘하고 있어 정치개혁의 주장이 더욱 강하게 제기되고 있다.

둘째 지방 정치의 발전을 위한 요망이다. 그 동안 지방 자치가 지역의 토호, 자질 없는 단체장에 의하여 잘못 운영되고 있다는 지적이 많다. 최근 감사원의 지방 자치 단체에 대한 감사 결과에서 나타난 것과 같이 단체장의 지방 자치 운영은 많은 문제점을 가지고 있어 민주주의의 뿌리인 지방 자치로부터의 정치 변화 없이는 중앙 정치가 변할 수 없다는 강한 인식이 확산되고 있다.

셋째는 시민운동에 대한 새로운 방향 모색이다. 2000년 4월 총선 시

'총선시민연대'에 의하여 전개된 낙천·낙선 운동은 세계 시민사회의 지형을 변화시킬 정도로 대단한 영향력을 발휘했다. 당시의 시대적 상황은 이를 정당화시켜 주고 있다. 그러나 최근 시대적 상황이 많이 변하였고 또한 시민들도 새로운 시민운동의 방향을 기대하고 있다. 이러한 상황적 변화에 따라 선거 시 새로운 시민운동 활동의 브랜드로 제시된 것이 매니페스토 운동이다.

이 책이 출판되는 데 많은 분들의 협조가 있었다. 우선 이 학술회의를 지원하여 주신 손학규 경기지사님과 경기개발연구원 남기명 원장님에게 감사드린다. 일본국제교류재단 서울문화센터 사카키바라 미치노리(榊原通紀) 소장님, 동아일보 김학준 사장님, 재단법인 아시아연구기금에게도 많은 도움 주신 점 감사드린다.

학술회의에 기조연설을 하여 준 일본 가나가와현의 마츠자와 시게후미 지사님, 발표자인 소네 야스노리 게이오대학교 교수님과 이노우에 료이치(井上良一) 가나가와현 로컬 메니페스토 네트워크 사무국 차장님, 한국측의 이현출 박사님, 손혁재 박사님, 그리고 사회를 맡으신 김용호 한국정치학회장님, 박원순 아름다운 재단 상임이사님, 바쁘신 의정 활동 중에 토론을 맡아주신 지병문 열린우리당 의원님, 김석준 한나라당 의원님, 그리고 서울대 박찬욱 교수님, 경기개발연구원 김동성 박사님, 쿠수미 스요시(久住剛) 일본 Public Resource Center 대표님, 이동관 동아일보 논설위원님, 하승창 한국시민사회단체협의회 운영위원장님에게 감사드린다.

학술회의뿐만 아니라 이 책의 출판에 있어 주도적인 역할을 내나라연구소 부소장인 인하대 김정호 교수님께 특히 고마움을 표시한다. 내나라 연구소를 필자와 같이 1994년 설립 이래 이끌어 오고 있다. 아주대학교

대학원 양승국 조교는 각종 궂은일에 고생을 많이 하였다. 게이오대학교 대학원 박사 과정에 재학중인 하동현, 현석, 박진혁, 이홍천, 김재용 원생등도 많은 도움을 주었다. 특히 회의 준비 연락에 있어 하동현 대학원생의 노고가 컸다.

이 책에 실린 학술회의 발표 논문 이외의 논문은 필자 등이 그 동안 매니페스토에 대하여 연구하였던 것들을 정리한 것이다. 그리고 부록에 있는 각종 자료는 일본에서 로컬 메니페스토를 선거공약으로 발표, 당선되어 가나가와현청 운영에 실제 적용하고 있는 마츠자와 시게후미 지사의 매니페스토, 그리고 지난 2월 1일 발족한 '531스마트매니페스토정책선거추진본부'에서 발표한 자료 등이다.

이 책이 나올 수 있는 계기가 된 것은 필자가 게이오대학에서 2004년 8월부터 2005년 8월까지 연구 생활을 할 수 있는 기회가 있었기 때문이다. 당시 필자에게 연구실은 물론 아자부쥬방(麻布十番)의 아파트까지 마련해주고 게이오대학의 미타캠퍼스에서 젊은 대학생들과 어울려 지낼 수 있도록 초청하여 준 게이오대학교 고바야시 요시야키(小林良彰) 교수님과 일본국제교류재단에 특히 감사를 표하고자 한다. 고바야시 교수는 필자가 2001년 한국정치학회장으로 있던 때부터 한국 학계와의 교류를 활발하게 하였으며, 또한 한국 문화에도 많은 관심을 나타내고 있는 대표적인 지한(知韓) 정치학자이다.

이 책의 편집을 맡아 수고한 국회도서관 입법연구관 이현출 박사님께 특히 감사드린다. 이 박사님은 국내에서 일찍이 매니페스토에 대한 연구를 개척한 대표적 연구자이다. 어려운 출판사 사정에도 불구하고 출간하여 주신 소재두 논형 사장님에게 감사드린다.

끝으로 한국에서 최초로 발간되는 매니페스토에 관한 이 책이 오는

5월 지방선거뿐만 아니라 한국 선거 문화 발전의 전기가 되기를 간절히
바란다.

2006년 3월
집필자들을 대표하여 김영래 씀

차 례

1장

지방선거와 정치 발전

김영래 · 아주대 교수

1. 뉴 패러다임의 시대

변화와 개혁은 시대적 흐름이며 발전의 원동력이다. 한국을 비롯한 세계 각국은 이러한 변화와 개혁의 시대인 21세기를 맞이하여 자국의 발전을 도모하고 새로 재편되는 세계 질서 형성에 있어 주도적인 역할을 수행하기 위해 새로운 패러다임(new paradigm)으로 발전 전략의 수립을 추구하고 있으며, 이를 실현하기 위한 국가적 역량을 총 동원하고 있다.[1]

새로운 패러다임은 21세기의 대표적인 화두인 세계화 · 정보화 · 지방화와 더불어 모색되고 있다. 정보 혁명에 따른 제3의 물결(third

---

[1] 패러다임에 대한 기초적 이해는 Thomas Kuhn(1962) 참조.

wave)을 주장한 미래학자 앨빈 토플러(Alvin Toffler)는 정보화가 인간
의 의식 구조나 생활 양식을 변화시켜 과거 사회와는 다른 새로운 패러
다임의 전이가 요구되고 있으며, 특히 정치 분야에서 새로운 권력 관계
가 형성된다고 본다(Toffler 1980; 1990). 이는 시대 흐름이기 때문에
새로운 패러다임 전이에 부응하지 못하면 결국 낙후된 사회가 될 수밖
에 없다고 경고한다.

한국 사회 역시 새로운 패러다임의 추구를 위한 다양한 노력과 전략
이 요구된다. 최근 한국 사회는 정치, 경제, 사회뿐만 아니라 교육, 문화
등의 분야에서도 급속한 변화가 일어나는 것은 이러한 시대적 흐름의
결과이다. 세계 1위 정보 산업 기술(IT) 강국인 한국의 정보화에 따른 사
회 변화는 질적·양적으로 대단하다.

특히 정보화 혁명에 따른 사회 변화로 정치권도 급속하게 변화되었
다. 그동안 권위주의 체제에 있던 개발도상국, 교조주의적 이데올로기
에 있던 동유럽을 비롯한 사회주의 국가에서 민주화의 열기가 빠르게
확산되었다. 이런 민주화의 현상을 사무엘 헌팅톤(Samuel P.
Huntington)은 정치의 제3의 물결로서 분석하였다.

헌팅톤에 따르면 민주화의 제3의 물결의 대표적인 사례로 지적된
한국의 민주화는 1987년 민주 항쟁 이후 급속하게 진전되었다
(Huntington 1991, 23). 특히 2000년 실시된 제16대 총선을 계기로 사
회 각계각층에서 뉴 밀레니엄의 물결 속에 변화와 개혁을 기대하였으
며, 이런 욕구는 '2000총선시민연대'의 낙천·낙선 운동과 같은 시민
사회 단체의 활동으로 더욱 강력하게 표출되었다.[2]

2002년 실시된 16대 대통령 선거에서도 이른바 2030세대라는 젊
은 세대의 정치 참여 증대로 새로운 정치 지도자가 선출되어 국민들은

정치권이 구태의연한 타성에서 벗어나 새로운 희망을 줄 것으로 기대하였다.

2004년 4월 실시된 17대 총선거에서는 정치 신인이 무려 60% 이상 등장하는 거대한 정치 변화가 있었다. 정치 신인의 대거 등장과 더불어 민주노동당 같은 진보 세력의 제도권 정치에의 진입, 여성 정치인의 의회 진출 확대, 분점 정부(divided government)의 탈피 등과 같은 여러 변화가 나타나 17대 총선거를 중대 선거(critical election)라고 할 정도로 정치권의 변화는 컸다.[3]

또한 시민사회 단체는 2000년 총선시민연대와 유사하게 낙선 운동, 당선 운동 등을 전개하였다. 2004총선시민연대의 낙선 대상자 206명 중 129명(63%)이 낙선되었으며, 2004총선물갈이연대는 지지·당선 운동을 전개 54명의 후보 중 23명이 당선되었다(시민의 신문 2005, 452~458; 2004 총선물갈이연대 2004, 24~81).

이러한 변화에도 불구하고 아직도 한국 정치는 구태의연한 정치 행태에 머물고, 정치 지도자들의 리더십 부족으로 국민을 실망시킨다. 이는 국민의 기대 속에 출범한 17대 국회의 정치 상황에서도 크게 변하지 못했다. 이것은 중앙 정치를 둘러 싼 여러 상황 변화에도 불구하고 기존의 정치 구조를 변화시키지 못하는 한계를 드러낸다.

이러한 차원에서 우리가 새롭게 변화를 추구해야 할 것은 지방 정치(local politics)이다. 지방은 가장 기초적인 공동체의 정치 단위로서 우

---

2 2000년 4·13 국회의원 선거 시 총선시민연대의 활동은 「2000총선연대 백서」(2001.4)를 참조.
3 17대 총선거 결과 분석은 윤형섭·김영래·이완범(2006, 제15장) 참조.

리의 삶의 뿌리가 태생된 곳이며 발전의 원동력을 제공하는 곳이다. 지방의 변화를 통하여 중앙의 변화를 추구하는 것은 정치 영역만이 아니다. 하지만 정치가 사회 발전의 주도적 위치를 차지하는 정치 선행적 한국 현실에서 정치의 변화는 가장 중요한 발전의 요인이다.

이러한 의미에서 2006년 5월 31일 실시되는 지방선거는 대단히 중요하다. 1991년 지방의원 선거, 1995년 지방 자치 단체장이 주민들의 직접 선거로 선출된 이후 지방 정치는 상당한 변화가 있었으며, 지역 발전에 긍정적인 역할을 하였다. 그러나 아직도 여러 가지 시행착오가 계속되며, 따라서 이에 대한 개선이 요구된다. 그러므로 이 글은 지방선거가 정치 발전의 가장 핵심적인 요소라는 인식 하에 지방선거를 종래의 중앙 정치의 구태의연한 틀이 아닌 매니페스토(Manifesto)에 의한 정책 선거를 실시함으로서 한 단계 발전시키려는 차원에서 논의를 전개하고자 한다.

2. 지세화의 시대

21세기를 흔히 지세화(地世化)의 시대라고 한다. 지세화(Loc-balization)란 지방화(Localization)와 세계화(Globalization)의 합성어로서 앞으로의 국가 발전, 지구촌 발전은 지방을 통하여 이루어질 수 있다는 것을 의미한다. 1990년대만 해도 '사고는 세계적으로, 행동은 지방적으로'(Thinking Globally, Acting Locally)라는 구호 아래 세방화(Glocalization)의 시대를 논의했다면, 21세기는 '지방의 행동이 세계를 움직인다'(Local Action Moves the World)라는 구호 아래 지세화

시대를 맞이하고 있다.

이와 같은 지세화 시대는 이미 2002년 8월 남아프리카공화국의 요한네스버그에서 개최된 지속가능발전세계정상회의(World Summit on Sustainable Development: WSSD)에서 21세기의 지구촌 발전의 동력으로서 지방을 강조한 지방정부선언(Local Government Declaration)에서도 잘 나타난다.[4] 이 회의에서 세계 각국의 정상들은 지방정부 선언을 통하여 21세기를 지방이 주도하여 사회 발전을 이끌어감으로서 지방은 국가 발전, 지구촌 발전의 디딤돌을 제공해야 한다고 주장한다.

지방은 이미 중앙의 하부 개념이 아니고 독립된 개체로서의 발전의 주체인 것이다. WSSD회의에서 세계 각국의 정상들은 중앙 정부는 이미 자신의 능력을 초과하여 비대해진 과부하 상태이기 때문에 중앙을 중심으로 한 기존의 발전 전략을 가지고는 새로운 시대를 이끌 발전의 동력을 구하기는 어렵다고 주장하면서 새로운 창조 정신과 공동체적 인식의 확산을 통하여 지방을 중심으로 한 발전의 전기를 마련해야 된다고 본다.

지방화의 필요성은 여러 가지 차원에서 이미 제기되었다. 지방화는 세계적인 추세이며, 동시에 시대적 사명이다. 특히 민주주의의 뿌리를 이루는 지방 자치의 필요성은 지방화 실현에 있어 중요한 요소이며, 이는 다음과 같은 관점에서 다양하게 논의할 수 있다.

첫째, 지방화는 지역 사회 정체성(identity)을 제고시킬 수 있다. 지역민 스스로 지역에 대한 애정을 가지고 지역 발전에 일꾼이 되도록 정

---

4 지방정부선언문은 지방의제21전국협의회(2002, p.77~88) 참조.

체성을 부여하는 것이다. 때로는 지역 감정이라는 부정적인 이미지에도 불구하고 지역민의 높은 정체성은 지역 사랑과 국가 사랑의 기본이 되는 것이다. 지역민의 정체성 없이 지역 발전을 기대할 수 없다.

둘째, 지방 정치의 활성화이다. 우리나라 정치는 권위주의적 속성을 지니고 있으며, 더구나 서울 중심의 정치만이 존재하고 있었다. 지방 정치라는 것도 서울 중심의 중앙 정치를 위한 수단밖에는 되지 못하였다. 그레고리 헨더슨(Gregory Henderson)의 지적과 같이 "소용돌이의 정치"(politics of vortex)는 중앙집권적 정치 구조만을 심화시켰기 때문에 독자적인 지역에 의한 지방 정치는 그동안 사실상 의미가 없었다(Henderson 1968, 195~224). 지방 자치를 오랫동안 실시한 국가들이 중앙의 민주주의도 잘하고 있다. 또한 지방에서 유능하고 양심적인 인재를 발굴하여 훈련시킴으로써 중앙 정치도 활성화되고 있다.

셋째, 지역 경제의 발전을 위한 지방화의 필요성이다. 지금까지 지방은 독자적인 재정 운용 계획에 의한 발전을 하지 못하였다. 재정권을 중앙이 독점함으로써 지역주민의 복지 등에 대한 독자적인 계획이나, 기업 활동에 대한 유리한 여건 제시도 사실상 중앙에 의존할 수밖에 없었다. 국가 경제도 지역 경제의 튼튼한 바탕 하에서 이룩될 수 있다. 특히, 세계무역기구(World Trade Organizations: WTO) 체제에 기업의 대외 경쟁력을 강화하고 지역 경제의 발전을 이룩하기 위하여 지방화는 필수적이다.

넷째, 삶의 질의 향상을 위한 지방화의 필요성이다. 지역은 각기 나름대로의 다른 지역과는 상이한 환경적 조건을 지니고 있다. 문화적·사회적으로 상이한 전통을 가진 각 지역은 지역 실정에 알맞은 생활 패턴을 가지고 이에 따른 주민의 삶의 질을 높여야 한다. 단순히 경제적

차원만이 아닌 교육적, 문화적 차원에서의 지역 사회의 역할 등이 강조
되어야 한다.

다섯째, 공동체 형성(community building)의 재정립의 문제이다.
후기 산업 사회에서 파편화되어 가는 공동체적 삶의 재건을 위한 지방
화의 필요성이다. 과거 우리 사회는 고도의 공동체적 의식을 가지고 상
부 상조의 정신 하에 이룩된 사회이다. 이런 우리 사회의 전통을 복원하
기 위하여 지방화를 통해 기초 단위부터 공동체적 삶의 구조를 복원하
는 것이 필요하다.

최근 세계 각국은 이러한 지방화를 통하여 세계화를 달성하고자 하
며, 이것이 지세화이며, 이런 현상은 한국에서도 나타나고 있다. 지방
자치의 역사가 불과 15년 정도밖에 되지 않았으나, 서울과 경기도를 비
롯한 전국 각 지역의 지자체를 중심으로 발전을 위한 변화된 모습을 보
여준다. 중앙 정부가 리더십의 부족으로 인하여 정치 안정, 경제 발전을
제대로 수행하지 못한 상황 하에서도 서울과 경기도를 비롯한 각 지자
체장들은 지방을 중심한 리더십을 발휘하여 지역 발전을 통한 국가 발
전을 추구하고 있다. 서울의 청계천 복원 사업, 경기도가 유치한 파주의
LG Philips LCD 공장 등이 대표적인 사례라고 볼 수 있다.

지세화의 핵심은 지방 분권이다. 지방 분권은 중앙 중심의 권력구조
가 지방으로 분산됨을 의미하며, 동시에 지방 분권적 지방정치로의 형
태 변화는 지방화, 나아가서 지세화의 추구에서 이루어진다(조휘각
2006, 22). 지방이 자율성(autonomy)과 책임성(accountability)을 가
지고 지역 문제를 스스로 해결함으로서 지역 발전을 추구하는 것이다.
이런 자율성과 책임성을 가지려면 무엇보다도 지역으로부터 정치, 경
제, 사회 등 각 부문의 주도적 역할을 할 인재를 발굴하고 육성하는 일

이 필요하다. 우수하고 능력 있는 인재가 지역에서 발굴되고 양성될 때 지역은 스스로의 힘과 발전의 동력을 가지게 되는 것이다.

3. 지방선거의 중요성

지방 자치는 지방선거를 통하여 실시된다. 이런 의미에서 한국의 지방 자치는 아직 15여 년 밖에 지나지 않은 짧은 역사를 가지고 있다. 물론 1952년 4월부터 1961년 5월에 발생한 5·16 군사 쿠데타가 일어나기 전까지 9년 1개월 동안 지방 자치를 실시한 바가 있지만, 이는 1960년 12월 지방선거를 제외하고는 당시 이승만 대통령이 장기 집권을 위한 지지 세력으로 지방 자치를 이용하였기 때문에 한국에서 지방 자치가 실시된 것은 1991년 3월과 6월에 각각 실시된 기초의원 선거와 광역 의원 선거부터이다.

그러나 1991년 지방의원 선거는 지방의회의 권한을 제약하는 많은 내용이 포함되어 있는 지방자치관련법 규정으로 인하여 실질적인 지방 자치를 실시하지 못하였다. 이런 의미에서 외형적으로나마 본격적으로 지방 자치가 실시된 것은 1995년 6월 27일 동시 선거였으며, 지방의회 의원과 단체장을 주민이 직접 선출함으로서 풀뿌리 민주주의 (grassroots democracy)를 구현할 수 있는 계기가 되었다.

그러나 아직도 지방 자치 관련 법규가 본격적인 지방 자치를 실시하기에는 미흡하고 중앙 정치가 지방 자치를 발전시킬 수 있는 의식이 제대로 되어 있지 않아 지방 자치 발전을 위한 수많은 과제가 산적하여 있음을 지적하지 않을 수 없다. 그럼에도 불구하고 앞으로 지방 자치에 대한 문제점을 보완하면 지방 민주주의를 통한 지방 자치 발전이 결코 어려운 과제는 아니다.

그동안 우리나라는 서구식의 민주 정치 제도를 도입·실시하였으나, 아직까지 바람직한 민주 정치 제도가 정착되지 못하고 있다. 민주 정치 제도가 정착되지 못한 요인은 여러 가지가 있겠으나, 무엇보다도 기초적 민주주의가 생활화되지 못하고 의식화되지 못한데 요인이 있다. 특히, 이는 풀뿌리 민주주의의 기초인 바람직한 지방선거 문화를 통한 지방 자치가 발전되지 못한 데 기인한다.

지방 자치는 그동안 중앙 정부의 일선 행정 기관으로 취급되었던 각급 지방 행정 단위에 대하여 정부로서의 지위를 부여하여 지역 문제를 지방 자치 단체와 지역 주민 스스로 해결하는 제도를 말한다. 분권화와 자율성, 그리고 참여를 주축으로 하는 지방자치는 민주주의의 기초가 되는 것이다. 이러한 기초 단위에서부터 민주주의를 생활화함으로서 민주 정치를 정착시키기 위하여 무엇보다도 지방선거가 바람직한 선거 문화를 통하여 이루어짐으로서 지방 자치의 토대를 구축하는 것이다.

지방 자치는 주민의 정치와 행정을 의미하는 것이며, 남에 의하여 지배되는 아니며 지역민 스스로의 의사와 힘에 의하여 자신의 생활과 활동을 다스리는 것이다. 따라서 민주주의가 '국민의', '국민을 위한', '국민에 의한' 정치라고 할 때 지방 자치는 '지역 주민의', '지역 주민을 위한', '지역 주민에 의한 제도를 의미한다.

때문에 많은 학자들이 지방 자치는 풀뿌리 민주주의를 위한 제도로서 인식한다. 이는 지역 주민들이 자신들의 의사에 따라 지역 문제를 결정하고 집행을 하기 때문에 민주주의의 기초가 되는 것이다. 영국의 브라이스(James Bryce)는 "지방 자치란 민주주의의 최상의 학교이며 민주주의 성공의 보증서를 입증해 준다"라고 하였으며, 토크빌(Alexis de Tocqueville)은 민주 시민을 교육하고 양성하는 훈련장으로서의 지방 자치를 강조하면서 민주주의와 자유를 가능케 하는 교육적 기능을 주장했다(James Bryce 1921 ; Alexis de Tocqueville 1945; 박호성 외 2002, 22~23 참조). 이런 의미에서 지방 자치는 민주주의의 훈련장인 학교이며 동시에 고향인 것이다.

한국은 서구식의 지방 자치의 역사는 비록 짧지만 지방 자치의 근간을 이루는 지방화는 상당히 오랜 역사를 가지고 있기 때문에 지방 자치를 할 수 있는 토양은 이미 형성되었다고 볼 수 있다. 일찍이 민족의 선각자인 신채호 선생은 "내가 한국사를 살펴보고 놀란 것은 한국이 고대에는 자치 제도가 가장 성행했던 나라였다는 사실이다. 면(面)의 일은 면이 스스로 의논하여 결정하고 향(鄕)의 일은 향이 스스로 의논하여 결정할 뿐만 아니라, 중앙이 파견한 관리인 수령이 선정을 못 베풀면 그 불신의 행정을 규탄하는 엄연한 지방 자치의 권리가 있음을 본다"라고 말했을 정도로 한국에서 지방화는 오랜 뿌리를 가지고 있다(신채호 1909).

1949년의 지방자치법 제정 이후 지방 자치는 지방선거를 통하여 여러 가지 시행착오에서 발전되었다. 이미 지적한 바와 같이 초기에 지방자치가 이승만 대통령의 권력을 강화하기 위한 수단으로 사용되었으며, 중앙 정치의 수단으로 취급되어 발전되지 못하였으나, 1991년 지방의회 선거 이후 점차 발전 징후를 보이고 있다. 지금까지 실시된 역대 지방선거 실시 현황을 살펴보면 다음과 같다.

4. 변화된 지방선거 환경

2006년 5월 31일 실시되는 제4회 전국 동시 지방선거는 과거와는 다른 정치 상황에서 실시된다. 지난 해 8월4일 개정된 선거법, 정당법, 정치자금법 등으로 선거 환경에 상당한 변화가 있다.

[표 1] 역대 지방선거 실시 상황

선거명	선거일	지방자치단체수 (선거구수)	선거실시 지방자치단체수 (선거구수)	정수
시·읍·면의회의원선거	1952.04.25(금)	1,542	1,397	17,559
도의회의원선거	1952.05.10(토)	9	7	306
시·읍·면의회의원선거	1956.08.08(수)	1,491	1,458	16,961
시·읍·면의 장선거	1956.08.08(수)	1,491	580	1,491
시·도의회의원선거	1956.08.13(월)	10	10	437
시·도의회의원선거	1960.12.12(월)	10	10	487
시·읍·면의회의원선거	1960.12.19(월)	1,518	1,468	16,909
시·읍·면의 장선거	1960.12.26(월)	1,468	1,468	1,468
서울시장선거·도지사선거	1960.12.29(목)	10	10	10
구·시·군의회의원선거	1991.03.26(화)	3,562	3,562	4,304
시·도의회의원선거	1991.06.20(목)	866	866	866
제1회 전국동시지방선거	1995.06.27(화)	4,885	4,885	5,758
제2회 전국동시지방선거	1998.06.14(목)	4,347	4,347	4,428
제3회 전국동시지방선거	2002.06.13(목)	3,459	3,459	3,485
제4회 전국동시지방선거	2006.05.31(수)	실시예정	실시예정	3,867

＊제4회 지방선거는 광역자치단체장 16명, 기초자치단체장 230명, 광역자치단체 의회 의원 733명(비례 78명 포함), 기초자치단체 의회 의원 2,888명(지역구 2,513, 비례 375명) 등 총 3,867명을 선출한다.

＊제주도는 2006. 7. 1 제주특별시자치도가 되면서 지차구·시·군이 없어짐.

첫째, 기초의원에 대한 정당공천제의 도입이다. 기초의원 후보자 기호를 정당별로 주게 되어 정당 간의 경쟁이 더욱 치열하여 질 것이다. 즉, 5인 이상의 국회의원이 있거나 지난 선거에서 3%이상 득표한 경우 전국적으로 같은 기호를 주게 된다는 조항을 삽입한 결과 정당 중심의 선거로 중앙당의 권력이 더욱 강화되어 지방 정치가 중앙에 종속될 가능성이 많다. 특히, 무소속 후보는 기초의원의 경우에도 더욱 불리 할 것 같다.

둘째, 비례대표제의 도입이다. 기초 의회 선거에 정당공천제가 도입됨에 따라 비례대표제도 같이 도입하였다. 지난 선거에는 광역 의회에만 도입하였는데, 이번에는 기초 의회까지 적용했다. 비례의원 정수는 자치구 시·군의원 정수의 100분의 10으로 하도록 하였으며(제23조 제3항), 특히 비례 대표의 50%를 여성으로 추천하고 후보자 명부 순위의 홀수에 두도록 하여 여성의 진출을 도모하였다.

셋째, 기초의원 선거를 중선거구제로 개정하였다. 기초 의회는 선거구를 2인 이상 4인 이하의 범위 안에서 선출하는 중선거구제가 도입되었다. 따라서 중선거구가 되면서 선거구 규모가 2~4배 증가하고, 선거 비용은 그에 비례하여 증가할 것 같다. 그러나 이번 선거에서 4인 선거구는 일부 지역에만 적용하고 대부분은 2~3인 선거구제를 채택하고 있다.

넷째, 광역의원과 기초의원의 유급제를 채택하였다. 그동안 지방의원은 회의 수당 등을 지급하는 명예직이었으나, 선거법 개정에 의거 광역의원과 기초의원의 유급제를 채택하였다. 즉, 회기 수당을 월정 수당으로 전환하며 의정 활동 여비, 월정 수당의 지급 기준은 대통령령이 정하는 바에 따라 당해 지방 자치 단체 의정비심의위원회에서 결정하는 범위 안에서 지방 자치 단체의 조례로 정하도록 하고 있으나, 기초의원은 연봉 5000만 원, 광역의원은 7000만 원 정도로 예상하고 있다.

다섯째 의원 유급제에 따라 광역의원의 정수는 그대로 두었으나, 기초의원은 20% 수를 감소하기로 결정하였다. 따라서 일부 인구가 적은 기초의회의 경우, 최소 의원 정수가 7명인 지역도 상당수 있어 과연 제대로 의사 진행이 이루어질 수 있을지 염려되는 곳도 있다.

여섯째, 지방 의원을 유급제로 전환함에 따라 전문 인력들이 지방의회에 대거 진입하고 따라서 지방의원의 질적인 향상을 꾀할 수 있게 되었으며 젊은층이 참여할 수 있게 되었다.

일곱째, 여성 추천 보조금 차등 지급이다. 여성 후보를 100분의 5이상 추천한 정당에 대하여 여성 후보자 추천 비율에 따라 차등 지급하여 여성 추천 보조금을 지급하되 후보자 마감 등록 마감일 후 2일 이내에 지급하고 여성 후보자의 경비로 사용하도록 하였다.

여덟째, 예비 후보자 제도의 도입이다. 지난 1월 31일부터 광역 단체장 예비 후보자의 등록이 진행되었고 기초 자치 단체장 등 기타 후보는 3월 19일부터 실시된다. 예비 후보 활동 기간은 120일 전부터이며, 이러한 기간 연장은 정치 신인들의 사전 선거 운동이 제약되어 상대적으로 불리했던 이전의 선거 제도가 개선되었다는 점에서 긍정적인 측면이 있으나, 예비 후보의 선거 운동 비용은 보전되지 않는 불리한 점도 있다.

아홉째, 선거 연령을 19세로 하향 조정하였다. 외국도 대부분 선거 연령은 18세 또는 19세로 하향 조정하였다. 또한 영주의 체류 자격 취득일이 3년이 경과한 19세 이상의 외국인에게 선거권을 부여한 것은 세계화 추세를 감안한 요소이다.

이외에도 예비 후보, 배우자, 후보자와 함께 다니는 자 중 1명은 명함을 돌리는 선거 운동이 가능하게 하는 등 여러 가지 변화가 있었다.

이러한 지방선거를 둘러 싼 정치 환경은 지방선거의 운동 방식을 상당히 변화시킬 것이다. 특히 정당 중심의 정치로 가기 때문에 후보자의 선거 운동 양태가 과거와는 달라 질 것으로 예상된다. 또한 최근 감사원 발표에서와 같이,[5] 일부 지방 자치 단체가 지자체 운영에 있어 방만한 재정 운영, 인사 제도의 미흡, 단체장의 자의적 행정 행위 등이 나타나 자질 있는 후보의 대두를 기대하고 있다.

5. 시민운동의 변혁기 시대

변화된 것은 지방선거와 관련된 각종 제도나 법규뿐만이 아니다. 그동안 지방 정치를 비롯한 한국 정치 사회 변화에 있어 지대한 영향력을 행사한 시민사회 역시 상당한 변화를 겪고 있다. 특히 시민사회가 지방선거를 비롯한 선거에 미치는 영향력에 대한 새로운 운동 방식이나 전략이 요구된다.

한국 시민사회는 1987년 6월 민주 항쟁 이후 비약적으로 성장하였다. 불과 20년도 안 되는 짧은 역사를 지녔음에도 불구하고 그동안 한

---

[5] 지난 2월 9일 감사원은 지자체의 관리 감독 및 예산 집행에 따른 직무유기 등의 혐의로 기초 단체장 18명에게 주의를, 그리고 공무원 249명에 대한 징계를 요구했다(중앙일보 2006년 2월 10일).

국 시민운동이 보여준 역동성으로 전지구촌으로부터 주목을 받았으며, 따라서 한국의 시민운동은 이른바 '다이내믹 코리아'(Dynamic Korea) 상징의 하나가 되었다.

이는 한국 시민사회의 성장 과정에서도 나타난다. 한국 시민운동은 1980년 중반 이전에는 군부 권위주의 정권에 항거하는 민주화 운동을 전개하면서 재야 세력이라는 이름 하에 시민운동의 기반을 마련하는 태동기를 거쳐 성장하였다. 이는 서구의 시민사회 성장과는 다른 '재야'라는 독특한 형태의 발전을 거쳐 한국 시민사회가 태동한 것이다.

이런 태동기를 거쳐 1989년 경제정의실천시민연합의 창설을 기점으로 그 후 환경운동연합, 참여연대 등 각종 시민단체들이 결성되는 성장기를 맞이했다. 성장기에는 그동안 권위주의 정권 하에 국가 조합주의 (state corporatism)적 사회 구조로 인하여 억눌렸던 각종 분출 욕구가 폭발적으로 분출하면서 각종 이익 집단을 조직하게 되었으며, 이런 과정에서 시민단체는 공익 단체(public interest group)의 성격을 띠고 조직으로 성장하게 되었다(김영래 1997, 47~62).

경제 정의 실천, 정치 부패 추방, 환경 보호, 인권보호 등등 불특정 다수의 공공이익의 추구라는 목표로 시민사회 운동을 전개한 시민사회 단체들은 김영삼, 김대중 정권이 들어서면서 질적·양적으로 발전하는 확대기를 맞게 되었다. 금융실명제의 실시, 비영리민간단체지원법,[6] 부패방지특별법 제정 등등이 대표적인 사례이다. 이 기간 주요 신문들은 NGO면을 고정적으로 신설하여 보도하였는가 하면, 시민운

---

6 일명 NGO지원법으로 불리는 비영리민간단체지원법은 2000년1월12일 제정, 공포되었다.

동 전문지인 〈시민의 신문〉이 창간되었다.

그 후 한국 시민운동은 2000년 4월 총선거 이 전개된 낙천·낙선 운동을 계기로 일대 도약기를 맞이한다. 참여연대, 환경운동연합을 비롯한 주요 시민사회 단체들의 주도로 전국적인 네트워크를 형성, 총선 결과에 지대한 영향력을 행사하였다. 선거법과 같은 실정법에 위배되는 운동임에도 불구하고 전국적인 연대 조직 하에 유권자들의 지지를 받아 정치권에 막대한 영향력을 행사하였으며, 이런 시민운동의 영향력은 2002년 12월 대통령 선거, 2004년 3월 대통령탄핵반대촛불집회, 2004년 4월 17대 총선까지 막강한 힘을 발휘하였다.

따라서 현재 정치인들이나 관료들은 정책 입안과 집행에 있어 시민 단체의 참여 없이 거론하기 힘들 정도가 되었다. 이러한 현상은 2004년 실시한 "한국을 움직이는 가장 영향력 있는 집단 혹은 세력(대통령 제외)"에 대한 여론 조사에서 시민단체는 정치권을 제치고 1위를 차지한 사실에서도 나타난다.[7]

특히 노무현 정부 취임 이후부터 시민사회 운동은 정치권과의 지나친 밀착 관계로 정권 자체가 시민운동 단체에 좌지우지된다고 할 정도로 막강한 힘을 갖게 되었다. 노무현 정권의 경우, 청와대에 시민사회수석실이 설치되었으며, 청와대를 비롯한 중요 부서, 각종 위원회에는 시민사회와 직·간접으로 관련 있는 상당수 인사들이 정부의 직책에 참여하였다.

---

[7] 영향력에 있어 시민단체는 1위로 28.9%이며, 2위 열린우리당(23.7%), 언론계(18.1%), 한나라당(17.8%)의 순이다(시사저널 2004년10월28일, 59).

그러나 2004년 총선 이후를 기점으로 한국의 시민운동은 정치적 영향력의 확대와는 달리 대내외적으로 새로운 도전에 직면하고 있으며, 시민들의 비판적인 시각이 점증하고 있다. 이러한 시민의 점증하는 비판은 시민사회의 새로운 변혁을 요구하고 있다. 따라서 한국 시민사회는 이런 변혁기를 맞이하여 과연 어떻게 변화할 것인가는 한국 시민사회의 발전뿐만 아니라 한국 사회 발전에 있어서 주요한 과제이다.

특히, 최근 한국의 시민사회를 보는 시민의 시선은 과거와는 다른 양상을 나타낸다. 이러한 시민들로부터의 관심 저하와 영향력의 감소 현상은 최근 실시된 여론 조사에서도 나타나 있다. 즉, 2005년 9~10월 실시된 '2005 누가 한국을 움직이는가' 라는 설문조사에서 시민단체는 1년 전에 비하여 영향력이 떨어진 것으로 나타났다.[8]

따라서 최근 시민운동은 지방선거 등 선거와 관련된 활동에 있어 새로운 방향의 모색이 요구되며, 이런 과정에 제기된 시민사회의 새로운 관심이 매니페스토 정책 선거 추진 운동이다.

6. 지방선거와 매니페스토 선거

현재 시민사회가 전개하는 매니페스토 운동은 올해 지방선거를 정책 선거로 하기 위한 시민운동의 하나이다. 이번 지방선거가 소프트웨

---

[8] 영향력 행사에 있어 1년 전 1순위에서 4순위로 떨어졌다. 4위는 참여연대(11.8%), 6위는 시민단체(6.0%)로 나타났다. 시사저널(2005년10월25일, 38) 참조.

어는 변하지 않고 다만 인물의 일부만 바뀐다든가 또는 정치 권력의 하드웨어 자체만 변동되든가 한다면 선거를 통한 한국 정치 발전을 기대할 수 없다. 이런 의미에서 선거의 소프트웨어를 변화시키기 위하여, 특히 정책 정당화를 실현하고 책임 정치를 구현하기 위한 차원에서 우리도 시민사회가 중심이 되어 매니페스토에 의한 선거를 올해 지방선거의 최고의 화두로 내놓고 있다.

이미 영국에서는 1997년 노동당의 토니 블레어(Tony Blair) 후보가 새로운 노동당(New Labour), 그리고 2001년에는 '영국을 위한 야망 (Ambitions for Britain)' 이란 이름 하에 선거시 대국민 약속으로서의 정권 선택의 수단으로서 매니페스토를 발표하였다(David Coates and Peter Lawler 2000; http//www.labout-party.org.uk/manifesto/1997; /2001 참조). 물론 보수당도 매니페스토를 발표하였으나, 노동당은 자신의 매니페스토를 통하여 선거에서 승리하였을 뿐만 아니라 정치의 신뢰성과 정치 변화를 추구해 오늘의 영국을 이끌고 있다.

이와 같은 영국의 정치 변화에 자극을 받은 일본도 지난 2003년 중의원 선거에서부터 각 정당이나 유력 정치인들이 매니페스트를 도입하여 오늘날 매니페스토 정치는 일본의 중앙 정치, 특히 지방 정치에서는 일반화되었을 뿐만 아니라 상당한 정치적 파급 효과를 나타내고 있다(松澤成文 2005 참조).

매스페스트는 일종의 대국민 약속으로 특정 정당이 정권을 획득했을 때 선거 시 약속한 공약을 반드시 실행하고 그 정책 실패 여부의 책임을 지겠다는 정국 운영의 로드맵으로 인식되고 있다. 따라서 매니페스토는 선거시 유권자들에게 각 정당이 표방한 정책을 관찰하면서 앞으로의 국정을 맡겨야 할 정당에 대한 정권 선택의 재료이자 수단으로 사용된다.

일본에서는 매니페스토가 등장한 것은 2003년 1월 기타가와 마사야스(北川正恭) 전 미에현(三重縣) 지사의 제안으로 지방선거시 다수의 후보자들이 구체적인 정책 프로그램을 가지고 선거에 나서기 시작한 것이 계기가 되었다. 2003년 4월 실시된 지사 선거에서 매니페스토를 주창한 많은 후보자들이 승리를 거두어 로컬 매니페스트가 유권자들에게 인식되는 계기가 된다.

지방에서 출발한 매니페스토가 중앙 정치 차원에서는 2003년 6월 민주당에서 매니페스토를 추진함으로서 본격적으로 대두되었다. 즉, 2003년 11월의 중의원 총선거를 앞두고 민주당의 칸 나오토(菅直人) 대표가 당수 토론에서 다음 선거를 정권 교체를 가능케 하는 매니페스트 선거로 치르자는 제안을 하였다. 당초 자민당은 냉담한 반응을 보였으나, 당 총재 선거를 목전에 두고 고이즈미 준 이치로(小泉純一郎) 수상이 이를 수용하는 자세를 보임으로서 중앙 차원에서 주요 정당 간의 쟁점이 되었다.

이런 매니페스토는 지금까지 선거시 각 정당이나 단체장들이 발표한 기존 공약과 여러 가지 다른 특징을 가진다. 특히 매니페스토가 종래의 선거 공약과 다른 것은 다음과 같은 정치적 의의를 들 수 있다.

첫째, 정책 추진에 있어 수치를 표시함으로서 허황된 내용이 아니며, 추상적인 이념이나 언어의 수식도 아니다. 실현 가능성을 생각하면서 결단의 필요까지 제기하고 있다. 주민으로부터 여러 가지 요망을 듣고 이에 대한 정책의 우선 순위를 정하고 있다.

둘째, 수치 목표나 구체적인 대응력을 표시하기 때문에 유권자가 정책의 내용과 성과를 구체적으로 알 수 있다. 후보자 간의 정책 비교가 쉬우며 후보자 간의 논쟁이 가능하고, 정책 본위의 선거가 될 수 있다.

셋째, 주민들에게 부담을 요구하는 정책을 제시하는 정책이 포함되어 신임을 구할 수 있으며, 정책 실행에 쉽게 되어 정치적 정통성이 있다. 정치가인 수장이 관료 조직에 대하여 리더십을 강화할 수 있으며, 정책 중심의 정치가 될 수 있다.

넷째, 당선 후 정책의 실현에 대하여 명확한 입장을 알 수 있다. 또한 정책 평가인 업적 평가가 가능하여 정치 행정이 성과주의가 될 수 있다. 가나가와현의 마츠자와 시게후미(松澤成文) 지사는 최근 자신의 매니페스토에 대한 평가 결과를 발표하여 주목을 끌었다.[9]

한편 일본 최대의 경제인 단체인 경단련(經團聯)은 자유민주당, 민주당 등 주요 정당의 매니페스토에 대한 평가를 실시해 발표한다(http//www.keidaren.or.jp).

다섯째, 정치가가 유권자에 대하여 실행의 의무를 부담하게 되며, 매니페스토에서 제시한 정책을 실현하지 않을 경우, 이에 대한 경과를 설명해야 되기 때문에 정치인은 설명 책임을 지게 된다. 즉, 매니페스토 사이클이 형성되어 정책 중심의 시민 선택형 지방 자치가 가능하게 된다.

7. 매니페스토 정책 선거와 시민사회의 활동

이와 같은 매니페스토 정치를 올해 지방선거부터 각 정당이나 지방 자치 단체장 후보들이 도입하여 정책 정당의 면모를 갖추고 선거에 임한다면 한국 정치는 한 단계 발전할 것이라는 인식으로 지난 2월 1일

---

9 마츠자와 지사의 발표 내용은 http//www.naenara.org; 讀賣新聞(2005.5.21); 神奈川新聞(2005.6.7) 참조.

출발한 것이 '531스마트 매니페스토 정책선거 추진본부'이다
(http//www.manifesto.or.kr; "531스마트매니페스토정책선거추진본
부 출범식 자료" 참조).[10]

매니페스토 운동은 아직도 우리 사회에서 지방 자치를 꽃피우고 주
민들의 행복한 삶이 실현되기 위해서는 해결해 나가야 할 많은 과제들
이 있다는 인식 하에 지방선거부터 정책 선거를 실시해 정치 사회를 변
화시키자는 운동이다. 시민운동도 낙천·낙선 운동과 같은 부정적 캠페
인(negative campaign)보다는 좋은 정책, 갖춘 정책, 책임지는 정책을
제시토록 유도하는 긍정적 캠페인(positive campaign)이 더욱 효과적
이라는 인식 하에 전개되고 있는 것이 매니페스토 운동이다.

지난 2000년 전개한 낙천·낙선 운동, 정보 공개 운동, 그리고
2004년에 전개한 낙선 운동과 당선 등이 당시에 시대적 상황에서는 상
당한 의미가 있었으며, 정치 변화에 다대한 영향도 주었다. 그러나 선거
법과의 시비 문제 그리고 시민들의 관심 저하로 과거에 비하여 시민운
동 내부에서도 새로운 운동 방향이 모색되었으며, 이런 의미에서 매니
페스토 운동은 선거시 새로운 시민운동의 일환으로 등장한 것이다.

그러나 이번에 전개하는 시민운동은 지방선거가 가진 여러 과제들
중에서 지역을 살리는 좋은 정책이 넘쳐나고 책임지는 선거 문화의 정
착과 확산을 위해 노력하고자 하는 것으로 볼 수 있다. 영국이나 일본에
서 전개된 매니페스토 운동과는 다른 특징을 가지고 있어 한국형 스마
트(SMART)-셀프(SELF) 매니페스토 정책 선거 운동이라고 할 수 있는

---

10 이하 매니페스토 운동에 관한 내용은 필자가 공동 대표로 있는 "531스마트매니페스토정책선
거추진본부" 출범 자료집의 내용을 요약한 것임.

데, 그 특징은 다음과 같다.

첫째, 이 운동은 좋은 정책 뱅크 구축과 제공 운동이다. 지방의 미래 비전과 좋은 정책은 주민들의 삶의 경험과 지혜 속에 있기 때문에 좋은 정책 운동의 출발은 주민들의 관심과 참여를 활성화하는 것이라는 인식으로 각 지역에서 발굴되는 다양한 우수 사례들을 수집해 정리하여 이들을 전국적으로 확산시켜 냄으로 지방 자치 단체의 수준을 한 단계 높여 나가려는 것이다. 따라서 시민사회 단체들과 각종 연구 기관에서 개발하여 제시해 온 수많은 지역 정책과 지역 발전의 대안들을 체계적으로 정리하여 출마자들에게 제공 및 활용토록 할 예정이다.

둘째, 추상적인 장밋빛 공약들은 유권자들의 정확한 판단을 불가능하게 만들었고 출마자와 유권자 사이의 불명확한 권한의 위임으로 당선 후 정책 추진 과정에서 많은 갈등을 발생시켜 왔다. 따라서 매니페스토는 출마자들의 정책 공약에 대해 정책의 우선 순위 설정, 필요 재원의 확보 방안, 실현 가능성, 이행 과정에 대한 주민의 평가 등을 포함하고 있어 책임지는 선거 문화를 정착시킬 수 있는 좋은 기회가 될 것으로 본다.

한국형 매니페스토에서 지칭하는 스마트(SMART)는 다음을 의미한다. 유권자와 약속하는 서약으로서 S는 구체적(Specific), M은 측정 가능하며(Measurable), A는 달성 가능하며(Achievable), R은 정책이 타당하며(Relevant), T는 시간 계획이 포함된(Timed) 정책 서약서이다.

한편 SELF는 지방선거의 특색을 최대한 반영하기 위한 차원에서 구상된 것이다. 유권자들과 함께 지속성(Sustainability), 자치력 강화(Empowerment), 지역성(Locality), 책임 있는 후속 조치(Following)에 근거를 마련하려는 것이다.

셋째, 매니페스토 운동은 과거 시민사회가 행하였던 부정적인 낙선
운동과는 달리 좋은 정책의 적극적인 제공과 수용을 통한 살고 싶은 우
리 고장 만들기 지역 사회 협약식과 같은 것을 개최하여 전국의 많은 지
역에서 추진될 수 있도록 적극적인 지원 활동을 전개하려는 것이다. 이
런 활동을 위한 지역별 네트워크가 구축되면 이를 바탕으로 전국 네트
워크를 구축하여 통일적인 활동을 진행할 수 있을 것으로 예상된다.

이런 특징을 가진 매니페스토 운동은 지방선거 이후에도 당선자나
정당에 의하여 얼마나 지속될 수 있는가에 대한 평가 작업을 시행할 예
정이다. 최근까지 전개된 매니페스토 추진본부의 활동과 앞으로의 활동
계획을 보면 다음과 같다.

매니페스토 운동은 유권자인 주민들이 혈연과 학연, 지연, 그리고
금권에서 벗어나 좋은 정책으로 지역 일꾼들을 선택하고, 출마자들은
참신한 매니페스토를 작성하고 발표하여 책임지는 선거문화를 만들어
나가는 운동으로 이번 지방선거에 있어 정책 선거를 추진하는 대표적인
브랜드라고 볼 수 있다.

[표 2] 매니페스토 정책선거추진본부 활동 현황과 계획

사업명	시기	주요내용
좋은 지역 정책 개발 및 정책 뱅크 구축	2005년 12~2006년 2월 까지 완료	O 좋은 지역 정책의 기본 틀을 설정한 후 분야별 전문가 등이 참여하여 정책들을 개발하도록 함 O 지역 정책 차원에서 접근하되 구체적 정책은 각 지역에서 주민 참여 방식으로 해결하도록 한다.
지역별 순회 간담회	2006년 2월	O 지역 네트워크 구축 및 지역 실천 활동을 위한 지역별 간담회 및 지역 활동가 워크숍
홈페이지 구축 및 운용	2006년 2월	O 주민들의 참여 활성화, 전문가 및 미가입 단체들의 참여를 위한 온라인 활동 전개
추진 본부 출범식	2006년 2월 1일	O [531 스마트 매니페스토 정책선거추진본부] 출범식을 통해 활동을 본격 추진토록 함.
매니페스토 한일 국제 심포지움 참가	2006년 2월 3일	O 매니페스토운동 확산을 위한 한일 국제 심포지움 참가 (사)내나라연구소, 아주대 사회과학연구소, 한국정당학회 주최, 프레스센터) O 추진본부와 일본 참가단과 간담회 (2월 5일)
매니페스토 국민 대토론회	2006년2월 23일	O 한국형 매니페스토 운동 확산을 위한 국민대토론회(중앙선거관리위원회, 한국정책학회, 지방자치학회와 공동주최)
정당과의 간담회, 정책 전달식, 매니페스토 추진 서약식	2006년 3월	O 중앙 정당에 좋은 정책을 전달하여 후보자들이 적극 반영할 수 있도록 함. 매니페스토 추진을 약속하는 서약식을 언론사와 공동으로 추진하여 운동의 전국적 확산의 기회로 활용하도록 함.
출마자 아카데미	2006년 3월~4월	O 아카데미의 내용을 확보하여 출마자들에게 새로운 지역사회발전의 비전과 전망을 생각할 수 있도록 함. 매니페스토에 대한 안내와 참여를 요청
지방선거 출마자 매니페스토 평가결과 발표	2006년 5월 중순	O 지역추진본부가 정책평가단을 구성하여 각 후보자가 발표한 정책공약을 평가하여 발표함
민선 4기 당선자 간담회	2006년 6월	O 당선자의 열정과 계획들에 대해 지역 주민과 약속함으로서 실천력을 높임
민선 4기 출범과 정책 이행 선포식	민선4기출범일 2006년 7월 1일	O 민선 4기를 출범하면서 약속하였던 정책들의 이행계획과 평가계획을 다시 한번 지역 주민들에게 선포함. 이때 경쟁자들과의 협력 방안을 발표할 수 있도록 함.
비전과 정책 이행에 대한 지역보고회 지속추진	매년 연말, 혹은 지역실정에 맞게	O 지역 구성원 모두가 참여하여 선거 시기에 약속하였던 정책의 이행을 점검, 평가하고 격려, 화합하는 축제한 마당으로 기획추진

마치며

우리는 올해부터 해마다 선거를 치르게 된다. 이번 5월에 실시되는 지방선거를 시작으로 2007년 12월 대통령 선거, 2008년 4월 국회의원 선거 등 각종 선거가 실시될 예정으로 있다. 선거는 민주 정치에 있어 가장 중요한 절차이며, 선거를 통하여 국민들은 정치권을 평가하게 된다.

한국 정치는 지금 새로운 도전에 직면하고 있다. 더구나 최근 리더십의 부재, 책임 정치의 회피, 정치에 대한 불신, 각종 정책의 실패 등으로 정치 위기가 조성되고 있다. 특히 정당들은 정당 정치의 중심으로 자리 잡지 못하고 있으며, 정책 빈곤으로 국민들로부터 신뢰성을 잃고 있다.

더 이상 한국 정치의 이러한 구조가 되풀이 되어서는 안 된다. 지금까지 한국 정치는 공포의 균형에 의한 폭력의 정치였으며, 비전 빈곤의 정치였다. 따라서 새로운 패러다임에 따른 미래의 비전을 통해 희망의 균형을 주어야 한다. 대통령을 비롯한 정치지도자가 상호불신과 질시가 아닌 타협과 조정의 정치력을 발휘, 상생의 정치를 추구함으로서 국민들로부터 정치 신뢰를 회복해야 된다.

정치권은 지금과 같은 질시와 극단의 정치가 아닌 안정적 정치 질서 하에 조화와 상생의 정치가 이루어 질 수 있도록 깊은 성찰이 있어야 한다. 특히 올해 5월에 실시되는 4대 지방선거는 지역 대결이 아닌 뉴 패러다임에 의한 책임 있고 신뢰할 수 있는 정책 제시를 통한 국민과의 계약인 매니페스토 선거를 전개해 새로운 한국 정치 문화를 창출해야 된다.

참고문헌

김영래. "위기의 한국정치와 해결과제,"「피플 퍼스트 아카데미 창립총회기념 학술대
　　　회 자료집」(2005.9.12), 2005.
_______. "매니페스토(Manifesto)의 개념과 발전 과정,"「531 스마트 매니페스토 정책
　　　선거 추진 본부 출범식 자료집」(2006.2.1), 2006.
_______ · 윤형섭 · 이완범.「한국정치, 어떻게 볼 것인가」. 서울: 박영사, 2003.
시민의 신문.「한국시민사회운동 15년사」, 2004.
이주희. "지방자치발전과 로컬 메니페스토 운동 방안," 중앙선과위 · 531 스마트 매
　　　니페스토 정책 선거 추진본부,「한국형 매니페스토 확산과 정착을 위한 국민
　　　대론회자료집」, 2006.
이현출.「매니페스토(Manifesto): 국민에 대한 계약으로서의 선거공약」, 국회도서관,
　　　입법정보 제141호, 2004.
_______. "선거공약의 정치과정과 함의: 광역자치단체장 선거를 중심으로," 한국지방
　　　행정연구원,「지방행정연구」제19권 제1호, 2005.
_______. "정책선거 유도를 위한 공약이행 평가방안," 중앙선거관리위원회,「선거관
　　　리」제51호, 2005.
_______. "한국의 지방선거와 정책정당화 과제," 내나라연구소 · 한국정당학회 주최,

『지방선거와 정치발전에 관한 한·일 비교』국제세미나 발표논문(2006. 2. 3), 2006.

______. "외국의 매니페스토와 한국의 도입을 위한 시사점," 중앙선과위·531 스마트 매니페스토 정책 선거 추진본부, 『한국형 매니페스토 확산과 정착을 위한 국민대론회자료집』, 2006.

지방의제21전국협의회. 「글로벌 거버넌스와 지방행동 21: WSSD 참가보고서」, 2002.

神吉信之. "マニフェスト型公開討論會への取り組み," 第2回ローカルマニフェスト檢證大會 發表資料(2005. 11. 19), 2005.

大山礼子·藤森克彦. 「マニフェストで政治を育てる」. 東京: 雅粒社, 2004.

金井辰樹. 「マニフェスト:新しい政治の潮流」, 東京: 光文社新書, 2003.

言論NPO. "英國におけるマニフェスト"『言論NPO』通算8号, 2003.

財團法人インターネット協會. 「インターネット白書2005」, 2005.

佐々木 毅. "政權公約デビューから定着の10年へ,"『中央公論』(3月号), 2004.

曾根泰敎. "日本地方選擧導入政治變化," (사)내나라연구소·한국정당학회 주최『지방선거와 정치발전에 관한 한·일 비교』세미나 발표논문, 2006.

______. 「衆議院選擧制度改革の評価」日本選擧学会『選擧硏究20』, 2005.

木村剛. 「マニフェスト論争 最終審判」(光文社ペーパーバックス'２００３年), 2003.

UFJ総合研究所国土地域政策部. 「ローカル·マニフェストによる地方のガバナンス改 革 ―自治体が変わる'地域も変わる」, 2004.

四日市大学地域政策研究所. 「ローカル·マニフェスト―政治への信頼回復をめざして―」, 2003.

松沢成文『実践 ザ·ローカルマニフェスト』(東信堂'2005年)

北川正恭. 「生活者起点の「行政革命」」.ぎょうせい, 2004.

西尾眞治. "地方におけるマニフェスト·サイクルの確立に向けて ,"「地方財政」, 제605호(2004. 11), 2004.

Huntington, Samuel P. 1991. The Third World: Democratization in the Late Twentieth Century. Norman: University of Oklahoma Press,

Webb, Paul. 2000. The Modern British Party System, London: SAGE,

참고사이트

www.naenara.org

www.manifesto.or.kr

www.labour-party.org.uk/manifesto/1997

www.iajapan.org/iwp

www.nec.go.kr

www.genron-npo.net

www.secj.jp

www.scholars.nus.edu.sg/landow/victorian/history/tamworth2.html

2장

일본의 지방선거와 정책선거
매니페스토에 의한 정치 개혁에의 도전

마츠자와 시게후미 · 일본 가나가와현 지사

1. 개혁파 정치가로의 길[1]

정치가로의 길

나는 대학 시절부터 정치에 흥미를 가지고 있었다. 대학도 법학부 정치학과에 진학하였고, 정당과 국회의원 회관에서 학생 자원 봉사도 경험했다. 졸업 후, 마츠시타 고노스케가 설립한 마츠시타 정경숙에서 「현지 현장 주의」라는 모토에 따라 정치나 행정의 현장으로부터 정책을 구상하는 훈련을 계속했다.

---

1 마츠자와 지사가 개혁파 정치인으로서 매니페스토 도입에 앞장서게 된 배경을 이해하기 위하여 '한·일 학술회의'에서의 기조 연설 모두에서 밝힌 자신이 걸어온 길을 여기에 밝혀둔다(편집자 주).

이후 1984년부터 85년에 걸쳐 민주 정치의 선진국인 미국의 새로운 민주 정치를 철저히 경험해 보기 위해 미국에 건너가, 여성 국회의원 배리·바이론 연방 하원의원의 스태프로 일하면서 선거와 정치의 현장을 공부했다. 그때, 나는 "일본에서도 이런 새로운 민주 정치를 만들어 보고 싶다"라는 꿈을 가지게 되었다. (졸저『이 눈으로 본 미국 연방 의원 선거』, 공신서, 1986년)

귀국 후인 1987년에 가나가와현 의회 의원 선거에 무소속으로 입후보하여 당선되었다. 재선하여 현의회 의원을 2기(6년간) 동안 맡았으며, 현의회 의원 2기째인 35세에 국회의원에 도전했다. 현의회에 입후보 할 때나 국정에 도전할 때 모두 지역 기반과 지명도 나아가 자금도 없이, 오로지 가진 것은 정치 개혁에의 열정뿐이었다. 매일 아침 오타큐 전철 역 앞에 섰고, 여러 모임과 집회를 돌면서 자신의 신념과 정책을 호소했다. 이것은 국회의원에 도전할 때도 마찬가지였다. 더 넓은 선거구를 열심히 돌아다니며 정견을 계속 호소했다.

정치 개혁을 목표로 국회에

1993년 미야자와 내각 불신임안이 가결되고 중의원이 해산되어 총선거를 치르게 되었다. 당시 현의회 의원으로 있던 나는 국회에 진출하여 개혁에 몸을 던지려고 결의했다. 당시는 선거가 있을 때마다 대부분의 후보자들이 '정치 개혁'을 공약으로 내걸고 있었다. 그러나 국회의원에 당선되면 이런저런 이유로 어렵다는 변명으로 끝나고 만다. 이런 행태로는 일본 재생을 기대할 수 없고, 이 나라는 비전이 없다고 진지하게 생각했다. 같은 사람이 국회의원으로 여러번 당선되면 정치 개혁은 영원히 이뤄지지 않는다고 확신했다. 국회의원이 바뀌지 않으면 안 된다. 국회의원을 바꾸기 위해서는 신인들이 선거에 나서지 않으면 안 된다고 생각했다. 지금 생각하면 너무 단순하고 무모한 결단이었지만, 스스로 나서기로 결심한 것이었다.

선택할 대안이 있는 정치: 양당제를 향하여

그 당시는 신당 붐이 있었던 선거였고, 나는 '신생당' 후보로 입후보 해 운 좋게 첫 도전에서 중의원 의원으로 당선되었다. 그 무렵, 정계 개편의 소용돌이 속에서 국회는 어지러운 혼란 상황이었다. 처음에는 호소카와 연립 정권의 탄생으로 여당이 되었지만, '자민-사민 연립 정권'이 탄생하여 야당으로 전락하였다. 그 후, '신진당'을 창당하였고, 다시 '민정당'으로 바뀌었다. 그리고 본격적인 양당제를 실현하기 위하여 '민주당'을 창당하였다.

눈이 어지러울 정도의 정계 개편의 소용돌이 속에서, 국회 활동은 정치 개혁의 모색과 도전의 연속이었다. 국민·유권자로부터 신뢰받는 정당의 모습을 만들기 위해 고민하였고, 그 해답을 유권자에게 묻고 싶었다. 그런 가운데 정당의 내부 개혁을 호소하면서, 거물 정치 선배들에게도 겁 없이 도전하였다. 그 상징적인 도전은 1999년 1월에 제2회 민주당 당대회에서 당대표 선거에 입후보한 것이다. 당시 당수였던 칸 나오토에게 도전한 것이다. 180표 대 51표로 패배했지만 입후보의 목적은 달성했다고 생각한다. 즉, 당대표 선거에 입후보해서, 자신을 새로운 차기 주자로 자리매김했을 뿐만 아니라 '열린 정당'이라는 민주당의 비전을 많은 유권자에게 심어줄 수 있었기 때문이었다. 공당의 대표는 국민 앞에서 공개적인 선거에 의해 선택되어야 하며, 밀실에서의 담합이나 조정으로 결정되어서는 안 된다는 것이 내 신념이었다.

선거라는 것은 '선택'을 의미한다. 유권자에게 몇 명의 후보가 제시되고, 유권자의 판단에 의해 최종 선택을 받게 되는 것이다. 이와 같은 당연한 정치가 지금까지의 일본에서는 당연한 것이 아니었다. 후보자를 선택하는 시점에서 밀실 담합이 벌어져 선택 자체를 일부 거물 정치가나 압력 단체 등이 국민으로부터 빼앗아 갔던 것이다. 이러한 악습은 어떤 일이 있더라도 바꾸지 않으면 안 된다고 확신했다.

일본 정치를 정권 교체가 가능한 정당 체제로 바꾸고 싶다는 '양당제'에 대한 비전은 바로 '선택'의 사상에서 시작된다. 즉, 총선거를 통해서 국민들이 정권을 선택할 수 있는 정당 체제를 만드는 것이다. 제대로 정권을 담당할 수가 있는 복수의 정당을 선택할 수 있어야만 국민에 의한 선거를 통해서 정치를 견제할 수 있다. 자민당에 대항할 수 있는 확실한 야당으로서 민주당을 키우고 싶다고 생각했다. 그렇기 때문에 열려 있는 정당으로서 '선택 가능한 정치'를 해야 한다고 주장해 왔던 것이다.

지방에서도 필요한 정권 교체

민주주의라는 관점으로 보면, 당수나 대표, 수상이나 지방의 단체장도 일정한 기간을 두고 '교체'되어야 하는 것은 말할 필요도 없다. 이것은 현의회 의원 때 몸으로 체득한 경험이다. 내가 현의회 의원일 때 당시 나가스 지사가 가나가와 현정을 담당하고 있었다. 나가스 지사는 '지방 시대'를 제창하면서, 현재 전개되는 지방분권의 기초를 쌓아 올린 지방자치 역사에 길이 남을 명지사일 것이다. '지방 시대', '지방이 바뀌면 일본이 바뀐다'라는 나가스 지사의 이념을 나도 계승해 나갈 생각이다.

나가스 지사가 4선째가 끝나고 5선에 도전할 때였다. 공산당 이외는 모두 나가스 지지였기에 대부분의 현의회 의원은 "5선은 너무 긴 것은 아닌가"라고 생각하면서도 "본인이 한다고 하고 또한, 여당이니까 밀어 줘야지"라는 분위기가 대세였다. 나도 당시 현 행정회라는 무소속 보수계 파벌에 속해 있었다. 그런 상황 속에서 무례를 무릅쓰고 "다선은 안 된다"라고 주장했다. 그 당시 가나가와 현청 내외에서 다선에 의한 폐해가 나타난다고 느꼈기 때문이다. 아무리 훌륭한 단체장이나 정치인이라도 4선, 5선 연속하여 당선되면 아무래도 행정이 정체되고, 시민이 그 피해를 입을 수밖에 없게 된다. 이런 의미에서 자치 단체장 선거도 공개적인 선택 가능성을 제시해서, 유권자가 선택할 수 있게 일정한 기간이 지나면 권력이 교체되는 것이 필요하다.

2. 지방으로부터 일본을 바꾼다

국회 안에서 나는 "정치 개혁 실행"을 목표로 "구조 개혁 없이 일본 재생은 없다"는 슬로건을 내걸고 의정활동에 매진해 왔다. 고이즈미 총리와 통하는 곳도 있었다. 정치 개혁, 우정 사업의 민영화, 특수 법인의 개혁과 민영화 등 일치할 수 있는 개혁은 고이즈미 총리와도 함께 해 왔다.

그런데 몇 년을 해도 개혁은 진행되지 않았다. 중앙 관료의 저항, 족 의원의 저항이 너무 강하여 애매모호한 개혁안 밖에 나오지 않고, 개혁이 도중에 좌절되기도 했다. 그런 실태를 목도하고 국회로부터 일본을 바꾸는 것은 어렵다는 생각이 들었다.

국정 개혁인가 현정 개혁인가

2002년이 저물어 갈 당시, 중의원 의원으로서 10년째를 맞던 나는 민주당의 정권 교체와 국정개혁이라는 목표를 향해 의정활동에 매진하고 있었다. 한편, 가나가와현에서는 당시 오카자키 히로시 지사가 2기째 임기를 마치고 퇴임할 의향을 나타내 후임 지사 후보로서 내 이름을 거론하는 사람도 있었다. 확실히 가나가와현은 일찍이 전국 최초의 정보 공개 조례를 제정한 것과 같은 정책적인 선진성은 희미해졌고 심각한 재정 위기를 맞었다. 당시 오카자키 지사는 이러한 상황에 견실하게 대응해 왔지만 사태는 보다 근본적인 개혁을 요구하고 있는 것처럼 보였다. 가나가와에서 태어나고 자라나 현의회 의원 시절을 포함해 16년간 가나가와에서 정치 활동을 해 온 사람으로서 이러한 상황을 방관하고 있는 것은 용납되지 않는다고 생각하였다.

그래서 나는 적절한 현 지사 후보자를 물색해 보았지만 좀처럼 적임자가 나타나지 않았다. 적임자가 나타나지 않는다면 스스로 입후보해야 할지, 아니면 정권 교체와 국정 개혁을 위해 의정 활동에 전념해야 할지에 대한 선택을 두고 고민을 하였다

개혁파 지사의 등장

지방으로 눈을 돌리면 최근 10년 사이에 새로운 유형의 지사가 탄생하고 있다. 하시모토 다이지로우 고우치현 지사를 비롯해서 키타가와 미에현 지사, 이시하라 신타로 토쿄도 지사, 조금 느낌은 다르지만 다나카 야스오 나가노현 지사, 그 외에 현역 관료의 자리를 박차고 지사로 변신한 사람들은 카타야마 요시히로 돗토리현 지사, 아사노 시로 미야

기현 지사, 마스다 히로시야 이와테현 지사 등이 그들이다. 이들은 기존 관료 출신 지사와는 다른 성향을 보여준다.

이들의 차이점은 자신의 의지를 분명히 가지고 있다는 것이다. 선거 때도 주요 정당의 영입 제안을 받아 '무조건 당선'을 보장받고 나온 것은 아니다. 다시 말해 '승부는 관계없다', '자신은 현민들과 일대일로 승부해서 당선될 자신이 있다'라며 스스로의 뜻을 세워서 입후보한 것이다.

그리고 선거전도 정당이나 단체의 옹립을 받고 치르는 선거가 아니라, 현민과 직접 부딪치며 자기 자신의 정책을 호소하며 승리한 것이다. 정당으로부터의 구속이 없기 때문에, 지사가 되었을 때에 자신이 생각하고 있는 개혁을 과감하게 추진할 수 있기 때문이다. 이런 것들이 종래의 지사와 다른 차이점이다. 나 스스로도 국회의원의 활동은 확실히 중요하고 국회도 개혁에 매진해야 하지만, 지금 이 나라를 바꿔야 한다면 지방에서 시작해야 한다는 생각을 갖게 되었다.

가나가와로부터 일본을 바꾼다

정치 개혁을 실현하기 위해서는 어떻게 하는 것이 좋은지 고민한 결과, 지사 선거에 도전해 가나가와를 바꾸는 것이 일본을 바꾸는 것으로 연결된다는 결론에 도달했다. 국정은 중앙 관료주도의 구조와 족의원을 끌어들인 정치-관료-기업, 이익 단체가 결합된 구조여서 이를 내부로부터 변화시키는 것은 극히 어렵다는 판단이었다. 오히려 지방에서 국정 개혁을 요구하거나 지방 스스로 개혁을 성공시킨다면 국정도 변할 것이라는 판단이었다.

내각제를 취하고 있는 일본의 국정과는 달리 지방 자치체는 일종의 대통령제이기 때문에 단체장이 정확한 방침을 세우고 리더십을 발휘하면 개혁을 성공할 수 있다. 실제로, 이른바 '개혁파 단체장'의 활동은 지방을 확실히 변화시켰고 국정에도 많은 영향을 미쳤다.

일본의 역사를 봐도 오래 지속되어온 부패한 중앙 집권 체제가 무너지는 것은 중앙 체제의 내부로부터가 아니고 필히, 지방의 세력이 도성을 공격해 낡은 체제를 패배시켜 왔다. 무로마치 막부나 에도 막부의 붕괴가 그것이다. 현대에도 메이지 이후 길게 계속된 중앙 집권의 관료 국가가 새로운 지역 주권의 활력 있는 나라로 바뀌기 위해서는, 지방의 지사나 시장들이 스크럼을 짜, 중앙 관료와 싸워 새로운 체제를 만들어 나갈 수밖에 없다는 결론에 도달했다.

우선, 지방에 튼튼히 뿌리를 내린 활력 있는 민주 정치를 만들어 낸다. 그리고 개혁파의 지사나 시 · 읍 · 면장이 연합군을 만들어 중앙 관료나 국회의 기득권 세력과 싸워 일본을 바꾸어 간다. 이러한 시나리오가 효과적이고, 개혁의 스피드도 훨씬 빠른 것이 아닐까 하고 생각했다.

3. 매니페스토(Manifesto)란 무엇인가?

'매니페스토'란 선거시에 당선 후 실현할 정책을 구체적으로 제시한 '공약'이다. '검증 가능한 공약'이라고도 말할 수 있다. '정책 강령,' '정권 공약'이라고 불리기도 한다. 매니페스토가 종래의 선거 공약과 다른 점은 수치 목표를 포함한 구체적인 정책집이라는 것이다. 개별적인 정책에는 구체적인 목표, 실현 방법, 실현 기한, 재원 등이 포함되어 있다. 예를 들면, 몇 년간에 범죄 발생률을 몇 퍼센트까지 줄일 것이며, 이를 위해서 어떤 방법으로, 재원은 어디에서 확보해 정책을 실현할 것인지를 구체적으로 기술한 정책집이다. 유권자와 후보자, 정당 사이의 「명확한 약속」이다. 바꾸어 말하면, 당선 후에 정책이 '검증 가능한 약속'이다.

지켜지지 않는 공약

지금까지의 선거 공약은 무엇을 실현하는지 모르는 추상적인 슬로건이거나 백화점식 소망집(wish list)이라고 해도 과언이 아니다. 공약을 보고 후보자나 정당을 선택할 수 없었다. 선거 공보를 봐도 '행정 개혁을 진행하겠습니다', '풍요로운 복지 사회를 만들겠습니다', '활력 있는 산업 사회를 실현 하겠습니다' 등과 같이 너무 추상적이어서 아무도 반대할 수 없는 것뿐이었다. 그런데 후보자들에게 "지사가 되면 임기 4년간, 구체적으로 무엇을 목표로 하고, 어떤 방법으로, 그 목표를 달성할 것입니까"라고 물으면, "아니, 그것은 지사가 되고 나서 잘 공부해서 생각하겠습니다"라는 대답이 대부분이었다. "선거는 선거, 나중의 일은 당선되고 나서"라는 자세여서 유권자가 요구하는 정책이 선거를 통해서 정치로 연결되지 않는다.

한 나라의 총리가 "공약이 지켜지지 않는 것은 큰 일이 아니다"(2003년 제 156회 국회)라고 한 발언에서 보듯이, 정치가 중에도 '공약'은 지키지 않으면 안 되는 것이라고는 생각하지 않는 면이 있다. 그러한 풍조였기 때문에 유권자가 '공약'에 의해 후보자나 정당을 선택한다는 의식이 희박하게 되어 있었던 것도 무리는 아니다. 확실히 '깨트려도 괜찮을 약속'으로서의 공약이었다. 이러한 풍조가 정책 중심의 선거를 방해해 온 현실이다. 그것이 정치 불신의 원인이 되고, 선거에 대한 무관심을 조장한 원인의 하나가 되었다.

매니페스토가 개척하는 진정한 민주주의

매니페스토는 '지키는 것을 전제로 한 구체적인 공약'이다. 선거를 통해서 유권자가 후보자와 정당과 맺는 정치적인 '약속'이다. 준수를 약속한 이상, 정권 획득 후에는 약속을 실현하기 위해 전력을 다한다. 정책의 실현 정도를 제대로 알리고 유권자에 대한 설명 책임을 다한다. 그러한 정보 공개로 유권자는 매니페스토를 내건 정치가와 정당을 평가하고, 감시할 수 있다. 더욱이 약속을 완수하지 않으면 유권자의 판단에 따라 다음 선거에서는 낙선시키거나, 정당의 경우에는 정권을 잃게 만든다.

이와 같이 매니페스토는 정책 중심의 선거와 유권자 본위의 정치를 가능하게 하는 도구(tool)이자 '구조'이다. 게다가 선거 이후 집권 후에도 정치를 투명하게 하여 책임 있는 정권을 만들어 내는 도구가 된다. 매니페스토는 정치와 유권자를 잇는 '커뮤니케이션'의 도구라고 해도 과언이 아니다. 매니페스토를 제대로 만들어 실행하는, 즉 성실하게 '약속'을 지키는 정치를 이행하게 되면 정치에 대한 신뢰 회복으로 반드시 연결된다. 이것이 '매니페스토 사이클'이라고 불리는 구조다. 유권자도 이런 기회를 통해서 주권자로서의 권리를 행사하게 된다.

4. 로컬 매니페스토는 무엇인가

로컬 매니페스토

매니페스토는 서구의 국가들에서 오래 전부터 실천되어 왔다. 그 명칭은 다양하지만 집권 후에 어떠한 정책을 실현할 것인지를 나타낸 구체적 공약집으로서 자리 잡고 있다. 영국은 매니페스토 선진국이라고 알려져 있다. 1800년대부터 매니페스토가 정당의 공약으로서 보급되어, 선거가 가까워지면 각 정당이 작성한 매니페스토가 길거리의 매점 등에서도 판매되고 있다. 영국은 지방선거에서도 정당을 선택하는 선거 형식을 취하고 있기 때문에 정당의 매니페스토를 기본으로 유권자는 투표를 하게 된다. 이와 같이 정당이 작성하는 매니페스토를 '정당 매니페스토'(Party Manifesto)라고 부른다. 일본에서도 2003년11월 총선거에서 등장한 매니페스토는 '정당 매니페스토'이다.

이에 반해, 지방 자치 단체 단체장이 내거는 매니페스토는 로컬 매니페스토(Local Manifesto)라고 할 수 있다. 2003년 3월의 통일 지방선거에서 나를 포함한 수 명의 지사 후보자가 내건 것이 로컬 매니페스토다. 즉, 정당이 아니고 단체장 후보 스스로가 당선 후에 실현할 정책을 내건 매니페스토인 것이다. 이러한 로컬 매니페스토는 정치사적으로 보면, 영국 모델인 정당 매니페스토와는 다른 일본만의 독자적인 개념이다. 실제로 로컬 매니페스토를 이용해 선거를 치루는 것은 정치에 있어서 미지의 도전이었다. 즉, 2년 전에 로컬 매니페스토로 선거에 도전했을 때는 매니페스토에 의해 어떻게 지방 정치가 변혁되고 어떠한 효과를 낳을지 미지수였다.

매니페스토 도입을 단행한 이유

매니페스토와의 만남은 나에게 있어서는 필연이라고 생각한다. 그것은 정치가로서 내 신념이 '정치 개혁 실현' 밖에 없다는 것과 연결되어 있기 때문이다. 매니페스토는 정치 개혁을 실현하는 구조이다. 직감적으로 '이것이다!' 라고 생각되어 도전을 단행했다.

여기서는 내가 어떤 정치 개혁을 지향하고 로컬 매니페스토 앞에 어떠한 정치를 그리고 있었는지를 정리해 두고자 한다. 매니페스토 자체는 정책 중심, 유권자 본위의 정치를 실현하기 위한 시스템이다. 시스템은 뜻이나 목적, 비전이 없는 한 단순한 도구에 지나지 않고, 내걸었던 정책은 '그림의 떡' 이 되어 버린다. 시스템으로서의 매니페스토를 살리는 것도 죽이는 것도 그것을 내건 정치가의 의사와 행동에 달려있다. 개혁을 지향하지 않는 매니페스토는 단순한 포퓰리즘(대중 영합 노선)에 빠질 수도 있다. 개혁을 지향하지 않는 매니페스토는 '축제를 흉내낸 것' 이라는 사람이 있다. 말은 나쁠지도 모르지만 나도 여기에 동감이다.

5. 로컬 매니페스토 실천의 과제 : 이원대표제와 매니페스토

가나가와현에서는 매니페스토를 실천하는 초기 단계에 있어, 그 성공 여부의 최대의 열쇠를 쥐던 곳은 '현의회' 였다. 이것은 지사로서의 나와 현의회가 대립 관계에 있다는 것보다 로컬 매니페스토라는 구조가 본질적으로 안고 있는 과제가 표면화한 것이다.

매니페스토의 실행을 담보하는 것은 '예산' 이며 정책에 따라서는

‘조례’이지만, 정책을 실시하는 데 있어서 빠뜨릴 수 없는 이 두 가지 요소는 단체장이 제안하고, 의회가 의결한 후에야 성립된다. 단체장과 의회와의 이원대표제를 취하는 지방 자치에서는 단체장의 정책을 의회가 점검해 바로잡아 가게 된다. 이러한 기관 간의 대립이라는 제도상 매니페스토가 그대로 받아들여지기가 어렵다고 말할 수 있다.

전원 여당 체제의 단체장, 혹은 의회의 다수당과 같은 정당의 단체장이라면, 정책적인 검토위에서 매니페스토가 작성되고 당선 후 그것이 그대로 자치 단체의 정책으로서 채택될 것이다. 그런데 전원 여당이라는 체제에서는 애당초 매니페스토를 만들어 정책으로 싸우는 선거가 되기 어렵다. 역시 복수의 유력 후보가 등장하는 선거전이어야 매니페스토가 유효한 수단이 된다. 따라서 애당초 다수파와 쉽게 합의할 수 있는 로컬 매니페스토 등은 매니페스토의 구조가 상정하는 목표는 아니라고 해도 좋을 것이다.

반대로 말하면, 로컬 메니페스토를 내건 단체장은 당선 후에 매니페스토를 자치 단체의 방침으로 할지 여부를 둘러싸고 의회와 대립하는 것은 예상할 수 있다. 실제로 종합 계획의 작성을 둘러싼 대립이 일어나던지, 의회가 종합 계획을 인정하지 않는 경우에는 주민이 단체장 선거로 신임한 매니페스토를 의회가 인정하지 않게 되어 단체장과 의회에 대한 유권자의 위임을 둘러싸고 매우 난해한 사태가 발생한다. 나는 이 부분에서 매니페스토를 이원 대표제라는 제도를 도입할 때의 과제, 즉 로컬 매니페스토와 제도의 정합성 간에 고려해야 할 과제가 있다. 향후, 이 과제는 실례를 감안하면서 검토해 나갈 필요가 있다.

6. 매니페스토의 효과

매니페스토를 토대로 종합 계획을 책정

도도부현의 종합 계획은 의회의 의결 안건이 아니고 지사의 권한으로 책정할 수 있는 것이지만 의회와 현민의 의견을 수렴해서 계획을 만들어 가는 것이 중요하다. 종합 계획은 어떻게 해서든지 1년 안에 책정해야 한다고 본다. 행정에서 중장기 계획 기간은 5년 혹은 10년이 되는 것이 상식이지만, 지사의 임기는 4년이어서 계획 기간도 지사 임기에 맞는 4년간으로 하고 싶었다. 매니페스토의 기본에 비추어 보면 임기 4년간의 성과를 유권자에게 평가받아 다음 선거에 반영해 나가지 않으면 안 된다. 계획의 책정에 많은 세월을 보내서는 정책 실시 기간이 짧아져 버리고 또 경제·사회의 급격한 변화를 따라갈 수 없다. 나는 의회에 "현 행정을 둘러싼 시대적 상황이 급변하기 때문에 현 행정 운영의 기본 지침이나 대응을 현 주민에게 될 수 있는 한 신속하게 나타내는 것이 필요하다"고 이해를 구했다.

현의회도 활성화

6월 정례회, 9월 정례회, 12월 정례회를 거듭하는 동안 의회 안에는 종합 계획에 대해 특별위원회를 만들어 면밀한 심의를 해야 한다는 의견이 나왔다. 의원 입장에서는 '지금까지의 현 행정의 흐름을 따르겠다'는 입장이 있고, '쉽게 매니페스토를 토대로 한 계획을 인정할 수는 없으니 철저한 심의가 필요하다'는 입장을 취할 수도 있다. 그러한 의회 측의 경위는 확실하지 않지만 드디어 2003년 12월 현 행정 사상 최초로 종합 계획을 심의하기 위한 '종합 계획 조사 특별 위원회'가 설치되었다.

특별위원회는 5일 동안 개최되어 정력적이고 심도 깊은 논의를 진행 했다. 물론, 내용은 지사의 입장에서 보면 엄격한 것이었지만, 타당하다고 생각되는 구체적인 의견을 다수 수렴해서 계획안을 수정했다. 어쨌든, 이전에는 일상적으로 상임위원회에서의 논의만으로 책정되었던 종합 계획이 특별위원회를 설치하여 면밀한 논의를 거쳐 책정된 것은 정책 논의가 보다 활발하게 이루어졌다는 점에서 매우 환영 할만하다. 지사와 의회의 이원 대표제에서 그 의의는 크다. 이것 역시 매니페스토 효과의 하나라고 본다.

지사 취임 후 2년간 매니페스토는 처음엔 당황스러움이나 혼란도 있었지만 결과적으로는 다양한 변혁의 계기가 되었다. 또 앞에서 언급한 바와 같이 현의회에서도 2003년의 6월 정례회의 이후 매니페스토가 논의의 중심이 되었다. 지금까지 현의회 본회의 및 예산 위원회에서는 매니페스토에 관련된 질문이 180항목에 달해 정책 논의가 활성화 되었다.

7. 매니페스토 정치를 실현하기 위하여

매니페스토 작성은 우선 지역민들의 의견을 들어 지역 과제를 제대로 파악함과 동시에 선진적인 정책을 연구하는 것으로부터 시작된다. 자신의 정치적 입장이나 개혁의 방향을 정리하는 일도 중요하다. 가능하다면 시민 참가의 방안을 모색해 유권자와 함께 매니페스토를 작성하는 것이 바람직하다. NPO로부터의 정책 제안도 적극적으로 요구해 도입해야 한다. 매니페스토는 유권자와의 약속이다. 그 약속을 시행 초부터 대화형으로 만들어 갈 수 있으면 민주주의는 보다 심화해 나갈 것이다.

　현직의 단체장에게 특별히 요구하고 싶은 것은 정보 공개다. 필자 스스로는 물론이고, 가나가와현의 경우 정책, 재무 상황, 예산편성 과정 등을 중심으로 각종 조사 결과나 심의회의 정보 공개도 중요한 과제로 남아 있다. 단순한 공개를 넘어 적극적으로 정보 제공에 노력해야 한다. 정보 공개는 유권자가 매니페스토를 평가하는데 있어서 필수 불가결하다. 향후 정치 신인이 단체장 후보에 입후보할 경우 공개된 정책 정보가 신인 후보의 매니페스토 작성에 도움이 될 것이다. 이는 정책 중심의 선거를 만들어 가는데 있어서 매우 중요한 초점이 될 것이다.

　물론, 매니페스토를 내걸고 당선된 단체장은 그 진척 상황을 모두 공개할 의무가 있다. 또 해마다 매니페스토의 진척 평가를 실시하는 것을 제안하고자 한다. 정치가로서 자기 평가를 실시함으로써 보다 힘을 써 추진해야 할 정책이 무엇인지 보이게 된다. 이러한 매니페스토 사이클을 운영하면서 정보 공개나 시민과의 커뮤니케이션의 소중함을 깨닫게 된다. 이처럼 매니페스토는 정책의 정보 공개도 촉진하는 효과를 가져오게 된다.

8. 한국 정치에의 기대 :
민주 정치의 한일 협력과 아시아에의 확산을 위하여

　끝으로 로컬 매니페스토를 통하여 지방으로부터 나라를 바꾸고 정치를 바꾸어 가는 큰 운동을 국경을 넘어 함께 진행시켜 나가기를 희망한다. 이는 각 지방에서 제대로 민주주의 정치를 정립해 정책 중심의 정치·행정을 실현하는 것으로부터 시작되어 진정한 민주 정치를 실현해 가는 정치 개혁 운동이다.

'매니페스토 운동' 은 일본에만 머물러서는 안 된다. 동아시아의 중추를 차지하는 한국에서도 한층 더 발전된 민주화의 진전을 위해서 매니페스토 운동이 확산되기를 기대한다. 경기도와 가나가와현은 1990년에 우호 제휴를 맺은 지 16년이 된다. 경기도와 가나가와현, 한국과 일본은 아시아의 선진 민주 국가로서 아시아 전체의 민주화를 향해 힘을 합해 가야 한다고 생각한다.

일본의 매니페스토는 영국 등을 모델로 하면서도 일본 독자적인 형태로 만들어져 오고 있다. 한국에도 로컬 매니페스토 혹은 정당 매니페스토 등 한국 독자적인 매니페스토를 발전시켜 나가기를 희망한다.

그래서 한국과 일본이 민주주의의 실현을 향한 협력과 '선정(善政) 경쟁' 을 펼쳐나가기를 희망한다. 그리고 아시아 각국의 실정에 근거한 아시아형의 민주주의를 넓혀 가는 것이 우리 한국과 일본의 정치인의 사명이 아닐까 생각한다. 향후의 정치 개혁을 향해 시민·NPO·NGO를 포함한 양국 간의 다양하고 심도 있는 교류와 협력을 기대한다.

3장

일본 지방선거에서의 매니페스토 도입과 정치 변화

소네 야스노리 · 게이오대 교수

들어가며

일본에 '매니페스토'가 명확한 형태로 도입된 것은 2003년부터이다. 매니페스토가 도입됨에 따라 일본 정치의 무엇이 바뀌었는가를 고찰하는 것이 이 장의 목적이다.

2003년 11월 9일 일본 중의원 선거에서는 본격적인 매니페스토에 의한 선거가 치뤄졌다. 그리고 이에 앞서 벌어진 4월의 통일 지방선거에 출마한 몇몇의 자치 단체장 후보들도 매니페스토를 작성하여 선거전에 임했다. 매니페스토를 도입함으로써 지방 정치가 어떻게 변화했는가를 검증하는 것이 두 번째의 과제이다. 먼저 매니페스토란 무엇인가를 개략적으로 설명하고 일본에서 매니페스토가 도입된 과정을 확인한 뒤, 일본 정치에서 어떠한 변화가 일어났는지를 살펴보도록 한다.

1. 매니페스토란 무엇인가

　매니페스토는 정당이 선거시 유권자에게 호소하는 선거 프로그램이지만, 그것을 단순히 '선거 공약'으로만 간주한다면 일본 정치에 있어서 그다지 새로운 의미를 부여하지 못한다. 민주 국가의 선거에 출마한 대부분의 후보자나 정당은 선거 프로그램을 통해 캠페인을 전개하고 있다. 그것을 영국에서는 매니페스토, 미국에서는 플랫폼, 독일에서는 선거 강령 등으로 불려왔다. 즉, 선거 프로그램은 일반적으로 어디에서나 볼 수 있는 것이며 일본의 '선거 공약'도 이 범주에 속한다. 따라서 매니페스토가 일본 정치에 있어 종래의 선거 공약과는 다른 차별성을 보일 때만이 새로운 정치적인 의미가 내포된다. 영국형의 '매니페스토'를 통해, 종래의 '이것도 하겠습니다', '저것도 하겠습니다' 식의 '선거 공약'과 차별화시키는 것이 중요하다. 다시 말하면 매니페스토는 '검증 가능한 형태'로 선거 시에 유권자에 선언하는 '맹세'(pledge)라고 할 수 있다.

　매니페스토는 1834년 영국의 필(Peel) 수상이 자신의 선거구 탐워스(Tamworth)에 보낸 편지가 처음으로, 보수당이 다음 해에 당의 선거 방침으로서 채용한 것이 그 유래라고 한다. Manifesto는 라틴어(이탈리아어)가 그 기원이다. 덧붙여서 「공산당 선언」에서도 Manifesto라는 용어를 사용하나 그 연도는 1848년이며 탐워스의 매니페스토보다 빠르지 않다. 이처럼 영국에서는 150년 이상의 역사를 가지고 있으며, 특정화하지 않은 채 단지 매니페스토라고만 한다면 서로 이야기하려는 논점이 맞지 않게 되는 경우가 있다. 일본에서 주로 참고하는 매니페스토는 대처나 블레어의 것이 많기 때문에, 과거 20년 동안에 정착한 영국형 매니페스토를 염두에 둔 것으로 논의의 대상은 한정된다.

매니페스토는 Party Manifesto: a public declaration of policy and aims, esp. as issued before an election by a political party, candidate, government, etc.(The Oxford English Reference Dictionary, Oxford University Press 1996)라는 정의가 일반적이다. 그러나 2003년 일본에 도입된 매니페스토는 '정권 공약'으로 번역되었다. 이 정의는 "정당이 선거시에 유권자에 대하여 장래의 정권 상(像)과 함께 구체적인 정책 실행안을 제시한 정책 패키지로, 집권중에 얼마나 달성할 수 있었는지를 감시하고 검증 가능케 하는 형식으로 발표한 것"으로 정의한다. '정권 공약'으로 번역한 이유는 다음과 같다. 첫째는 선거 공약과 혼동을 피한다는 의미이며, 둘째는 유권자는 선거에서 정권을 선택한다는 원리적인 문제[1]와 관계되며, 마지막으로 정당이 그 실시에 책임을 진다는 것을 뜻을 지닌다.

여기에서 논의되는 '로컬 매니페스토'는 일반적으로 Local Government Manifesto, Local Election Manifesto, Local Party Manifesto 등 세 가지 의미를 내포한다. 이 가운데 '지방선거 매니페스토'는 이미 보아 온 종래의 선거 공약과 별 차이가 없는 것으로 보인다. 지방정부의 정권을 내건다는 '정권 공약' 측면에서 보면, 지자체 단체장이 작성한 '지방정부의 매니페스토'가 이에 해당하게 된다. 하지만

---

1 이른바 '55년 체제' 하에서는 선거로 정권 선택이 이루어진 적은 없었다. 제1야당 사회당이 낸 전체 후보자들조차도 중의원 의석의 과반수보다 적었기 때문에 전원이 당선되어도 단독으로 정권을 잡는 일은 불가능하였다.

지방 정당이 쓴 매니페스토를 배제할 수는 없다. 지방 정당에는 중앙 정당의 지방 지부 또는 지방 독자 정당 등이 존재한다. 만일 지방 정당이 단체장 선거에서 작성하는 매니페스토가 있다면, 이는 지방 정치의 정권을 걸고 정당들이 경쟁하게 된다. 그럴 경우, 앞의 지방정부와 지방 정당의 매니페스토는 서로 일치하게 된다. 하지만 일본의 경우, 단체장 후보가 무소속인 경우가 많기 때문에 정당 매니페스토의 형태는 취하기 어려운 것이 그 현실이다. 또 제도적 문제로서, 국정 선거는 의원내각제 하에서의 매니페스토이며, 지자체 선거는 (준)대통령 선거 같은 매니페스토이기 때문에 이 차이 또한 크다. 이는 뒤에서 다시 논하기로 한다.

그리고 지방 정치에서 정당이라는 개념은 애매한 경우가 많다. 본래 선거에서는 정당이 상정되지만, 일본에서는 통상적으로는 의회 내의 개념인 '회파' (會派)를 사용하는 경우도 많다.

2. 매니페스토 도입의 과정

1) 전사(前史)

매니페스토가 본격적으로 도입되기 전에도 일본 연구자나 전문가들 사이에는 매니페스토에 대한 언급들이 존재했다. 저자 역시 1997년 5월 28일, 중의원의 '공직선거법개정에관한조사특별위원회' 에서 영국의 매니페스토에 관해 자문하였다.[2]

역사를 더욱 거슬러 올라가면, 제1회 총선거가 행해졌던 메이지 시대인 1890년 당시, 내무성 현치(縣治)국장이었던 스에마스 켄초(末松謙

澄)가 정리한 조사 보고서에 '선거 격문' 으로서의 매니페스토에 관한 설명이 나온다.[3]

2) 2003년의 세 가지 흐름

연구자 수준의 논의가 일본 정치에서 구체화된 것은 2003년부터이다. 이 해에 주목해야 할 세 가지의 흐름이 있다.

제1의 흐름은 2003년 1월 25~26일에 미에현 욧카이치시(三重縣四日市)에서 개최된 심포지엄 미에「분권 시대의 지방 자치 단체 변혁―스스로의 손으로 어떻게 벽을 뛰어넘을까?」에서 기타가와(北川正恭)가 정

[2] "제도적으로 말씀드리면, 영국에서의 이번 선거는 정당 매니페스토라는, 선거를 위한 매니페스토에 상당한 시간을 들여 준비하고 있습니다. 이것은 인터넷으로 획득한 자료입니다만, 페이지 수가 4-50페이지에 이르는 것들도 몇몇 있을 정도입니다. 이것을 가지고 개별 의원이 유권자에 호소합니다. 매니페스토는 당에서 논의된 것입니다. 장시간 걸려 논의한 것이기 때문에 영국 노동당의 예처럼, 즉 팔아야 할 상품이 분명히 있으며 그것을 가지고 선거에 임하기 때문에, 자신의 개인 상품 판매는 아닙니다. 즉 이것은 하나의 방법, 방향성입니다. 다만, 일본의 정당이 선거용으로 매니페스토를 만들 수 있을지 어떨지는 장래의 과제입니다. 그것을 만일 할 수 있다면, 매니페스토 이외의 것, 개별 선거구의 이해에도 관계되는 것이겠지만 대략 거기에서 벗어나기는 어려워지게 됩니다. 그러한 점에서 정당이라는 브랜드와 개개 의원이라는 개별 상품, 그것과의 관계를 좀 더 일관성을 있게 해야만 하는 것이다. 그것은 정당 혹은 대표에 있어서 책임 문제와 밀접하게 관계되는 것으로 이것은 첫 번째에 대한 대답이 될 것으로 생각합니다."
이전에 21세기 임조는, 1996년 10월 1일 총선거를 앞두고「총선거를 향한 긴급 어필」을 발표하여 '정권 선택', '수상 선택', '정책 선택' 의 일치를 제창하면서 매니페스토 선거의 원리를 명확히 발표한다.

[3] 서양의 선거전에는 명성과 인망이 탁월한 정치가가 매니페스토 이른바 선거 격문을 발표하고 각지에서 연설을 하면서 장래의 전략을 토로하여 인심을 환기하는 것이 보통이다(中山眞「本當のマニフェストとは」Nikkei et「風向計」 2005年8月29日).

치인들에게 선거시 매니페스토의 작성을 제안하였고 이에 일부 지사들이 호응하게 되면서 그 계기가 마련되었다.

제2의 흐름은 제1야당 민주당이 매니페스토로 총선에 임한다는 내부 준비를 해 오고 있었으며, 국회에서도 6월 11일 국회 당수 토론에서 칸 나오토(菅直人) 민주당 대표가 고이즈미 수상과 매니페스토를 둘러싼 설전을 벌이게 되면서 중앙 정치 무대에서 급부상하게 되었다.

제3의 흐름은 고이즈미 준이치로(小泉純一郎) 수상이 정권 공약(매니페스토) 선거를 결정한 것이다. 2003년 7월 10일 발매된 「추오코론」(中央公論)에서 고이즈미 수상은 가을에 예정된 자민당 총재 선거에서 자신의 방침을 내세워 승리할 때는 자신의 공약이 총선에서 자민당의 정권 공약이 될 것임을 선언하였다. 총재선거, 내각 개조, 총선거를 하나로 연결하는 것이 정권 공약(매니페스토)이라는 인식을 수상이 가지게 되었다는 의미는 매우 크며, 매니페스토 선거라고 하는 경쟁의 토대가 마련되었다고 평가할 수 있다. 언론은 이 해의 총선거가 매니페스토에 의한 정권 선택 선거가 될 것임을 보도하였다.

3) 로컬 매니페스토의 도입 과정

세 가지의 흐름 가운데 하나인 로컬 매니페스토는 4월 13일(일부 시구(市區)장 선거는 4월 27일) 제15회 통일 지방선거(지사 선거)에서 14명의 후보자가 매니페스토를 공표하였고 이 중 6명 당선이 당선하였(가타야마 지사는 무투표 당선).

【표 1】 2003년 통일 지방선거 지사 선거

당락	도도부현	후보자명	현직/신인	당파
○	홋카이도(北海道)	타카하시 하루미(高橋はるみ)	신인	무소속
×	홋카이도(北海道)	이토 히데코(伊藤秀子)	신인	무소속
○	이와테 (岩手)	마스다 히로야(增田寛也)	현직	무소속
×	이와테(岩手)	스가와라 리카츠(菅原則勝)	신인	공산
○	가나가와(神奈川)	마츠자와 시게후미(松澤成文)	신인	무소속
×	가나가와(神奈川)	아스카타 이치로(飛鳥田一朗)	신인	무소속
×	가나가와(神奈川)	요시무라 세이코(吉村成子)	신인	무소속
○	후쿠이(福井)	니시카와 잇세(西川一誠)	신인	무소속
×	미에(三重)	무라오 노부타카(村尾信尚)	신인	무소속
×	미에(三重)	미즈타니 토시오(水谷俊郞)	신인	무소속
○	돗토리(鳥取)	카타야마 요시히로(片山善博)	현직(무투표)	무소속
○	후쿠호카(福岡)	아소 와타루(麻生渡)	현직	무소속
×	후쿠오카(福岡)	이마사토 시게루(今里滋)	신인	무소속
○	사가(佐賀縣)	후루가와 야스시(古川康)	신인	무소속

【표 2】 이후 선거에서의 매니페스토 도입 사례

선거일시	당락	도도부현	후보자명	현직/신인	당파
2003/ 5/18	○	도쿠시마(德島)	이이즈미 카몬(飯泉嘉門)	신인	무소속
2003/ 7/ 6	○	군마(群馬)	코데라 히로유키(小寺弘之)	현직	무소속
2003/ 7/27	○	미야자키(宮崎)	안도타다 히로(安藤忠恕)	신인	무소속
2003/ 8/31	○	사이타마(埼玉)	우에다 키요시(上田淸司)	신인	무소속
2004/ 7/11	○	가고시마(鹿兒島)	이토 유이치로(伊藤祐一郎)	신인	무소속
	×	가고시마(鹿兒島)	미조구치 코우지(溝口宏二)	신인	무소속
	×	가고시마(鹿兒島)	타마리미즈 요시히사(溜水義久)	신인	공산
	×	가고시마(鹿兒島)	아리무라 칸지(有村寬治)	신인	무소속
2004/10/17	○	도야마(富山)	이시이 타카카즈(石井隆一)	신인	무소속
2004/11/28	○	고치(高知)	하시모토 다이지로(橋本大二郎)	현직	무소속
	○	도치기(栃木)	후쿠다 토미카즈(福田富一)	신인	무소속
	×	도치기(栃木)	후쿠다 아키오(福田昭夫)	현직	무소속
2005/ 3/13	○	치바(千葉)	도우모토 아키코(堂本曉子)	신인	무소속

아베 산주로(阿部三十郎) : 야마가타(山形)현 요네자와 시장(米澤市長)

오카무라 코우시로(강촌행사랑) : 사이타마(埼玉)현 가와구치 시장(川口市長)

사이토 히로시(齋藤博) : 사이타마(埼玉)현 도코로자와 시장(所澤市長)

야마다 히로시(山田宏) : 도쿄(東京)도 스기나미 구장(杉並區長)

고바야시 마사노리(小林正則) : 도쿄(東京)도 고다이라 시장(小平市長)

츠치야 키미야스(土屋侯保) : 가나가와(神奈川)현 야마토 시장(大和市長)

오자와 요시아키(小澤良明) : 가나가와(神奈川)현 오다와라 시장(小田原市長)

니시테라 마사야(西寺雅也) : 기후(岐阜)현 타지미 시장(多治見市長)

나카츠카 히로시(中司宏) : 오사카(大阪)부 히라카타 시장(枚方市長)

카기타 츄우베(鍵田忠兵衛) : 나라(奈良)현 나라 시장(奈良市長)

후루이치 겐죠(古市健三) : 오카야마(岡山)현 쿠라시키 시장(倉敷市長)

요시오카 히로코지(吉岡廣小路) : 히로시마(廣島)현 미요 시장(三次市長)

후지타 타다오(藤田忠夫) : 야마구치(山口)현 우베 시장(宇部市長)

이시다 호조(石田宝藏) : 후쿠오카(福岡)현 야나가와 시장(柳川市長)

노다 쿠니요시(野田國義) : 후쿠오카(福岡)현 야메 시장(八女市長)

3. 로컬 매니페스토로 무엇이 바뀌었는가

매니페스토가 도입되면서 여러 부분에 영향을 미쳤다. 그 파급 효과는 제도학파가 주장하는 제도의 '보완성' 현상이라고도 할 수 있다. 적어도 선거, 여론, 의회, 행정 관료의 변화에 관해서는 어떤 변화가 일어났는지를 명확히 해 둘 필요가 있다.

종래의 선거 공약에 대해서는 유권자도 그것이 실행된다고 별로 생각하지 않았다. 그만큼 정권 본연의 모습이나 정책 내용에 큰 관심을 두

지 않았다고 할 수 있다. 그런데 만일 선거 때 나온 정책이 당선되어 실제로 실행된다는 것이 확실하게 되면, 그 선택에 주위를 기울이지 않을 수 없게 된다. 예를 들어 매니페스토에서 '증세'를 주장한 정당이 선거에서 승리하면 증세 정책이 실천된다고 하자. 선출 이후 유권자가 매니페스토의 증세 정책을 불평한다면 그것은 이미 늦게 된다. 특히, 전반적인 경제 성장을 기대할 수 없을 때에는 유권자에 '쓴 약'이 되는 정책을 호소할 필요성이 생긴다. 즉 성장 이후의 정치 쟁점은 분배형 정치에서 전환하지 않을 수 없게 된다. 그러나 선거에 이기고 싶은 정당으로서는 증세를 강하게 주장하는 것이 어렵기 때문에 그 부분은 애매하게 되기 마련이다.

그러나 매니페스토는 선거만의 이야기로 끝나는 종래의 '공약'과는 달리, 선거 이후에도 검증되게 된다. '매니페스토 사이클'로 일반적으로 불리지만, 그 발상은, Plan · Do · See라든지, Plan · Do · Check · Action(PDCA)이라는 통상 경영 분야에서 이용되는 개념과 동일하다. 오랫동안 행정학 등에서도 원리처럼 간주되어 온 '정책의 순환'(과제 설정, 정책 입안, 정책 결정, 정책 실시, 정책 평가 → 피드백)을 구체화한 것이기도 하다.

즉 종래에는 후보자의 선택과 정책 선택이 연결되지 않았었다. 그리고 유권자가 선거에서 정권을 선택하는 것과 결합되지 않았다. 때문에 개개 후보자의 인품 혹은 선거구 활동 등 개별적인 이해가 판단의 근거로 작용하여 왔다. 하지만 매니페스토 선거는 후보자의 선택이 정권 · 정책 · 수상 후보(지방 자치체의 경우는 단체장)로 연결되는 일체적인 선택을 제공한다.

유권자측이 가지는 선택의 '긴장' 이상으로 각 후보자 사이에는 종

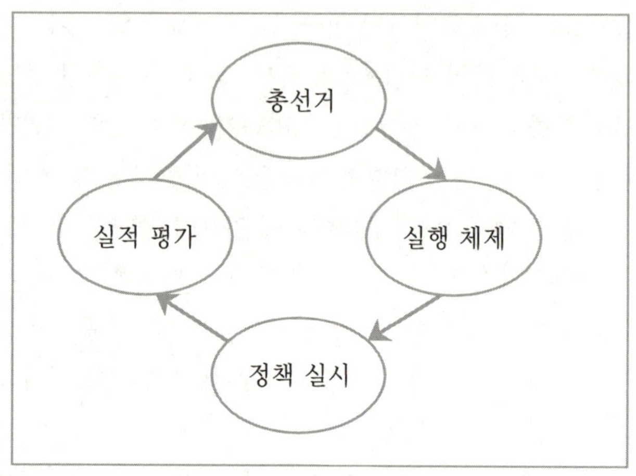

래의 '공약' 과는 다른 일들이 발생한다. 즉 정권을 취하면 무엇을 하는가를 명시하고 있으므로, 그것이 실행되지 않을 때에는 다음 선거에서 유권자로부터의 '제재' 가 올 것을 각오하지 않을 수 없다. 이는 정권을 담당하는 것이 그만큼 책임이 무겁다는 사실을 재인식하게 된다. 그리고 선거시 과거의 실적은 보류하고 장래에 무엇을 할 것인가라는 '전망적 투표' (prospective voting)를 가능하게 해 온 종래의 매스컴의 보도 방법에도 문제가 있었다고 할 수 있다. 단적으로 말하면, 갑작스러운 선거로 매니페스토가 작성되지 못하여 장래에 대한 정책이 없어도 과거 실적만으로 선거를 실시하는 것이 가능하다. 즉 지금까지의 정책에 만족한다면 여당에 투표하고, 불만족한다면 야당에 투표하는 '회고적 투표' (retrospective voting)가 기본으로 작용하게 된다.

그러나 유권자 측에서 보면 과거 실적만으로 정권을 맡기는 선택을 하기에는 불충분함을 느낀다. 그러므로 정권은 어떠한 정책을 실천할 것인가를 명시할 필요가 있다. 하지만 단순히 '경제를 좋게 하겠습니다', '환경을 지키겠습니다', '개성을 살리는 교육을 하겠습니다' 식의 구체성이 결여된 정책으로는 유권자가 보고 판단하기가 어려우며 '검증'의 대상도 될 수가 없다. 즉 그 정책에는 어떤 근거가 있는가를 명시하는 것이 필요하며 그것을 실행하기 위한 '재원'은 어떻게 할 것인가 그리고 '언제까지', '무엇을'이라고 하는 것(수치목표, 재원, 기한)을 분명하게 하는 편이 좋다. 즉 다음 선거까지 정책의 '맹세'라고 보면 된다. 이 '맹세'와 '책임'의 관계가 선거의 기본이 되는 것이 매니페스토 정치의 기본이다. 즉 이전처럼 선거에서 애매한 정책을 내세우고 당선된 뒤 정치가, 관료, 이익 집단의 대표들이 모여 타협한 정책을 수행하는 방식은 어렵게 된다. 이는 관료나 이익 집단들이 종래 방식의 행동패턴을 취할 수 없게 됨을 의미한다.

선거의 성격뿐만 아니라 행정 관료와 의회가 어떻게 바뀔 것인가에 대해서는 각각 '정책 실시와 관료 기구' 그리고 '단체장과 의회의 역할'에서 다시 논의한다.

4. 매니페스토 선거와 단체장·의회의 역할

매니페스토를 '정권 공약'으로 번역한 의미를 설명하였다. 특히 선거는 정권을 선택하는 것이라는 점이 명확하게 됨으로써, 정권이 어떠한 정책을 실시할 것인가를 분명히 나타내도록 하였다. 따라서 하원 선거(중의원)가 정권 선택의 대상이 되며 상원 선거(참의원)는 중간평가의 위치를 차지하게 된다.

한편 지방 차원에서는 자치 단체장 선거가 정권 선택의 대상이 된다. 즉 책임을 가지고 정책을 실행하기 위해서는 집행권을 가지고 있는가가 그 전제가 된다. 다시 말하면 일본의 지방 정치는 이원대표제로 구성되어 단체장과 의회가 선거로 선출된다. 이는 이른바 대통령과 의회와 같은 관계라고 할 수 있다.

즉 의원내각제에서는 의회(하원) 다수파가 단독 혹은 연립으로 수상을 선택하고 수상이 내각을 형성한다. 의회 다수파가 제출하는 법안이나 예산은 일반적으로 통과하게 된다. 이는 매니페스토가 실천 가능하다는 뜻으로 매니페스토라는 정권공약의 실시는 의회 다수파에 의해 담보된다.

다만 하원이 정권 선택의 중심이라고 해도, 일본의 의회는 수상 선택, 예산, 조약 등의 예외를 제외하고는 상·하 양원은 거의 비슷한 권한을 지닌 이원제이기 때문에, 하원(중의원)에서 다수를 취할 뿐만이 아니라 상원(참의원)에서도 다수를 취하지 않으면, 법안을 성립시킬 수 없는 제도적 제약이 있다는 것을 이해할 필요가 있다.

한편 단체장 선출과 같은 (준)대통령제의 경우, 선출된 대통령과 의회 다수파의 정당이 불일치할 수 있다는 것은 예상 가능하다. 미국 정치에서 대통령과 의회의 의사가 서로 다른 '분점 정부'(divided government)라는 현상은 잘 알려져 있으며 발생하기 쉽다. 즉, 단체장이 선거에서 '정권 공약'을 호소하여도 그것이 실행되기 위해서는 의회가 조례나 예산을 통과시키는 것이 그 전제 조건이 된다. 이 점이 '정권 공약'에 있어 의원내각제와 대통령제로가 지닌 조건적 차이이다.

그러나 그러한 제도적인 조건과 동시에 현실적인 부분들을 고려할 필요가 있다. 지방선거, 특히 단체장 선거에서는 대부분의 후보가 무소속 혹은 정당 연합 추천으로 입후보한다. 따라서 단체장과 의회 다수파가 다른 분점 정부보다는, 서로 다른 이익 관계를 가진 회파들의 연합에 의해 지탱되고 있다. 일본의 지방 정치에서 분점 정부보다 많은 것은 선거에서의 여야 연합 추천과 의회의 총여당화 경향일 것이다.(가나가와현의회 구성은 〈표4〉 참조)

그러나 소수 정권의 문제는 통상적으로 입법이나 예산이 결정된 후에 문제가 되며, 그 때 의회의 설득이나 로비가 중요하게 된다. 그러므로 마츠자와 가나가와현 지사나 다나카 나가노현 지사가 경험한 분점 정부의 사례들을 각각 고찰해 보는 것이 매우 중요하고 본다.

【표 4】 가나가와현의 회파구성 (2003년 7월 28일)

회파	인수
자민당 가나가와 의회의원단	43명
민주당 쇄신의 회 가나가와현 의회의원단	22명
공명당 가나가와현 의회의원단	11명
현정21 · 현민의 회 가나가와 의회의원단	11명
가나가와 네트워크운동 가나가와현 의회의원단	9명
일본공산당 가나가와현 의회의원단	4명
시민의 당	2명
사회민주당	1명
무소속의 회	1명
가나가와 프론티어(神奈川フロンティア)	1명
아이코 그룹(愛甲クラブ)	1명

의회의 역할

그렇게 되면 지방 의회 선거는 매니페스토 선거라고 할 수 없다는 비판이 나온다. 이는 지방 의회의 역할에 관한 것으로 매니페스토가 도입됨에 따라 의회의 역할을 어떻게 재정립해야 하는가에 대한 것이다.

지방 의회에는 정당이 필요 없으며 당파적인 면과는 거리가 멀다고 자주 일컬어지기도 하지만, 의회가 정권(단체장)에 대해 어떠한 입장을 취하고 있는가가 최우선 문제이다. 즉 단체장을 지지하는가, 비판하는가, 그렇지 않으면 경우에 따라 그 여부를 결정하는가라는 것은 중요한 판단 재료이다. 그것을 선거시에 명시적으로 표명하는 것은 유권자에 있어서도 중요한 판단 재료가 된다.

지방 의회에는 예산과 조례의 제정권이 있으며, 지사의 불신임 결의나 사직 권고 결의를 실시할 수 있다. 한편 단체장은 의회 해산권을 지니고 있다. 이러한 의회의 역할을 살펴보면, 감시 · 비판 · 수정 · 대안 제시 기능을 가지고 있다고 할 수 있다.

무엇을 감시하고 무엇을 비판하는가를 생각해 보면, 의회는 우선 단체장의 매니페스토가 실행되는지를 감시하고 비판하는 입장에 서게 될 것이다. 즉, 의원내각제에서의 야당의 역할이란 집권당의 매니페스토를 평가하고 비판하는 것이다. 이와 같이 지방 의회에는 단체장의 매니페스토를 평가하고 비판할 것이 요구된다. 이 때 어떠한 입장을 취할 것인지에 대한 긴장감이 없으면 매니페스토 도입의 의미는 없다고 할 수 있다.

의회가 조례 제정권을 지니고 있다고 해도 의원 혼자서는 그것을 실행할 수 없다. 매니페스토에 어떤 조례 제정을 삽입했다고 해도 그것을 실행하기 위해서는 의회의 다수를 형성할 필요가 있다. 이것은 의회의 특정 회파가 선거에서 독자적인 제언을 할 수 있다는 것을 의미한다.

즉, 정권과의 관계에서 어떠한 입장을 취하는가가 초점이 되지만, 단체장과의 입장에서 조례나 예산에 자신의 주장을 포함시킬 것인가, 그렇지 않으면 비판적 입장에 충실할 것인가의 차이이다.

의회의 회파가 독자적인 제언을 하려고 한다면, 어떻게 그것을 실행할 것인가를 명시해 둘 필요가 있다. 그리고 의회는 의회 개혁이나 의원 행동을 규제하기 위한 정책 제언도 가능하다. 예를 들어, '정무 조사비'의 공개나 영수증 첨부의 의무 부여 등은 의회의 독자적인 결정 영역에 포함되어 있기 때문이다.

의회와 선거 제도

지방 의원을 논할 때 선거 제도, 특히 선거구 제도에 대해 지적해 둘 필요가 있다. 즉 앞에서 '55년 체제' 하에서의 선거가 정권을 선택하는 선거가 되지 못했다고 지적했지만, 그것은 35명의 당선자를 내는 중선거구제도 하에서 마찬가지였다. 만일 중선거구제에서 당의 매니페스토를 내걸고 싸워도 개인 득표수로 당선이 결정되는 게임의 룰 하에서, 특히 복수 후보자를 선거구의 과반수 이상 옹립할 수 있었던 자민당의 경우, 선거구 내 다른 자민당 후보자도 기본적으로는 라이벌 관계에 놓였다. 이러한 제도적 제약은 당의 정책을 호소하기보다는 자신이 얼마나 지역의 이익을 대변할 수 있는가, 중앙에 굵은 파이프를 갖고 있는가, 후보자의 경력이 화려한가 등의 '개인 선거' 행태를 조장하였다. 이는 당의 조직보다 '개인 후원회'에 충실하도록 하였다. 이 시대에는 '개인 공약'이 통용되었기 때문에 그것이 정책으로서 실행될 것인가는 보장되지 않았다. 행정의 개별 집행에 대한 관여도 특정 지역 이익에 대응하는 방식이 당연시되었다. 그리고 이러한 제도적 조건이 파벌 중심 선거를 발생시키는 주요한 원인이 되었다. 따라서 선거 제도(중선거구제)와 정당 정치의 발달(역으로 파벌의 발달)은 밀접한 관계가 있다고 할 수 있다.

그런데 소선거구제에서 해당 선거구를 대표하는 당 후보자는 1인이기 때문에 당의 정책을 호소하는 것으로 자신의 득표를 증가시킬 수 있다. 즉, 매니페스토 선거와 당의 선거는 표리 관계이다. 물론 소선거구제가 아니어도 당명을 쓰는 비례 대표제에서는 매니페스토 선거가 실현 가능하겠지만, 당명이 아닌 일본 참의원 선거에서 채용하는 개인명을 쓰는 '비구속 비례 대표제'에서는 매니페스토 선거가 실시되기 어렵다. 후보자 개인의 득표수로 당선이 결정되기 때문에 정당 득표를 증가시키기보다 후보자 자신을 얼마나 알리는가가 우선시 된다.

지금까지 많은 논의는 되지 않았지만 일본의 지방정치 선거구 제도는 그다지 정리되어 있지 않다. 단체장 선거는 원칙적으로 1석을 경쟁하는 소선거구제이기 때문에 매니페스토 선거에는 적합하다. 하지만 현 의회 의원 선거의 경우에는 여러 제도가 혼재되어 있다. 예를 들어 도쿄도 의회 의원 선거의 경우, 1인 선출 선거구가 7개, 2인 선출이 16개, 3인 선출이 5개, 4인 선출이 6개, 5인 선출이 3개, 6인 선출이 3개, 8인 선출이 2개 등 합계 127석으로 구성된다. 즉 1인 선출의 소선거구도 있고 과거 35의석의 중선거구 그리고 대선거구도 존재한다. 문제는 당에서 매니페스토를 작성하면 어떻게 복수 후보자가 같은 선거구에서 매니페스토형 선거로 경쟁할 수 있는가라는 원리적 문제가 해결되지 않는다는 것이다.

시정촌(市町村)의회 의원 선거는 하나의 대선거구(at large)로 치뤄진다. 즉 10명 혹은 20명이라도 동일 선거구에서 입후보하며, 유권자는

1인 1표를 행사하고 당선자 확정은 상위에서 결정 의석수까지 상대적 다수(plurality) 방식으로 결정된다. 이러한 선거 제도에서 매니페스토란 어떤 것인가라는 것은 향후 검토 과제이다. 즉, 어느 당파에서 특정의 매니페스토를 썼다고 하더라도 복수의 후보자가 입후보하고 있는 상황에서는 매니페스토 이외의 개인의 매력이 유권자의 판단 자료가 되는 선거가 된다. 그러므로 선거 제도를 정비할 것인가 혹은 매니페스토가 친숙하지 않기 때문에 떨쳐낼 것인가라는 선택이 앞에 놓여 있으며 이것들은 향후 과제가 된다.

5. 실행 체제

매니페스토가 중요한 것은 종이에 쓰는 것만으로 끝나지 않는다는 것이다. 좋은 매니페스토와 나쁜 매니페스토는 비교되며 그 경쟁 또한 중요하다. 그리고 선거에 이긴 매니페스토가 실행으로 옮겨지지 않으면 단순히 선거용 공약으로 끝나 버린다. 승리한 매니페스토를 실천하기 위한 '실행 체제'의 확립이 없으면 구호로만 끝날 가능성이 있다. 물론 실천하는 집행 체제로 관료 기구가 존재하며 이를 잘 다루기 위해서는 행정 방식뿐만이 아니라 정치적인 체제도 필요하다.

일반적으로 정책을 실현하기 위해서는 두 가지의 사고 방식이 존재한다. 즉, 종래의 관료 기구에 정책을 맞추는가 아니면 정책에 맞게 실행 체제(관료 기구)를 바꾸는가이다. 물론 민주주의를 전제로 한 선거에 따른 리더십 확립을 생각하는 입장에서 보면, 선거에서 약속한 매니페스토의 실행 체제를 어떻게 수립할지가 요구된다. 관료 기구를 어떻게 다루고, 약속한 바를 어떻게 실행하는가라는 문제이다.

그러나 한편에서는 장기적으로 지속되는 안정적 관료제에 대한 뿌리 깊은 인식이 존재한다. 즉 정당은 선거에서 약속을 하지만 어디까지나 그것은 정치적인 성명일 뿐, 관료 기구는 그때까지 정한 방침을 순조롭게 해나가면 된다는 사고이다. 극단적으로 말하면 정당이나 정치가가 선거 당시에 순간적인 전략으로 발표한 공약에 관료제는 구속되지 않는다는 것이다. 즉 둘의 극단적인 사고를 대비하면, 관료 기구를 잘 다루는지 혹은 관료 기구에 이용되는지의 차이라고 볼 수 있다. 매니페스토를 내걸어 승리하는 것만으로 자동적으로 실행되는 것은 아니라는 것이다.

원론적인 Plan · Do · See의 사고가 불충분하다는 사실은 정치의 장면마다 벽에 부딪치게 되면서 상기되곤 한다. 관료제와 여당이라는 정책 결정과정의 중요한 두 부분 가운데 우선 관료제를 생각해 볼 필요가 있다. 대표적인 사고 방식은 민주당의 질문주의서(質問主意書)에 대한 내각의 회답이다.[4] 이것을 극복하기 위해서는 우선 정당의 매니페스

4 기본적인 대답으로 매니페스토는 '자유민주당 본부에서 발행된 것으로 알고 있다'라고 하여 내각이 추진해야 할 기본 정책은 '정부 연설 등으로 국민에게 분명히 밝혀 오고 있다.' '각 부성청이 설정하는 시책 목표에 총리가 내건 매니페스토의 내용은 어떻게 반영되고 평가되고 있는가'에 대한 대답은 '행정 기관이 실시하는 정책평가에관한법률(헤세이 13년 법률 제86호)에 근거하여 실시하는 정책 평가 등에 대해서는, 자민당 정권 공약 자체를 달성해야 하는 목표는 아니지만, 그 내용에 관련된 정책을 포함하여 각 부성의 소장과 관련된 정책 및 복수 부성의 소장과 관계된 정책에 관하여, 각 부성이 적절한 목표를 설정함과 동시에 각 부성 또는 총무성이 그 달성도를 평가 하고 있다'고 회답하여 행정과 정당을 구별하고 있다.
5 종합 계획이란 지방 자치법에서 '시정촌(市町村)은 그 사무를 처리함에 있어 의회의 의결을 거쳐 그 지역의 종합적이고 계획적인 행정을 운영하려는 기본 구상을 정하여 이에 입각하여 실시하지 않으면 안 된다(2조 4항)'라고 규정되어 있다. 도도부현(都道府県)의 경우 의무는 없지만 실제로는 책정되고 있다. 일반적인 종합 계획은 기본 구상(10년 정도), 기본 계획(5년 정도), 실시 계획(3년 정도)의 3층 구조로 구성되는 경우가 많다.

토를 내각에서 각의 결정하여 정부 연설에 반영시킬 필요가 있다.

지방정부에서 가장 전형적인 것은 매니페스토와 '종합 계획'[5]과의 관계이며, 종합 계획 내에서 매니페스토를 위치 지우려는 지방 관료의 발상이 그 대표적 장벽일 것이다. 매니페스토를 실천하기 위한 관료 기구라는 생각을 더욱 진전시키면 매니페스토를 실행하기 위하여 행정 개혁을 실시한다고 해도 좋을 것이다. 예를 들어 고령화나 정보화 등의 매니페스토에 포함된 정책을 실천하기 위하여 부처의 기능 재편을 모색할 수 도 있을 것이다. 지방정부가 기능 재편에 유연하게 대응할 수 있는 요소는 매우 많다. 그러나 현실적으로 행정 개혁을 실시하면서까지 매니페스토의 실행 체제를 재편하는 예는 적으며, 추진 본부를 두는지 혹은 기존의 '종합 계획'과의 정합성을 취하는지 등 정책의 연장선상에서 재편이 일어나는 경우가 많다. 즉, 매니페스토의 중점 과제와 한정된 예산 범위에서 얼마나 정책을 실시하는가 그리고 어디까지 조직을 매니페스토형으로 변화시킬 것인가라는 실행 체제상의 물음들이 중요하다.

지방 자치체에서 이 테마의 대표적인 예가 '종합 계획'과 매니페스토 간의 관계이다. 가나가와현이 매니페스토를 어떻게 종합 계획에 반영시켰는가라는 일화는 이 관계를 생각하는데 좋은 사례가 된다. 의회와 관료라는 두 개의 벽을 힘들게 뛰어 넘은 가나가와현의 예는 많은 논점을 시사해 주기 때문이다.

가나가와현 행정 관료들 사이에 로컬 매니페스토에 대한 의식의 차이가 나타나는 것은 중앙 부처와 동일하다. 로컬 매니페스토에 대하여 '로컬 매니페스토는 지사의 정책이며 관료는 그대로 받아들이지 않으면 안 되는 것'으로 수용하는 관료와 '이러한 목표는 무리이기 때문에 지사를 단념시키자'라는 관료 그리고 '지사가 후보자로서 마음대로 현민과 약속한 것이기 때문에 행정과는 관련 없다'라고 생각하는 관료 등, 마츠자와 시게후미 지사와 행정 관료들 사이의 의식 격차는 점차 표면화되었다(松澤成文 2005). 2003년 6월 정례회에서 의회로부터의 격렬한 공격을 받은 마츠자와 지사는 7월말 서머 리뷰에서 논의, 8월 열린 부국장과의 브리핑을 통해 '매니페스토에 대한 통일 견해'를 정리하여 이하의 합의를 이끌어내었다.

> ○ 매니페스토는 지사가 후보자로서 현민과 약속한 정책 선언이다(조직으로서의 현은 의회, 각 행정위원회 등을 포함하며 직접 매니페스토에 구속되는 것은 아니다).
>
> ○ 지사는 매니페스토 정책을 실시하기 위한 검토 작업을 지시하였다. 이에 각 부 국장은 이를 현의 '시책안'으로서 받아 들여 그 실현에 최대한 노력하면서 '시책안'에 대해서는(원안 · 수정안 모두) 현민에게 설명하는 입장이 되었다.
>
> ○ 새로운 종합 계획 등은 지사와의 조정을 거친 '시책안' 이외의 항목들도 포함시켜 현민, 의회, 시정촌, 각종 단체의 의견들을 수렴해 나가면서 행정으로서 책임을 가지고 실시할 수 있는 시책으로 책정해 나간다. 덧붙여 매니페스토(의 원안) 자체는 그대로 살려 나가는 것으로 인식한다(매니페스토 자체는 지사가 설명 책임을 진다).

이 시점에서 매니페스토와 종합 계획 간의 상호 관련과 위치 설정이 명확히 이루어졌다. 어떤 의미에서는 의회와 직원과의 마찰에서 배태된 타협이었지만, 이러한 대립이 있었기 때문에 상호 관계가 분명하게 되었다고 할 수 있다. 이러한 통일적인 견해를 바탕으로 가나가와현의 새로운 종합 계획은 다음과 같은 경과를 거쳐 책정되었다.

○ 2003년 8월 새로운 종합 계획 책정을 위한 현민 의견의 청취
○ 2003년 10월 15일 신종합 계획 소안 발표
○ 2003년 12월 10일 신종합 계획 소안(최종안) 발표
○ 2004년 3월 29일 가나가와의 힘 구상 프로젝트 51 발표
　　　　　　　　지역 주권 실현을 위한 중기 방침 발표
　　　　　　　　행정 시스템 개혁의 중기 방침
○ 2004년 4월 1일 가나가와의 힘 구상 · 프로젝트 51 스타트

또 2004년 12월에는 지역 계획인 〈가나가와의 힘 구상〉이 발표되었고, 2005년 3월에는 2004년도 및 2005년도 행정 시스템 개혁 노력, 중기 방침의 착실한 추진 상황과 2005년도의 주요 사업 등을 공표하였다.

실행 체제를 생각할 때 또 하나의 중요한 논점은 현직 단체장인가, 도전자인가에 따라 크게 달라진다는 것이다. 우선 매니페스토 작성 단계에서부터 현직과 신인 간에는 상당한 비대칭성을 이룬다. 이는 정당 매니페스토에서도 집권한 측과 야당(도전자) 측간에 보이는 양상과 동일하다고 할 수 있다.

하지만 로컬 매니페스토에서 도전자가 작성할 수 있는 것 또는 할 수 없는 것에는 상당한 정도의 차이가 있다. 특히 행정 내부 정보를 어디까지 사용하여 쓸 수 있는가는, 정보 공개 일반의 문제와도 밀접하게 연결된다. 그러므로 당선된 도전자가 작성한 매니페스토가 정보 부족으로 인해 실행안으로서는 불충분하여 정책 변경을 하지 않을 수 없게 되는 상황도 예상 가능하다. 물론 매니페스토가 사전에 '피지빌리티(feasibility) 체크'(실현 가능성 조사)를 받는다고 해도 근거가 되는 숫자가 분명하지 않으면 이상이 생길 가능성이 크다. 만일 그러한 매니페스토를 전부 배제해야 하는 상황이 되면 현직 이외에는 입후보가 불가

능하다는 모순을 낳게 된다. 따라서 행정 정보의 사전 공개를 어디까지 허용할 것인가라는 논의를 진전시켜야 할 것이다. 그것은 매니페스토 평가에서도 실제 발생하는 문제로 정책 평가에 대한 실천 정도와 진척 상황을 측정할 경우, 행정 내부의 정보 공개가 이루어지지 않으면 정확히 평가하는 것은 어렵게 된다.

따라서 현직 지사가 매니페스토를 내세워 당선한 예와 도전자가 이긴 예에서는 상당한 차이를 발견할 수 있다. 즉, 정권 교체 같은 문제이다. 현직 지사의 예로는 마스다 지사의 에피소드가 상징적이다. 그가 선거 승리 후 처음으로 현청에 출근하는 날, 담당 부장으로부터 매니페스토에 실린 공공 사업의 30% 삭감과 관련된 안이 준비되어 있다는 보고를 받았다는 것이다. 그리고 영국처럼 정권이 바뀌어도 공무원은 어느 당의 매니페스토에도 대응할 수 있는 준비태세가 되어 있는 것도 하나의 사례가 된다.

그러나 통상적으로 정책을 내걸고 선거에서 싸운다면, 당연히 그 정책들을 실행시킬 의무가 있으며 이는 관료 기구라는 수단을 통해 그 실행을 모색하게 된다. 그렇다면 이 때 기구 개혁을 실시할 것인가 정치 임용을 할 것인가 공무원은 특별직 혹은 일반직을 상정할 것인가 등의 질문에 봉착하게 된다.

하지만 실제로는 다이내믹한 조직 변혁까지 이루어지는 경우는 많지 않다. 그것은 대통령형 지방정부라고 해도, 스태프의 변경을 동반하는 것이 아니라 일반직 공무원을 기반으로 한 대통령제이기 때문이다. 그 점에서 정치 임용은 어느 정도까지는 실시하지만, 실제로는 일부 브레인에 한정되거나 심의회 위원의 임명 정도가 가장 많다고 할 수 있다. 즉 미국형 대통령제라고 하는 정치적인 조건 이외에도 CEO가 새로운 팀을 데리고 들어와 회사를 경영하는 '교체형'의 미국형 경영 문화와의 차이이기도 하다. 따라서 정권이 교체되어도 영국의 공무원처럼 신정권을 위해 일을 할 수 있는 제도를 학습하는 편이 나을지도 모른다. 다만 제도 설계상 대통령제와 특별직 공무원의 정치 임명과 일반직 공무원의 정치 임명이라는 각각의 사례는 국가의 공무원 제도와 내각 주도를 생각하더라도 모든 것을 해결하지는 않는다. 만일 영국형이라면 일반직의 정치 임명이라는 방향이 생각할 수 있는 하나의 대안이 될 것이다.

그럼에도 몇몇의 특징적인 변화가 이미 일어나고 있다. 마스다 지사의 미야기현에서는 재정과를 예산조정과로 바꾸어 인원과 권한을 축소하고 있다. 미에현의 키타가와 지사가 예산편성 과정을 포괄 배분형으로 대폭 변경했던 것과 같은 발상이다. 그리고 자기 평가와는 별도로 가나가와현의 '마츠자와 매니페스토 진척평가위원회' 등 외부 평가 조직도 설치되기 시작했다.

6. 평가와 검증의 방법

매니페스토는 사후 검증을 필요로 한다. 그렇다면 누가 평가를 하는 것일까? 평가의 주체는 다양하지만 분류해 보면 ① 자기 평가, ② 야당 등의 평가, ③ 대중 매체나 싱크탱크 등의 평가 ④ NPO 등 시민단체 평가 등으로 생각할 수 있다. 물론 최대의 평가자는 선거에 있어서의 유권자이다. 자가 평가의 예로는 우선 정권을 담당하는 자가 스스로를 체크하는 것이다. 구체적인 형태로는 '백서'와 같은 것이 있다.

평가의 제1주체는 지방 자치체의 경우에는 의회이며 야당이 먼저 그

직무를 맡는 것이 타당할 것이다. 무엇보다도 행정·정치 관련 정보에 접할 기회가 많은 쪽은 정치가이다. 그러므로 야당이 감시하는 첫 번째 순위로 매니페스토의 실행을 평가하는 것으로 보아도 좋다.

대중 매체나 싱크탱크, 연구자들의 평가는 여러 종류가 있다. 물론 당파성을 완전히 배제할 수는 없지만, 예를 들어 경제 단체나 노동 단체가 실시하는 평가와 비교해 보면 훨씬 중립적이다. 그러나 평가한다는 것은 평가받는 것이기도 하다. 평가 기준이 이상하거나 혹은 사실 인정이 잘못되어 있거나 하면 평가 자체의 신뢰성에 의구심을 가지게 된다.

즉 여기서 논의해야 할 것은 '정책 분석'이라는 어떤 의미에서는 프로가 행하는 정책 평가와 그것을 유권자가 이해하는 선거 수준의 이야기를 어떻게 연결시키는가라는 과제이다. 그것은 연구자뿐만이 아니라 정당이나 대중 매체 관계자가 직면하는 문제이기도 하다. 어떤 매니페스토는 연구자들에게 상당한 비판을 받아도 선거에는 이길 수 있다. 하지만 장기적으로 정책 실행을 가능하게 할 수 있을지는 의문으로 남는다. 반대로 매니페스토가 도입되면서 정책 분석가의 능력도 다시 한번 평가의 대상이 되었다. 자신의 견해나 주의(主義)를 언급하는 것만으로는 정책 평가가 될 수 없으며, 현실성 없는 이론 개진으로 기준을 제시할 수는 있지만 평가는 될 수 없다. 이러한 문맥에서 매니페스토의 도입은 정책 분석가의 능력 향상과도 밀접한 관련을 가진다.

최근 평가를 서면으로만 발표하는 것이 아니라 정당, 지자체, 시민 단체, 대중 매체 등이 한자리에 모여 이루어지는 평가 작업이 시도되었다. 21세기 임조(21世紀臨調)는 중앙 정치에서의 정권 공약(매니페스토)과 로컬 매니페스토 검증 대회를 각각 개최하였다. 이를 통해 지자체는 자체 평가뿐만이 아니라 상호 횡단적인 평가를 통해 공통의 문제를 찾기 시작하였고, 자치체에 있어서 상대적인 위치를 확인할 수 있게 되었다.

평가 방법은 다양한 기준으로 이루어져도 괜찮을 것이다. 하지만 앞의 매니페스토 사이클에 비추어 생각해 보면 실적이 어느 정도인가, 실행 체제는 완비되어 있는가, 설명 책임은 완수하고 있는가 등의 항목이 중점적으로 평가되어야 한다. 당연히 실적은 목적과의 관계에서 결정된다. 목표 수준을 내리면 달성은 쉽게 된다. 하지만 이념이나 목표가 낮을 때에는 감점을 하든지 아니면 목표에 비추어 얼마나 달성했는지를 기준으로 평가하면 된다.

그리고 실적 평가에서 중요한 점은 정책에 '착수' 한 것과 '진척' 을 구분 짓는 것이다. 즉, 정책에 착수한다는 것과 정책이 얼마나 실현되었는가는 분명히 다르기 때문이다. 그러나 실제로 실행 체제나 실행 과정의 평가는 정권 자체에 대한 조사를 필요로 하기 때문에 단순히 통계 등

---

6 언론 NPO가 실시하고 있는 매니페스토의 평가 기준은 이하와 같다.

〈매니페스토 자체의 타당성 중시〉 우리는 정당 매니페스토에 기재된 항목에 대한 형식적인 결과(각의 결정, 예산화, 법안화, 구체적 시책의 진척 등)뿐만 아니라, 매니페스토가 일본이 직면하고 있는 현재의 과제를 추출하여 해결책을 제시하고 있는가, 실현을 향한 이념, 시책 체계가 그려져 있는가 라는 매니페스토 자체의 타당성에 대한 평가를 중시하고 있습니다. 우리의 실적 평가, 新매니페스토 평가의 구체적인 평가 기준은 다음과 같습니다.

- 실적(40점): 매니페스토에 그려진 이념과 목표에 비추어 실질적인 효과, 성과가 발생했는지 또는 성과가 이루어지는 방법을 그릴 수 있는가(이념, 목표가 애매한 경우는 감점)
- 실행 과정(40점): 시책, 예산, 실행 체제 등이 매니페스토의 이념, 목표를 달성하는 수단으로서 적절한가(시책이 정부 방침에서의 자리매김, 법안화의 유무, 실현을 위한 적절한 투입-체제, 인원, 예산-의 유무, 수상의 리더십 유무)(시책 체계가 잘못되어 있는 경우 개선 등에서 시행착오가 발생하는 경우는 감점)
- 설명 책임(20점): 매니페스토가 정부 방침으로 자리매김하여 국민들에게 설명하였는가(정부의 자기 평가 노력도 평가한다. 다만 성과를 손질하는 것이 아니라 잘 되지 않았던 경우를 설명하거나 개선점을 설명/평가한다.)

의 수치 데이터로부터 산출하기란 어렵다. 또 평가 방법이 확립되었다고는 할 수 없지만, 이 점이 빠진다면 정책을 실행한다는 것은 어렵다고 할 수 있다.[6]

마치며 : 정치·행정의 성과를 향상시키기 위해서

무엇을 위하여 매니페스토를 도입한 것일까? 매니페스토를 위한 매니페스토의 도입은 아닐 것이다. 즉 정권과 정책의 관계를 명확히 하고 선거시에 유권자에 선택지를 분명하게 제시할 수 있는 것을 목표로 하였다. 유권자가 매니페스토, 즉 정책을 중시하게 되었다는 사실은 여론조사로 어느 정도 파악할 수 있다. 그러나 매니페스토는 현실의 선거라는 정치 과정 속에서 생존하지 않으면 안 되기 때문에 정치 전략이나 캠페인 전략과는 전혀 별개가 아니다. 따라서 이것을 행정 평가와 동일한 것으로 보는 견해도 있지만, 매니페스토는 행정 평가가 아니라 정치 평가이다.

매니페스토를 도입함에 따라 정치나 행정의 성과(퍼포먼스)를 향상시킬 수 있다는 기대가 그 기저에 깔려있다. 그 성과란 결정을 신속하게 하면서 어떻게 한정적인 예산을 효율적으로 배분하여 효과를 향상시킬 것인가 그리고 제도를 어디까지 이용할 것인가 등에서 나타난다. 그리고 그 측정 방법은 여러 가지가 있지만 매니페스토에 의해 지금까지 보지 못했던 문제점들이 부각된 것도 분명한 사실이다. 적어도 매니페스토라는 하나의 제도가 도입됨에 따라 지금까지 불명확한 점들이 차례로 밝혀지고 있다. 현실 정치에 있어서 제도론이 주장하듯이 하나의 변화가 여러 가지 국면으로 파급해 가는 것도 확인할 수 있었다. 따라서 매니페스토를 한층 더 정착시켜 발전시키려면 원리적 연구뿐만이 아니라 현실적인 추진 운동이나 실제 정책의 성과를 발휘하는 것들이 그 조건이 된다. 현실적인 추진 운동에서는 로컬 매니페스토 추진 단체장 연맹, 로컬 매니페스토 추진 의원 연맹, 로컬 매니페스토 추진 네트워크 등이 구체적으로 활동하는 엔진 역할을 하고 있다.[7]

처음에는 선거에 이기기 위하여 매니페스토를 작성하는 경우도 있을 것이다. 그러나 선거가 촉진 요인이 된다는 것은 매니페스토가 앞으로 진전되고 있음을 의미한다. 다음 단계에서는 매니페스토 간 비교가 유권자의 화제 대상이 될 것이다. 좋은 매니페스토와 나쁜 매니페스토를 판별하는 것은 쉽지 않지만, 어떤 것이 진짜인지를 간파하기 위해서는 언론과 싱크탱크가 협력을 아끼지 말아야 한다. 그리고 현실에서 정책이 실행되고 있는 상황을 평가하고 점검하게 되면 매니페스토 사이클은 순환하기 시작한다. 즉, 다음 선거에서 어느 정도 실행되었는가를 유권자로부터 검증받는 것은 실제로 국민에 의한 정권 선택이 이루어지는 민주주의 국가에서는 당연한 일이며, 이는 매니페스토라는 도구를 통해 현실화될 것이다. 민주주의를 정착시켜 한층 더 진화시키려면 구체적인

---

7 로컬 매니페스토 추진 단체장(首長) 연맹: 회원 입회자 210 : 지사 19, 시구장(市区長) 134, 정촌장(町村長) 57 (2005년 12월 20일 현재)
- 로컬 매니페스토 추진 의원 연맹: 회원 입회자 512 : 도도부현(都道府県) 의원 99, 시구 의원 359, 정촌 의원 54 (2005년 12월 22일 현재)
- 로컬 매니페스토 추진 네트워크 :네트워크 홋카이도, 네트워크 도후쿠, 네트워크 간토우, 네트워크 도카이, 네트워크 간사이, 네트워크 주고쿠, 네트워크 시고쿠, 네트워크 큐슈, 네트워크 오키나와.

【참고 자료】

〈2003년 여론 조사〉

(1) 아사히 신문 (2003.11.12)

● 이번 선거에서 투표할 때, 정당이 구체적인 수치목표를 포함시킨
  정권 공약, 이른바 매니페스토를 어느 정도 중시하셨습니까?
  － 「많이 중시했다」(16 %)
  － 「조금 중시했다」(53%)
  － 「중시하지 않았다」(26%)
  － 「투표하러 가지 않았다」(2%)
  － 「그 외 · 무응답」(3%)

(2) 요미우리 신문 (2003.11.12)

● 투표할 때 정권 공약(매니페스토)을 참고 하셨습니까?
  － 「많이 했다」(19%)
  － 「다소 했다」(23.6%)
  － 「그다지 하지 않았다」(18.8%)
  － 「전혀 하지 않았다」(32%)
● 자민당 지지층
  － 「참고 했다」(37%)
  － 「참고하지 않았다」(59%)

- 민주당 지지층
  - 「참고 했다」(61%)
  - 「참고하지 않았다」(37%)

〈2005년 여론 조사〉

(3) 카호쿠신보(河北新報)(2005.9.3): 동북6현 유권자를 대상으로 한 여론 조사

- 투표하는 후보나 정당을 선택할 때에
  - 「매니페스토를 중시한다」(61.8%)

	중시한다	중시하지 않는다	알 수 없다/무응답
군단위	62.8	33.8	3.5
도시부	61.7	33.4	4.8
아오모리	54.3	34.6	1.1
이와테	66.2	30.8	3.0
미야기	52.5	39.8	2.8
아키타	56.7	38.6	4.7
야마카타	74.4	21.3	4.3
후쿠시마	64.3	31.2	4.4

매니페스토를 중시하는 유권자는 남성보다 여성이 약간 많으며, 젊은층일수록 중시하지 않는 비율이 커지는 경향을 볼 수 있었다. 동북6현의 시정촌 가운데 인구 10만 이상의 '도시 지역'과 10만 미만의 '군

단위'(郡部) 간에는 큰 차이가 없었다.

중시한다고 대답한 유권자에게 그 이유를 물은 결과 가장 많았던 것은 '정당이나 정치가가 정치에 책임성을 가지게 되기 때문'으로 31.9%였고, '종래의 공약보다 구체적이기 때문에'(23.5%), '다른 판단 기준이 없으므로'(19.0%) 등도 눈에 띄었다.

한편 중시하지 않는 이유로는 '정당이나 인품 등 다른 요소로 판단하기 때문에'가 29.5%로 최다였고 '매니페스토를 잘 모르기 때문에'가 28.1%로 그 뒤를 이었다. 군부에서 중시되지 않는 이유로는 '종래의 공약과 달라지지 않았기 때문에'(27.5%), '투표하는 후보자나 정당이 이미 정해져 있기 때문에'(21.8%)를 든 유권자들도 적지 않았다.

매니페스토를 알게 된 매체로는 '신문·텔레비전'(81.5%)이 압도적으로 많았고, '정당이나 후보자의 팜플렛', '인터넷의 홈 페이지' 등도 지적되었다.

매니페스토를 중시한다고 하는 대답한 비율이 6할을 넘는 한편, 소선거구의 후보자, 비례 대표의 정당을 각각 선택하는 구체적인 기준에 대해서는, 소선거구의 경우 '후보자의 실적이나 인품'(30.6%), 비례 대표는 '행정·정치 개혁의 의지'(38.1%)를 든 유권자가 많았다.

(4) 마이니치신문 : 중의원 선거 종반 여론 조사(2005.09.09)

매니페스토나 정권 공약을 투표 행위시 참고로 합니까.

	비율	남자	여자
참고 한다	76	74	78
참고하지 않는다	22	24	21

○ '정책 중심' 이행이 강해진다

선거에서 각 정당이 정권을 획득했을 때에 중점적으로 추진하는 정책이 담겨있는 매니페스토(정권 공약)를 참고로 한다고 대답한 유권자는 76%에 이르렀다. 소선거구에서 후보자를 선택할 때, 가장 중시하는 기준으로 '정당 공약의 좋고 나쁨'을 든 유권자도 절반 가까이에 이르러, '후보자 중심' 선거에서 '정책 중심' 선거로의 이행 경향을 파악할 수 있다.

자민, 민주 등 주요 정당은 2003년 중의원 선거부터 매니페스토를 전면으로 내건 선거전을 전개하고 있다. 매니페스토를 '참고하지 않는다'라고 대답한 유권자는 22%에 머물렀다. '참고한다'라는 대답은 03년 11월의 중의원 선거의 특별 여론 조사에 비해 9% 증가하고 있다.

성별로는 남성, 여성을 합쳐 '투표에 참고한다'라고 대답한 유권자가 70% 이상으로 나타났다. 연령대별로는 30대의 경우 80% 이상이 참고한다고 대답하였고 40대, 50대, 60대도 70%가 넘는 반면, 20대, 70대 이상은 60%에 머물렀다. 자민당 지지층 가운데 매니페스토를 참고한다고 대답한 유권자는 75%를 차지해, 민주당 지지층(78%)과 거의 비슷하였다. 그리고 공명당 지지층은 86%가, 공산과 사민 지지층에서도 7 0% 이상이 참고한다고 대답하였다.

또 소선거구에서 후보자를 선택하는 기준을 물은 결과는 정당의 공약(47%), 후보자 개인(31%), 정당의 당수(15%), 지인이나 단체의 추천(5%) 등의 순이었다. 다만 자민당 지지층은 '후보자 개인'이 36%로 가장 많았고, '정당의 공약'(35%), '정당의 당수'(24%)가 그 뒤를 이었으며 매니페스토에의 관심만큼 후보자 개인의 비중이 컸다. 한편 민주당 지지층은 '정당 공약'이 58%를 차지해 '정당의 당수'는 9%에 머물렀다.

중의원 선거에서 가장 중시된 정책은 ‘연금 · 의료 · 개호’가 40%에 이르렀고 고이즈미 수상이 선거의 최대 쟁점으로 설정한 우정 민영화 (19%)를 상회하였다. ‘연금 · 의료 · 개호’는 8월 13, 14일에 실시한 이전 조사에 비해 4 % 상승하였다.

참고문헌

會根泰教. 「マニフェスト導入の波」(朝日新聞 2003年6月15日 朝刊), 2003.

______. 「討論を聞いて 『政權公約』との一貫性重要」(毎日新聞, 2003年9月12日, 朝刊), 2003.

______. 「マニフェストの策定と實行過程の課題」(小川是、保岡興治、村松岐夫との座談會)『言論NPO』(2003.10.31), 2003.

______. 「新聞を讀んで マニフェスト選擧・政策の强弱に注目」(東京新聞2003年10月19日´朝刊), 2003.

______. 「政治と國民に問われる「爭点」は何か」『潮』(2003年12月号), 2003.

______. 「マニフェスト選擧 內實伴い始めた政權公約・緊張感求められる有權者」毎日新聞(2003年10月21日、夕刊), 2003.

______. 「論車論客・選擧結果を讀む 政權公約で競爭の質変化」讀賣新聞(2003年11月11日、朝刊), 2003.

______. 「正論 選擧で問われた政策專門家の解說力」産経新聞(2003年11月15日), 2003.

______. 「選擧と政党の新しい胎動：政權選擇とマニフェストの効果」『改革者』(１月号), 2004.

______. 「マニフェストの實行体制」『ガバナンス』(2004.9.), 2004.

______, 「衆議院選擧制度改革の評価」日本選擧學會『選擧研究20』(2005・2), 2005.

金井辰樹. 『マニフェスト』. 東京: 光文社新書, 2003.

木村剛. 『マニフェスト論爭 最終審判』. 東京: 光文社ペーパーバックス, 2003.

大山礼子. 藤森克彦. 『マニフェストで政治を育てる』. 東京: 雅粒双書, 2004.

UFJ総合研究所國土地域政策部. 『ローカル・マニフェストによる地方のガ, 2004.
　　　　　バナンス改革──自治体が変わる、地域も変わる』. 東京: ぎょうせい.

四日市大學地域政策研究所. 『ローカル・マニフェスト－政治への信頼回復をめざし
　　　　　てー』東京: イマジン出版, 2003.

松澤成文. 『實踐　ザ・ローカルマニフェスト』. 東京: 東信堂, 2005.

北川正恭. 『生活者起点の「行政革命」』. 東京: ぎょうせい, 2004.

『第1回ローカル・マニフェスト檢証大會』(2004年9月8日)

『第2回ローカル・マニフェスト檢証大會』(2005年11月19日)

4장

한국의 지방선거와 정책정당화 과제

이현출 · 국회도서관 입법정보 연구관

1. 정치 환경 변화와 정책 선거

지방선거를 앞두고 시민단체와 언론을 중심으로 정책 선거에 대한 관심이 고조되고 있다. 이러한 배경에는 그동안 몇 가지 제도변화가 있었고, 그러한 제도 변화의 정치적 효과와 맞물려 더욱 반향이 크게 일어나고 있다. 먼저, 2002년 지방선거와 17대 총선을 앞두고 1인 2표제가 도입되어 정당 투표에 대한 준거 기준으로서 정당의 공약에 대한 유권자의 관심이 높아졌다는 점이다. 아울러 2004년 3월에 개정된 정당법은 정당의 정책 정당화와 정책 선거로의 발전을 위하여 국고 보조금을 배분받는 정당의 중앙당에 정책연구소를 설치·운영하도록 하고(정당법 제29조 3항), 정치자금법에서는 정당에 지급되는 국고 보조금의 100분의 30을 정책 개발 및 연구 활동에 사용하도록 규정(정치자금법 제18

조)하고 있다. 무엇보다도 중요한 변화를 가져온 요인은 원내 정당화로의 변화이다. 이제 정치가 과거와 같이 원외 정당을 중심으로 정치 투쟁을 벌일 것이 아니라 원내에서 정책을 두고 여야가 경쟁해야 한다는 국민의 요구가 반영된 결과라고 볼 수 있다.

이러한 변화된 환경에 발맞추어 2005년에는 정당법을 개정하여 국고 보조금을 받는 정당을 상대로 1년에 2회 정책 토론회를 개최하도록 하였으며, 이에 따라 2005년 12월에 처음으로 여야 4당 정책토론회가 열린 바 있다. 언론과 시민단체에서의 관심 또한 높아지는 추세이다. 먼저 언론의 적극적인 관심이 정책 공약 선거에 관심을 높여 주었다(세계일보 기획탐사보도 2004년 4월 15일). 2005년 2월의 대통령 선거 공약 점검에 이어 4월에는 17대 총선 1주년을 맞아 열린우리당과 한나라당의 총선 공약 실천 상황을 점검하여 주목을 끌었다. 뒤이어 4 · 30 보궐선거 후보자 공약을 점검한데 이어 지방선거 3년을 맞아 광역 자치 단체장 선거 공약 이행도를 점검하여 선거 공약에 대한 관심을 제고하였으며, 한편으론 2006년 지방선거를 앞두고 공약 선거 실현을 위한 여론을 환기시켜 왔다. 지난 2004년 총선에서는 KBS와 경제정의실천시민연합이 독일의 공약 평가 시스템(Wahl-O-Mat)을 도입하여 유권자의 선택을 돕기 위한 프로그램을 운영한 바 있다. 이러한 노력은 유권자로 하여금 정책에 기초한 선거를 할 수 있도록 유도하는데 중요한 계기를 마련한 것으로 평가된다.

이러한 언론과 시민단체의 관심과 주목에 각 정당도 적극적으로 화답하고 있다. 열린우리당이 총선 공약을 지키기 위해 '총선공약A/S(애프터서비스)점검단'을 운영하기로 한 데 이어, 한나라당에서도 '대국민약속실천정책점검회의'를 가동하고 공약 실천 사항을 담은 책자를 만들어 국민에게 보고하겠다고 한다. 정당의 지도부가 정치의 신뢰 회복을 위한 첫 단추로 국민에 대한 공약에 관심을 갖게 된 것은 다행이다. 그동안 한국의 선거 풍토에서는 선거 공약이 후보자(정당)와 유권자 간의 신뢰의 상징으로 자리 잡지 못하고 다른 정당(후보)이 내세우는 데 자기 정당만 내세우지 않을 수 없다는 식의 선거 정치의 장식품 정도로 전락해온 것은 주지의 사실이다. 이러한 현실에서 각 정당이 스스로 공약을 챙기겠다고 나서는 것은 정치에 대한 국민의 신뢰 회복 차원에서뿐만 아니라 향후 한국 선거 풍토를 크게 바꿀 정책 선거를 향한 중요한 추동력으로 작용할 것으로 보인다.

이제 사조직과 공조직을 총동원하던 조직 동원형 선거, 지역주의가 난무하는 비방·흑색 선전 중심의 네거티브 선거, 수천억의 정치 자금이 동원되는 부패 선거는 사라져야 한다. 그 자리를 매니페스토(Manifesto)로 메워야 한다. 매니페스토는 투쟁으로 길들여진 우리 정치의 체질을 개선할 뿐만 아니라 국민과 국민으로부터 선출된 대표와의 사이에 생긴 신뢰의 상처를 회복하기 위한 첩경임을 강조하고자 한다. 즉, 필자는 정책 선거를 위한 전제로서 매니페스토의 도입을 주장하고 있으며, 매니페스토를 통하여 한국의 정당 간 경쟁의 틀을 바꿀 수 있음을 강조한다(이현출 2004). 즉, 매니페스토는 "구체적인 목표가 확실한 정치", "명확한 평가가 가능한 정치", "구체적인 정책집행을 담보하는 정치"를 실행하는 도구로서 매우 중요한 의미를 지니고 있다는 점을 강조하고자 한다. 정당 정치의 모범을 보이고 있는 영국의 경우와 정치 개혁의 돌파구를 매니페스토 선거에서 찾고 있는 일본의 정치가 시사하는 바가 여기에 있다.

이러한 맥락에서 이 연구는 한국 선거 정치와 정당 정치 개혁을 위한 도구로서 매니페스토의 도입을 주장하고, 매니페스토 도입이 선거 및 정당 정치에 미칠 변화에 대한 전망과 함께 도입에 수반되는 쟁점을 고찰하고자 한다. 이를 위해 먼저 2002년 지방선거와 제17대 총선 사례를 중심으로 한국 선거에서의 공약의 위치와 역할을 점검하고, 변화하는 환경을 고찰할 것이며, 둘째 정책 선거와 정책 정당화를 위한 개혁의 도구로서 매니페스토 도입이 가져올 효과를 고찰한다. 셋째, 매니페스토 도입 시 제기되는 문제점을 검토하고 토론할 것이며, 마지막으로 논문의 결론에 갈음하여 매니페스토 도입을 위한 몇 가지 과제를 제시하고자 한다.

2. 한국에서의 선거와 공약

간접 민주주의 체제에 있어서 선거 공약은 유권자의 의사를 정치 엘리트에게 전달하는 매개가 되며, 공직자에게 있어서는 선거 후의 정책 활동에 정통성을 부여하는 기능을 수행한다. 그동안 한국의 선거 공약은 유려한 수사(修辭)의 나열, 구체성이 낮은 모호함, 백과 사전식 구성, 잦은 불이행[1] 등으로 후보자 또는 정당과 유권자 사이에 신뢰받지 못했으며 공약(空約)에 불과하다는 말이 유행할 정도로 관심을 받지 못해 왔다.

---

[1] 15대 의원 평균 공약 이행율이 41%도 안되는 것으로 보도된 바 있음(주간조선 1590호 2000/2/17, 18~22).

따라서 한국의 선거 과정은 정책 대결의 장이라기보다는 후보자의 경력 소개 및 정치 활동을 일방적으로 알리는 '개인 선전형 선거,' 사조직 · 당조직을 이용한 '조직 동원형 네트워크 선거', 지역주의 등을 활용한 비방, 흑색 선전 중심의 '연고주의형 네거티브 캠페인' 으로 전개되어온 것이 현실이다. 유권자의 측면에서도 후보와 정당의 정책 공약을 비교하여지지 후보를 결정하기보다는 지역주의와 혈연, 학연 등에 얽힌 연고주의와 같은 전근대적 투표 행태에서 벗어나지 못하는 것이 현실이다.

매니페스토는 실시를 전제로 한 구체적인 정책 제언이며, 우리의 정당이 선거 공약이라고 칭하는 구체성을 결여한 선언적 요망 사항 리스트(wish list)를 나열한 것과는 차이를 보인다. 다음에 제시된 영국 노동당의 매니페스토와 한국 모정당의 공약과의 비교는 그 차이를 명확히 확인할 수 있는 단적인 사례를 제공한다. 노동당의 매니페스토에는 '25세 미만 25만인 고용' 과 같이 구체적인 숫자가 포함된 한 문장으로 제시되는 반면 한국 정당의 공약에서는 '중장기 대책' 과 '공무원 신규 채용 확대' 등과 같이 모호한 문장으로 제시되어 구체성이 결여된 대조를 보인다.

〈1997년 영국 노동당 매니페스토의 예〉

○ 25세 미만 25만 명의 청년 고용
○ 5–7세 아동 학급 규모 30인 이하로 축소
○ 향후 2년간은 현재의 지출 제한 틀을 넘지 않음.
○ 100만인을 진료 대기 상태로부터 해방

〈2004년 총선에서 한국의 한 정당이
청년 실업 해소를 위해 제시한 방안〉

○ 창업 촉진, 투자 활성화, 서비스 산업 육성, 중소·벤처 기업의 일자
  리 창출 등 중장기적 대책 추진
○ 대국민 서비스 분야의 공무원 신규 채용 확대
○ 공기업의 청년 채용 적극 권장
○ 통합적 청년 실업 대책인 YES(Youth Employment System)
  KOREA를 시행하여 구직자에게 맞는 개인별 직업 알선 서비스 제공
○ 고용 안정 센터를 인력 수급 중추 기관으로 전문화

매니페스토는 재원을 명확히 제시하고 있다. 영국 노동당은 '5-7세
아동 30인 학급 실현'을 위해 1억 8000만 파운드에 달하는 엘리트 교
육 제도를 단계적으로 폐지할 것을 공약으로 제시한다. 25만 인의 청년
실업자 감소를 위해서는 잉여 이익을 낸 기업에 1회에 한해 과세하고,
그것을 재원으로 충당한다고 제시하고 있다. 이와 함께 기한도 중요한
의미를 가지는데, 대통령과 단체장, 국회의원은 각각 임기가 제한되므
로 기한을 확실히 하지 않거나 중장기 대책은 의미를 가질 수 없다. 정
권 획득시의 구체적 정책을 표시한 것이 매니페스토라면, 대통령이나
단체장 그리고 국회의 다수당이 된 후는 정책을 착실히 이행하는지 스
스로 검증할 필요가 있으며, 다음 선거시에는 매니페스토 달성도를 평
가하여지지 여부를 결정하게 되는 것이다.

이처럼 매니페스토의 요건 측면에서 살펴보면 지금까지 한국 선거
에서의 선거 공약은 선거 공약에 "기간, 목표, 공정, 재원 나아가 우선

순위라는 구체적 계약"을 담은 매니페스토와는 동떨어져 있다. 그러나 한국의 선거에서도 점차 공약을 통해 각 정당이나 후보자가 서로 다른 의제 설정을 하고 있으며, 서로 다른 이념적 지향점을 표출하고 있음이 나타난다. 이러한 변화는 향후 정책 선거로의 발전에 청신호를 보여주는 것이라 평가할 수 있다. 다음은 2002년 지방선거에서의 광역 단체장 선거 공약과 2004년 제17대 총선에서의 각 정당의 공약을 통하여 이러한 변화를 고찰한다.

1) 2002년 지방선거에서의 선거 공약[2]

2002년 광역 자치 단체장 선거를 대상으로 지방선거에서 공약이 갖는 정치적 의미와 정치 과정에서 수행하는 기능에 대한 분석 결과에 따르면 광역 단체장 후보들은 공약 내용에서 경제 산업, 건설 교통, 문화 관광 등 개발과 성장에 비중을 많이 둔 것으로 나타났다. 그리고 지방선거임에도 불구하고 자치 행정이나 정치 영역에도 비중을 두어 지방 정치의 중앙화 경향도 볼 수 있었다. 정책 대상별로는 전체 공약 중 시민, 국민 등 일반인을 대상으로 한 공약이 52%에 달해 가장 많은 것으로 나타났다. 다음으로 특정 대상을 상대로 한 공약으로는 농어민, 어린이, 청소년, 여성 등이 높은 비중을 차지하는 것으로 나타났으며, 저소득층이나 소외 계층을 대상으로 직접 관심을 표명한 공약도 일정하게 노출되

---

2 2002년 지방선거 공약 분석에 대한 자세한 내용은 이현출(2005a) 참조.

고 있음을 알 수 있었다.

한편 선거 공약에 대한 요인 분석의 결과에서는 정책 공약의 기저에 정치 쟁점과 생활 쟁점, 성장 쟁점과 분배 쟁점, 물질적 쟁점과 비물질적 쟁점, 탈물질주의 가치 쟁점 등 4개의 요인 축이 발견되었다. 이러한 요인 축 속에서도 성장과 분배 쟁점은 서로 대립하는 것으로 나타났으며, 이는 지방선거에 이념적 대립의 단초가 나타남을 말해주는 것으로 이해할 수 있다. 따라서 기존의 선거 공약에 대한 평가에서와 같이 공약이 선거 과정의 장식품에 불과하다는 통념을 넘어 공약의 기저에 이념적 대립이 깔려있다는 것을 말해주고 있어 공약에 대한 새로운 시사점을 제공해 주고 있다. 이러한 경향은 17대 총선을 통한 민주노동당의 원내 진출과 이념 대립의 다원화에 의해 더욱 가속화될 것으로 전망된다.

그리고 선거 공약의 차이는 어디에서 도출되는지 알아보기 위해 정당, 이념, 지역과의 교차 분석을 통해 고찰해 보았다. 분석 결과 한나라당, 새천년민주당, 민주노동당 등 주요 정당간의 정책의 차이는 통계적으로 유의미한 차이를 보이지 않았다. 다만 후보가 소속된 정당에 따라 보수 정당과 진보 정당으로 양분하여 고찰해 본 결과 그 차이는 통계적으로 유의미한 수준으로 접근했다. 이러한 결과는 요인 분석에서 성장 쟁점과 분배 쟁점의 대립에서와 유사한 결과로 해석할 수 있을 것이다. 그리고 특별시, 광역시와 도 지역으로 구분하여 선거 공약을 고찰해 본 결과 통계적으로 유의미한 차이를 보였다. 그러나 그 외의 요인과는 유의미한 차이를 보이지 않는 것으로 나타났다. 아울러 선거 공약이 당락에 영향을 미치는지 분석한 결과도 유의미한 차이가 나타나지 않음을 알 수 있었다.

이러한 분석은 광역 자치 단체장 선거를 대상으로 하였음에도 정당

공약의 이면에 존재하는 네 가지 차원을 추출할 수 있었고, 또 그 속에는 진보-보수의 이념 대립이 기저에 존재한다는 것을 확인할 수 있었다. 따라서 향후 국정 선거에도 대상을 확대하여 분석할 때 보다 의미 있는 발견을 도출할 것으로 전망할 수 있다.

2) 2004년 총선에서의 선거 공약

2004년 실시된 제 17대 총선은 탄핵 정국 속에 치뤄졌음에도 불구하고 경제 · 교육 · 통일 안보 등의 분야에서 정당 정체성에 따라 공약의 차별화가 어느 정도 나타나고 있다는 측면에서 정책 선거로의 이행을 위한 맹아를 발견할 수 있었다. 그러나 공약이 어떤 재원으로 어떤 일정하에 추진해 나가겠다는 구체성이 부족하여 매니페스토(manifesto) 수준으로는 발전하지 못하였다. 공약 중에는 실현 가능성이 전혀 보이지 않는 선심성 공약으로 표를 모으려는 일과성 공약(空約)에 머문 것도 눈에 띠었다. 특히 공약은 '우선 순위'에 따른 선택의 문제임을 감안하면, 정해진 재원과 인력으로 특정 분야를 우선적으로 고려할 때 다른 분야에서 후순위로 밀리는 공약이 있을 수밖에 없다. 그럼에도 불구하고 이에 대한 논의와 해명이 이루어지지 않고 있음은 한국 선거 공약의 현주소를 여실히 보여준다고 해도 과언이 아니다.

먼저 각 정당이 제시한 10대 공약을 살펴보자. 각 정당은 선거에 임하며 수많은 개별 공약 중에서 반드시 실현하고자 하는 정책 공약을 10개로 압축하여 실현 가능성이 가장 높은 개별 공약을 유권자에게 제시하도록 하였음에도 불구하고, 10대 공약을 선정함에 있어 구체적이고 개별성이 있는 정책 공약 중에서 최우선 순위에 있는 공약을 제시하기보다는 우선순위를 고려하지 않고 망라형으로 작성하여 무엇을 중요하게 추진하려는지 알 수 없는 포괄적인 정책 공약을 제시하는 경우가 많았다. "G7 경제 선진국 도약", "정보화와 글로벌 시대의 교육 개혁", "문화의 다양성과 환경 민주주의", "오늘의 주인이 되는 청소년 정책"(민주당), "국민이 안심하고 살 수 있는 나라", "전국이 골고루 잘사는 나라", "지속적인 성장 잠재력 확충", "따뜻하고 건강한 사회", "평화와 번영의 한반도"(열린우리당), "깨끗한 정치와 민생 치안 확립", "흔들림 없는 국가 안보와 국익 우선 외교", "경제 성장의 동력 확충", "국제 경쟁력 있는 교육", "쾌적한 삶의 질과 국민 통합"(자민련) 등이 이를 말해 준다. 각 정당은 구체성과 개별성이 있는 공약을 제시하지 못하고 있으며 정책 공약의 우선 순위도 반영하지 못하는 것으로 평가할 수 있었다. 그리고 각 정당이 구체적인 재원과 추진 일정 등을 명시하지 않음으로써 실현가능성에 의문이 제기되는 것도 사실이다.

그러나 이러한 매니페스토 요건상의 불비로 인한 다소 느슨한 공약임에도 불구하고 정치, 외교 안보, 사회, 경제 등 전체적으로 정당 간 이념의 차이가 분명하게 나타나고 있음을 확인할 수 있었다.[3] 다음의 〈표 1〉에서 보는 바와 같이 정치, 사회 분야는 6개 항목, 경제, 외교 분야는 7개 항목으로 평가하였으며, 정치 분야의 평가 기준으로는 정치 참여의 폭의 확대, 정치적 개방성 여부를, 경제 분야의 평가 기준으로는 분배,

---

3 주요 정당에 대한 정책 간 이념의 차이는 한국정당학회와 경향신문이 공동으로 조사한 정당 평가(경향신문 2004/04/06)를 참조할 것.

복지 vs 효율, 시장 경쟁의 범위와 국가 개입에 대한 찬반을, 외교 안보 분야의 평가 기준은 반공이데올로기 거부-수용(대북 관계, 대미 관계)을, 사회 분야의 판단 기준은 인권, 평등(개발-보전) 등을 고려하여 조사하였다. 조사 결과 대체로 자민련이 강한 보수, 한나라당이 보수로 나타났으며, 민주당과 열린우리당이 비슷한 위치이나 열린우리당이 진보 성향이 상대적으로 보다 강하게 나타났고, 민노당은 강한 진보임이 확인이 되었다. 정치권의 이념 갈등이 가장 강하게 나타난 분야는 역시 외교 안보로, 민노당을 제외하더라고 정당 간 입장의 차이가 가장 현저하게 나타났다. 반면 민노당을 제외하면 경제, 사회 분야의 차이는 상대적으로 크지 않았다.

먼저 정치 분야를 살펴보면 자민련-한나라당-민주당-열린우리당-민노당의 차이가 뚜렷한 패턴을 보여주는 것으로 나타났다. 열린우리당이 다른 분야에 비해 특히 정치 분야의 진보성이 강하게 나타났는데, 정치 개혁에 중점을 두는 정당 이미지에 부합하는 듯한 결과를 보여 주었다. 경제 분야와 외교 안보 분야는 한나라당과 자민련 vs 열린우리당과 민주당의 패턴이 분명하게 드러남을 보여주었다. 특히 외교 안보 분야에서는 두 세력 간의 입장 차이가 가장 크게 나타났다. 그동안 촛불집회 등 진보-보수단체의 정치적 공방 등 우리 사회의 이념 갈등을 설명해 주는 근거이기도 하다. 사회 분야는 흥미롭게도 자민련, 민노당을 제외하면 대체로 중도적 입장을 취하고 있는 것으로 나타났다. 민주당이 상대적으로 약간 보수쪽으로 치우친 반면 한나라당은 오히려 중도적 입장을 보여 주었다. 일관된 패턴이 확인되지 않은 유일한 분야이며, 한국 정치의 갈등이 사회적 이슈에 대해서는 그리 강하지 않다는 점을 시사한다고 볼 수 있다.

【표 1】 17대 총선 정책 이념의 차이

〈정치〉

	한나라	민주	열린우리	자민	민노
선거 연령 19세 인하	2	5	5	1	5
시민단체 당선, 낙선 운동 허용	2	4	3	1	5
국민 소환제 도입	2	4	5	5	5
교사, 공무원 노조 정치 활동 허용	2	1	1	3	1
지역구 대 비례 대표 1대1	4	3	5	1	5
선거구 획정 위에 국회의원 배제	4	5	5	3	5
평균	2.29	3.67	4.33	2.00	5.00

〈경제〉

	한나라	민주	열린우리	자민	민노
성장이 분배보다 우선	2	3	3	1	5
공정위에 계좌추적권 부여	2	5	5	3	5
대기업 출자 총액 제한 유지	2	5	4	3	5
법인세 인하	1	2	4	2	5
FTA 추가 체결	2	2	2	2	5
부유세 도입	3	3	2	1	5
노동 시장 유연화	2	3	4	2	5
평균	2.00	3.29	3.43	2.00	5.00

	한나라	민주	열린우리	자민	민노
햇볕정책 지속	1	5	5	3	5
대북 주적 개념 유지	2	4	3	1	5
정부 금강산 관광 지원해야	1	4	5	3	4
북핵 해결 위한 대북 경제 제재	2	4	5	1	5
주한 미군 철수	1	3	2	1	5
이라크 파병 찬성	2	5	4	1	5
국가보안법 폐지	1	4	4	1	5
평균	1.42	4.14	4.00	1.57	4.88

〈사회〉

	한나라	민주	열린우리	자민	민노
사형제 폐지	4	3	4	2	5
동성애 인정	3	3	4	2	5
주민등록 지문 날인 폐지	3	2	3	2	5
호주제 완전 폐지	4	2	5	2	5
기여 입학제 허용	4	4	5	1	5
새만금 간척 추진	3	2	2	1	5
평균	3.00	2.67	3.00	1.67	5.00

*1 – 보수적, 2 – 약간 보수적, 3- 중도, 4- 약간 진보적, 5-진보적

3. 매니페스토 도입과 선거·정당의 변화

선거 공약은 대의민주주의의 시작이자 끝에 해당하는 중요한 의미를 지니며, 그 본질적 기능을 회복하는 것이 선거 및 정당 정치의 중요한 과제가 될 것이다. 유권자들은 정권을 위임받은 세력이 내놓은 정책이라는 결과를 두고 자신들의 요구와 선호가 반영되는지 여부를 평가하여 회고적(retrospective)으로 책임을 물어 제재를 가하든지, 향후 전개할 정책 비전을 두고 전망적(prospective)으로 책임성을 확보하기도 한다. 위에서 살펴본 바와 같이 한국의 선거 공약에서도 이제 이념의 차이가 나타나며, 이것이 정책에 반영되어 정책 경쟁으로의 변화의 움직임이 일고 있다. 그러나 선거 공약이 정치 과정에서 차지하는 역할을 고려한다면, 위임 단계에서부터 주인과 대리인 간의 분명한 계약이 이루어져야 함은 분명하다.

이러한 측면에서 매니페스토는 기존의 한국 선거에서 볼 수 있었던 선거 공약과는 그 차원을 달리한다고 할 수 있다. 매매계약의 체결과 비교한다면 선거의 경우 불성실한 지도자나 공약 불이행의 후보자에게 책임성(accountability)을 물어 제재를 가할 수 있다는 점에서 매매계약과 유사한 점이 있다고 할 수 있다. 따라서 필자는 매니페스토를 단순한 선거 공약이 아니라 국민과의 계약으로서의 선거 공약, 즉 "선거 계약"이라고 명명하고자 한다(이현출 2005b). 선거 계약은 유권자 집단에 기본적인 정책 선택지를 제공함으로써 선거 과정을 정책 과정으로 전환하게 되고, 따라서 단순한 리더의 선출에 머무는 것이 아니라 그 자체가 하나의 정책 결정 과정이 되도록 하는 기능을 수행하게 될 것이다. 또한 선거 계약은 미래에 대한 비전을 후보자들에게 제시하도록 하고, 더욱이 정책 계약의 체결을 통해 정치 게임의 룰을 설정시켜 정치사회의 안정성을 높이는 기능을 하게 될 것이다. 따라서 국회나 행정부에서 "되는 것도 없고 안 되는 것도 없이" 허송 세월을 보내는 것이 아니라 선거가 끝나면 즉시 위임 사항을 실천에 옮기게 되어 국정의 안정성이 높아질 것이다. 끝으로 선거 계약으로서의 공약은 정치 권력에 민주주의적 정당성을 부여하고, 다음 선거에서 책임성을 부여하기 위한 제도적 장치로서의 기능을 수행하게 될 것이다. 따라서 정책 선거를 위한 도구로서 선거 계약을 도입하는 것은 한국 정치의 경쟁 틀을 바꾸고, 결과적으로 정치의 질을 변화시키는 결과를 가져올 것으로 기대된다.

1987년 민주화 이후 한국 정치는 절차적 민주주의의 확립과 그 공고화의 과제를 수행하는데 주력해 왔다. 이러한 흐름에 발맞추어 학계에서도 다양한 분야에 걸쳐 다양한 개혁 방안을 제시하였다. 그 중에서도 정치 체계 작동에 있어 정당이 수행하는 중요도와 역할을 감안하여 정당 연구와 선거 제도 연구에 많은 노력이 기울여져 왔다. 그것은 대의민주주의 운영에 있어서 정당은 후보자를 내어 공직에서의 정책 결정에 참여할 수 있을 뿐만 아니라 풀뿌리 차원에서도 시민사회의 이익을 집약하고 표출하는 데 중요한 기능을 수행하기 때문에 정치 과정에서 무엇보다 중요한 의미를 지닌다는 것을 의미한다. 따라서 정당이 어떻게 운영되고, 후보자가 어떻게 선출되는지, 당내 주요 의사 결정 과정에 어떤 인물이 어떤 경로로 연계되는지를 비롯해 효율적이고 생산적인 정치 구현을 위해 고비용 저효율 구조를 개선하는 문제 등 다양한 방면에서 정당 개혁이 논의되어 왔다.

그러나 지금까지의 개혁 조치의 성과를 부인할 수 없으나 그럼에도 불구하고 국민이 요구하는 정치적 성과를 내지 못하고 있는 것이 현실이다. 이러한 평가는 여론 조사 결과에서도 두드러지게 나타난다. 한국 국민들의 과반수가 국회가 제 기능을 못한다고 평가하는 것으로 나타났다. 다음의 〈표 2〉에서 보듯이 국회가 제 역할을 못하는 편이거나 못한다고 부정적으로 평가하는 응답자가 전체의 59.6%이고, 국회가 일을 잘한다고 평가하는 응답자는 4.1%에 불과한 것으로 나타났다.

【표 2】 국회 역할 평가

잘하고 있다	잘하는 편이다	그냥 그렇다	못하는 편이다	못하고 있다
0.8%	3.3%	38.3%	38.5%	21.1%

＊자료: 서강대학교 동아연구소, 국회의 이상과 현실 관련 국민 의식 조사(2005/11)

　　아울러 국회의 역할에 대하여 부정적으로 평가하는 원인이 무엇인지 알아보았다. 국회의 역할에 부정적이거나 그저 그렇다고 대답한 응답자들에게 국회가 제 기능을 못하는 이유를 질문한 결과 국민 과반수는 정당들의 당리당략 때문에 국회가 제 기능을 하지 못한다고 판단하는 것을 알 수 있다. 아울러 정당의 당리당략과 국회의원의 자질 문제 때문이라는 평가가 93.7%였다. 이러한 결과는 한국의 정치 제도상 무소속 국회의원을 거의 찾아보기 어렵다는 점을 고려할 때, 정당과 그 정당 소속 국회의원 때문에 국회가 제 기능을 못한다고 국민이 평가한다는 것이다.

【표 3】 국회가 제 기능을 다하지 못하는 이유

국회의 약한 힘	정당의 당리당략	국회의원 자질 미흡	사회단체의 압력
3.1%	61.7%	32%	3%

＊자료: 서강대학교 동아연구소, 국회의 이상과 현실 관련 국민 의식 조사(2005/11)

아울러 지역구 의원을 싫어하거나 싫어하는 편이라고 응답한 자와
보통이라고 중립적으로 대답을 한 응답자를 대상(전체 유권자의
88.7%)으로 지역구 의원을 싫어하는 이유를 조사한 결과는 〈표 4〉와 같
다. 응답자의 1/3에 가까운 33.6%가 지역구 국회의원의 공약 실천도 때
문에 지역구 국회의원을 싫어한다고 대답을 하였고, 27.7%는 의정 활
동, 19.3%는 지역구 사업, 19%는 개인적 자질 때문에 싫어한다고 응답
을 하였다. 이를 보면 국민은 전반적으로 국회의원이 선거공약을 실천
하지 않아서 싫어하는 경우가 많다는 것을 알 수 있으며 이는 정치 개혁
의 중요한 시사점을 제공해 준다고 할 수 있다.

【표 4】 지역구 의원을 싫어하는 이유

개인적 자질	공약 실천도	의정 활동	지역 사업
19%	33.6%	27.7%	19.3%

＊ 자료 : 서강대학교 동아연구소, 국회의 이상과 현실 관련 국민 의식 조사(2005/11)

지금까지의 실태는 애매모호한 장밋빛 공약과 공약의 불이행이 당
연한 것으로 받아들여져 온 것이 현실이다. 그러나 총선이나 대선을 통
해 국민과 정당이 어떠한 계약을 주고받고 있는지가 애매모호하다면 어
떠한 종류의 개혁이 이루어지고, 그것을 국민의 지지라는 이름 아래 추
진하는 것이 또한 불가능하다. 정당이 행정부에 명확한 정책 목표를 부
여하고, 지도·통제해 나가는 것은 말할 것도 없고, 개혁 추진을 위해
정치인들을 하나의 방향으로 유도하는 것도 어려울 것이며, 개혁의 과
정을 국민과 함께 공유하고 이해와 협력을 구해 나가는 것도 불가능하
게 될 것이다. 따라서 이제는 새로운 정치운영의 시스템은 어떻게 변해
야 하며, 새로운 시스템의 작동을 위해서 우리 정당의 체질을 어떻게 개

선할 수 있는지의 문제에 모아져야 한다. 새로운 개혁은 시민사회의 요구에 반응하지 않는 정치를 혁파하여 정당에게 책임성을 부여하는 개혁, 정책이 아닌 정치투쟁에 몰입한 한국 정치의 체질을 개선하는 개혁으로 방향이 모아져야 한다. 이러한 맥락에서 매니페스토라는 도구를 통하여 한국 정치를 어떻게 개혁할 수 있는지 검토해 보고자 한다.

1) 정치 개혁은 매니페스토 사이클로부터

영국의 매니페스토를 고찰하면서 주목을 끄는 것은 제반 개혁을 추진하는 과정에 매니페스토에 기초한 사이클이 있다는 점이다. 먼저 선거에 즈음하여 어떠한 개혁을 실천해 나갈 것인지 매니페스토에 명시하고, 선거전에서 각 정당은 매니페스토의 내용을 둘러싸고 격론을 벌이게 된다. 국민들은 이러한 논쟁이나 매니페스토의 내용을 보고 지지할 정당을 결정하게 되는 것이다.

총선거 후 정권을 획득한 정당은 국민들과의 서약이 실천에 옮겨질 수 있도록 내각을 구성하는 등 매니페스토 이행을 위한 체제를 구축하고, 법안화해 나가는 과정에서도 각 성청이 매니페스토에 실린 개별 정책을 보다 구체적으로 기록한 화이트 페이퍼 또는 그린 페이퍼라고 일컫는 정책 제안서를 발표하고 세부 사항에 관해서 국민이나 이익 집단에 의견을 구하는 기회를 갖고 있다. 또한 매니페스토에 제시한 공약의 진척도를 정부가 해마다 '연차 보고서'를 발행하여 발표하고 있으며, 나아가 선거시에는 야당, 대중 매체, 중립적인 싱크탱크 등이 매니페스토 이행도를 각각 평가하고 여기에 기초해 유권자는 지지할 정당을 결정해 가는 것이다.

그러나 한국의 선거는 국민이 충분한 정보 위에 '개혁의 청사진'으로서 공약을 선택하는 체제로 발전하지 못하는 상황이다. 한국병 치료를 위한 치료법에 관한 정보를 각 정당으로부터 충분히 입수하고, 환자로서의 국민이 주체적으로 치료법을 선택함으로써 "정보를 가진 동의"(informed consent)를 바탕으로 한 개혁으로 발전되지 못하고 있다.

따라서 대통령 선거 과정에서 구체성이 없는 공약을 내세우고, 집권 후에 이를 실현해 나가는 과정에서 야당과 대중 매체의 반대에 봉착하고, 많은 시간을 허송하게 되는 결과를 초래하게 되는 것이다. 물론 국민들도 입에 단 약만 지속적으로 먹어서는 효과가 나타나지 않는다는 점을 자각할 필요성이 있다. 결국 고통은 환자로서의 국민에게 돌아온다는 점을 명심하고 근거 없이 정권을 맡기는 일이 없도록 자각하는 것이 중요한 일일 것이다. 국민이 주체적으로 개혁에 관여하는 방법은 선거시 충분한 정보를 갖고 개혁의 청사진에 대해 선택권을 행사할 수 있도록 해 나가는 것이다. 이런 측면에서 매니페스토의 도입은 그 단초를 제공해 줄 수 있다.

2) 정당 간 정책 경쟁의 실질화

한국 정치의 기본 문제는 국민의 정치적 의사 결집이 되지 않는다는 데 있다. 심지어 특정 정당이 내세우는 이념과 캐치프레이즈가 무엇을 말하는지, 그 정당이 무엇을 추구하는지 도저히 알 수 없는 경우가 많다. 또한 선거 직전에 정당을 창당하여 특정 인물을 중심으로 선거에 후보를 내세우는 정당도 많았다. 이합집산을 거듭하는 정당이 무엇을 생각하는지, 그들이 정권을 잡거나 의회의 다수를 확보할 경우에 어떤 정책을 추구할지 알 수 없는 경우가 많았다.

매니페스토는 정당이라는 집단이 정권을 잡을 경우 추진할 정책의 비용과 일정을 명시한 정책 청사진이다. 이러한 점에서 매니페스토는 정당이라는 집단의 결단 문서임과 함께 스스로의 정체성(identity)을 발현하는 문서이다. 즉 어느 정당이 어떠한 정당이며, 당선되면 또는 의회의 다수를 차지하면 무엇을 하려는지에 관하여 이 문서를 통하여 분명히 하게 되는 것이다. 따라서 지금까지는 유권자의 눈치를 살피거나 표를 잃지 않기 위해 자신의 정체성을 확실히 하지 않는 경우가 있었으나 매니페스토가 도입되면 이러한 애매함은 더 이상 통용되지 않을 것이다.

선거와 관련하여 정당 정치가 추구되어야 할 것은 지도자의 개인적 이미지나 몇몇 스타 플레이어의 대중적 인기가 아니라 무엇보다 정당이라는 집단이 실행하겠다는 선거 계약이다. 따라서 대통령 선거와 총선은 정권 선택의 장이기도 하며, 정책 패키지를 선택하는 기회가 되기도 한다. 정권의 자리를 담당할 정당은 매니페스토라는 형식을 통하여 나라의 장래에 관한 뚜렷한 방향을 제시하고, 국정 과제의 우선 순위를 부여하며 정책의 축이 되는 전략 포인트를 구사하여 국민의 선택을 구하는 것이다. 검증 가능한 구체적인 목표의 설정에 의해 정당은 정당 간 경쟁을 통해서 실현 가능한 정책의 입안 능력을 연마하고 정권을 획득한 후에는 그 결과를 엄정하게 검증받게 된다. 이러한 정책에 대한 이해의 심화와 상호 감시에 의한 정책의 경쟁을 유도하는 구조를 만드는 것이 매니페스토 도입의 가장 큰 의의의 하나라고 할 수 있다.

3) 선거 이전 당론 수렴을 통한 정책 집행의 효율화 도모

정당 정치는 개별 국회의원의 정치가 아니라 집단적 정치활동의 세계이며, 매니페스토가 묻는 것은 바로 집단으로서의 정당이 무엇을 어떤 절차와 방법에 따라 실현하려는가의 문제이다. 즉, 그것은 정당이라는 집단의 문제를 묻는 것이며, 집단의 책임 소재를 문제로 삼는 것이다. 따라서 개별 의원이 각각의 수준에서 제시한 공약의 실현은 매니페스토의 차원과는 다르다고 할 수 있다. 지방선거에서 시·도의원 선거에 정당투표제를 도입한 것도 시·도 단위의 공약에 대한 정당의 책임성을 부여한 것이라고 평가할 수 있다. 매니페스토는 정당이 스스로의 책임을 명확히 하는 것을 전제로 하며, 그것이 전제되지 않는다면 매니페스토는 의미를 상실하고 만다.

매니페스토는 지금까지의 선거 공약과는 구별되며, 정책 내용이 상세하다는 것뿐만 아니라 정당의 집단적 책임을 건 유권자에 대한 제안이라는 의미를 내포한다. 따라서 이러한 책임 속에는 정당이 유권자 다수의 지지를 받으면 매니페스토의 실행에 책임을 갖게 된다는 메시지가 내포되어 있다. 이것은 곧 정책 결정의 절차의 변경을 의미하는 것이다. 즉, 매니페스토는 개별 의원 후보자나 대통령 후보자의 정견을 포함한 정당의 사전 조정의 결과로서 나타나는 것이며, 선거 후에는 즉시 그 실행에 착수하는 것을 전제로 한다. 그리고 의원후보자들에게 요구되는 것은 매니페스토의 성실한 이행이다. 당내의 조정은 기본적으로 선거 이전에 행해지는 것이며, 선거후에 다시 논의를 시작하는 것은 아니다.

지금까지는 종종 누가 책임자인지 불분명하고, 내용적으로도 불충분한 선거 공약이 제시되어 선거후에 처음으로 당내에서 구체적인 의견 조정을 시도하는 절차가 취해져 왔다. 하지만 이 절차에는 행정부나 이익 단체의 이해가 관련되어 많은 시간과 에너지가 낭비되어 왔다. 이렇게 됨으로써 정책 결정 과정은 항상 당내의 당론 수렴 과정 및 당정 협조 단계에서부터 난항을 겪고, 속도감을 상실하게 되고 결과적으로 나온 정책도 신선도가 떨어지고 마는 것이다. 이러한 상황이 경제정책의 영역에서는 치명적인 결과를 초래한다는 것은 말할 필요가 없다.

매니페스토를 제시한다는 것은 정책 결정을 가능한 한 선거후형으로부터 선거전형으로 변경하는 것을 염두에 두고 있다. 이것은 당내의 의견을 무시하거나 그것에 귀를 기울이지 않는다는 것을 의미하는 것은 아니다. 당내의 의견 조정을 선거전에 하여 선거 후에는 즉시 실천에 옮기는 절차로 바꾸는 것을 제안하는 것이다. 폭넓고 다양한 당내 의견을 두고 사전에 충분한 조율을 거쳐 매니페스토를 결정하고 선거에 임한다는 것을 의미한다.

또한 매니페스토를 중심으로 정책 결정 절차를 취하는 것이 당내 민주주의를 무시하는 것은 아니며, 오히려 그 위치와 단계를 변경하는 것과 같다고 할 수 있다. 즉, 정당도 유권자를 향한 것이어야 하며, 당내 민주주의도 유권자를 향한 것이어야 한다는 것이다. 이를 무시한 당내 민주주의 만능론은 정당과 정당 정치를 유권자로부터 멀어지게 하는 계기가 될 것임을 유념할 필요가 있다.

정당 내부적으로 당 대표 경선과 같은 절차도 중요한 의미를 가질 수 있다. 이러한 정당 대표 경선시에도 정책 공약을 둘러싼 활발한 토론을 벌일 수 있고, 이는 곧 당내 주요 사안에 대한 중지를 모을 수 있는 계기를 불어 넣을 수 있기 때문이다. 또한 국회의원 선거는 대통령 선거의 중간 평가로서 기능하고, 대통령 선거에서 제시한 공약에 대한 평가와 함께 보다 새롭고 구체적인 정책 과제를 제시하는 계기로 활용할 수 있을 것이다. 이처럼 매니페스토를 도입하게 되면 정책 결정에 관한 논의가 선거 이전에 이루어지고, 선거 과정에서 이에 대한 각 정당 간 토론을 통해 국민들로부터 위임을 받게 된다. 이렇게 되면 국회 심의 과정에서도 보다 정책 결정이 신속히 이루어질 수 있고 여야 간 불필요한 논쟁을 줄일 수 있게 된다. 이러한 정책 논의 절차의 개선은 오늘날 원내 정당화의 경향과 함께 나타나는 당론 수렴 절차의 난항과 함께, 원내에서도 의원 개인별로 다양한 주장이 제기되어 정책 결정이 지연되는 것과는 대조를 이룰 수 있다. 따라서 의회 정치의 활성화를 정당정치의 활성화로부터 실현해 보자는 시도가 매니페스토에서 이루어지는 것이다.

4) 당정 협조 체제 강화와 리더십 확보

그동안 구체적인 정책 수립과 집행을 위한 행정 각 부처의 업무 협조 미비와 주도권 다툼으로 인하여 효율적으로 국가정책이 추진되지 못한 사례를 많이 보아왔다.[4]

그리고 지금까지 집행된 주요 정책들은 노무현 정부가 주도적으로

---

4 2003년 하반기 정부의 노사정책 수립에서 노대통령의 영·미식과 이정우 정책실장의 유럽식 방안 논의, 새만금 간척사업을 둘러싼 일부 장관의 입장 불일치, 이라크 전투병 파병을 둘러싼 청와대 비서진 내부와 외교부, 국방부 실무자간의 갈등과 이견 등이 대표적이다.

추진한 것보다 오히려 외부적 요인에 의한 정책적 대응이라는 수동적 경향이 강하였다. 취임 이래 북한 핵을 둘러싼 위기의 대응, 이라크 파병 결정과 국회 동의 문제, 취임 직후 터진 일련의 노동 쟁의와 그 해결 방안, 측근 비리와 대선 자금 수사, 경제 환경 마련 등의 현안에 휘말려 취임 초 제시한 12대 국정 과제가 실종되었다.

매니페스토의 도입은 정권의 임기 중 실시하려는 구체적인 정책 패키지를 국민의 손에 의해 사전에 위임을 받는 과정이다. 따라서 국정의 개혁은 선거 단계에서부터 암묵적인 룰이 형성되고, 선거후 정치인들에게는 일정한 행동의 룰을 부여하고, 행정부에는 집행 계획을 사전에 제시하는 것을 말한다. 3김 정치가 끝난 후 국회의원 개개인의 당내 자율성이 확산됨에 따라 정당 정치는 더욱 책임성을 잃어가게 되고 행정부 또한 당정분리의 흐름 속에서 정보의 우위를 내세워 정당을 정책 결정의 후면에 배치시키려는 노력이 두드러지게 나타나고 있다. 이러한 분위기 속에서 매니페스토의 도입은 정책을 중심으로 당의 정체성을 재확립하게 됨으로서 정당 내 뿐만 아니라 행정부에 대한 당선자의 리더십을 더욱 강화할 수 있게 되는 효과를 지니게 된다.

특히 대통령 선거와 국회의원 선거를 이원적으로 실시하는 대통령제를 채택하는 한국의 경우에는 대통령 선거를 통해 정권을 획득하고, 국회의원 선거를 중간평가로 활용함으로써 정책 패키지를 다시 한번 확인할 수 있는 계기가 될 것이다. 대통령 선거를 정권 선택의 선거로 규정하고 국회의원 선거를 중간 선거로 자리매김할 때, 대통령 선거 후에 다가올 국회의원 선거에서는 이전의 대통령 선거에서 공표한 매니페스토와 전혀 다른 새로운 공약을 제시할 필요는 없다. 오히려 이전 선거에서 발표한 매니페스토를 발전시키는 기회로 삼을 수 있을 것이다.

여당은 국민에게 이미 서약한 매니페스토에 기초하여 지금까지의 정권 운영과 정책 수행의 실적을 자기 평가함과 아울러 매니페스토에서 제시한 정책 패키지의 향후 실천 계획을 좀더 구체화하고, 필요하다면 새로운 공약 사항을 추가하여 국회의원 선거에 임할 수 있을 것이다. 그리고 여기에 재신임을 받는 경우에는 정책 추진에 더욱 탄력을 받게 되고 따라서 대통령의 리더십은 강화될 수 있다. 이처럼 국회의원 선거를 정책 패키지와 연결시켜 치르게 되면 지금까지 빈번히 등장한 분점 정부의 출현도 그만큼 저지할 수 있다. 그것은 국민 스스로 정책의 혼선을 요구하지 않고 맡긴 임기를 통하여 약속한 정책을 추진하기를 바랄 것이기 때문이다. 야당의 경우에는 지난 선거에서 패배한 매니페스토를 다시 계승할 필요는 없다. 그리고 매니페스토 선거를 통해 중간 선거에서 여당이 과반수 확보에 실패하면 각 정당 간의 정책적 차이가 명확히 드러나기 때문에 정책이 가장 유사한 정당과 정책 연합이나 연립 정부 구성을 시도하는 경우 인위적 정계개편과는 달리 비판의 소지가 적을 것이다.

5) 지역주의와 연고주의 탈피 수단

매니페스토는 유권자와 사회가 정치를 판단할 때의 평가기준으로서 결정적으로 중요한 의미를 지닌다. 매니페스토의 무엇이 어느 정도까지 실현되었는가에 초점을 맞추어 정권과 정당의 성과를 측정하는 것은 기본적으로 어려운 일은 아니다. 영국과 일본의 경우를 보면 매니페스토 시스템이 구축되면 새로운 매니페스토에 대한 평가와 매니페스토 실행도 평가가 언론 기관이나 민간 싱크탱크, 또는 시민단체 등에 의해 꼼꼼히 이루어지기 때문에 구체적인 정책 패키지 없이 지역주의나 연고주의에 호소하여 표를 얻으려는 행태는 사라지게 될 것이다.

대중 매체는 지금과 같은 지역주의적 보도 행태를 지양하고 매니페스토에서 제시한 구체적 정책을 두고 전문적으로 정책을 평가하게 될 것이며, 정책을 둘러싼 논쟁을 주로 다루게 될 것이다. 따라서 소수당이나 야당도 스스로의 정책 능력을 향상하는 데 주력하게 될 것이고, 이러한 정책과 평가의 순환을 통해 과거에 팽배한 지역주의적 투표 행태는 사라지고 매니페스토에 기초한 전망적 또는 회고적 평가를 새롭게 하게 될 것이다. 매니페스토는 정당측이 유권자에게 판단의 재료를 제공한다는 전제에 서 있기 때문에 지금과 같이 유권자들이 무엇에 근거하여 투표할지 우왕좌왕하는 상태와는 대조를 이룬다. 따라서 유권자 측에서는 선거가 시작되면 이러한 매니페스토에 기초하여지지 정당을 결정하기 때문에 지역이나 연고에 이끌릴 가능성이 그만큼 줄어든다고 볼수 있다.

무엇보다도 매니페스토를 유권자에게 제시하는 것이 정당의 기능이라는 것은 정책의 선택과 정치의 결과에 관해서 책임을 지는 것은 궁극적으로 유권자라는 것을 내포하고 있다. 민주 정치에서는 명확한 매니페스토가 없는 경우에도 유권자가 결과에 책임을 떠맡는다는 것은 상식이다. 문제는 유권자가 이러한 책임을 어떻게 명확한 근거와 명확한 기준에 기초하여 완수할 수 있을지에 있다. 애매한 소망 사항의 리스트만으로 제시된 경우보다도 명확한 매니페스토를 제시한 경우가 유권자가 자기 책임을 완수하는데 있어서 공정하다는 것이 매니페스토 도입 주장의 논거이다. 백지 위임장을 발급하는 것과 같이 "맡겨 두자"식의 선거를 치르고 결과에 대해서는 유권자의 자업자득이라고 하는 것은 공정하지 않다.

6. 지방선거에서의 매니페스토 도입과 쟁점

1) 로컬 매니페스토 도입

지방선거를 앞두고 주민과의 선거 계약으로서의 매니페스토의 도입은 지방 정치의 경쟁 구조와 체질을 바꿀 것으로 기대를 모은다. 주민 중심의 행정운영이 실효성 있게 추진될 수 있다는 점에서 로컬 매니페스토는 지방의 정치·행정을 뿌리에서부터 바꾸는 큰 영향력을 가질 수 있다. 또한 주민에 의해 선출된 단체장이 강한 리더십을 발휘해 주민과의 계약을 확실히 실행하고, '긴장' 과 '책임' 있는 민주주의가 실현될 수 있다는데 의미가 있다.

여기에서 중요한 것은 주민과 단체장이 '계약' 이라는 구속력이 강한 관계로 연결된다는 것이다. 단체장은 주민으로부터 위임을 받았다는 것을 근거로 하여 계약한 정책을 강력하게 추진하게 되고, 따라서 계약의 내용이 확실히 이행되고 정책의 실효성이 현저히 높아지게 된다는 것이다. 단체장과 지방의원은 4년의 임기가 보장되기 때문에 선거에서의 선택의 중요성이 높아지며, 아울러 선출된 단체장에 의한 계약(로컬 매니페스토)을 작성하고 이행하는 책임이 중요하게 요구되기 때문에 긴장감 있는 파트너십 관계가 구축될 수 있다.

로컬 매니페스토의 도입으로 단체장 주도의 정책 운영과 지방의회의 견제와 균형 노력이 활성화되고, 따라서 정책을 중심으로 지방 정치의 활성화와 건전화가 진행될 것으로 기대된다. 지방 분권의 진전에 의해 지방의 재량이 확대되면 지방의 정책 운영에 대한 주목도가 높아지고, 로컬 매니페스토의 세련화와 유권자의 자립, 지방 정치의 활성화가 보다 더 진척될 것으로 기대된다. 로컬 매니페스토의 도입으로 우선 지역의 지방정치 시스템을 정상화시킴으로써 정치에 대한 신뢰성을 회복시키고, 정책 중심의 지방 정치를 발전시키기 위한 정지 작업을 한다는 의미에서 중요한 의미를 가질 것이다. 나아가 국정 차원에서도 정책을 둘러싸고 정치적 대립이 이루어지는 건전한 정당 정치의 실현과 연결될 때 "지방으로부터 나라를 바꿀 수 있다"는 기대가 생길 수 있다.

2) 로컬 매니페스토 도입의 쟁점

지방 자치 단체의 재원의 불확실성

로컬 매니페스토 도입에 비관적인 의견으로서 지방 공공 단체에는 재원이 명확하지 않다는 점이 지적된다. 지방 자치 단체의 재정 자립도 약화(전국 평균 재정 자립도 56.2%: 행정자치부 내부 자료)와 더불어 재원 장악을 통해 권력을 유지하려는 중앙 정부 사이에 의견 조정이 되지 않아 지방 분권은 획기적으로 진척되지 못하는 실정이다. 그 때문에 지방에서는 재원을 명확히 하여 수행할 수 있는 정책은 극히 한정되어 있고, 그러한 측면에서 로컬 매니페스토에 의한 선거 실시의 의미가 약하다는 의견이 대두된다.

그러나 지금까지도 선거에 출마한 후보자들은 무엇이든 다 할 수 있다는 공약을 제시하며 선거에 임해 왔던 것이 사실이다. 지방 자치 단체는 재원이 불명확하기 때문에 매니페스토를 책정할 수 없다는 주장은 지금까지의 공약이 재원의 전망도 없이 무책임하게 그리고 실현성에 대한 고려도 없이 제시되어왔다는 것을 말하는 것과 다름 아니다. 재원의 한계는 단기간에 극복하기 어렵다고 하더라도 한정된 재원을 가지고 어떠한 우선 순위를 가지고 행정을 꾸려갈 것인가에 관한 문제는 지방화 시대의 주요한 과제이다. 향후 지방 행정은 지방 유권자의 의사에 의해 결정되는 자치의 본질을 추구하는 의미에서 권한의 이양이 실질적으로 이루어질 수 있도록 진행되어야 한다. 반면 지방선거에서의 매니페스토는 '한정된 재원' 속에서 정책의 선택과 집중을 어떻게 할 것인가를 결정하는 것이기 때문에 후보자도 포퓰리즘(populism)에 기초한 막연한 재정 확대보다는 재정 규제의 관점에서 접근할 필요가 있다.

지방 의회와의 관계

한국의 지방 자치 제도는 중앙 정치 제도와 마찬가지로 단체장과 의회의원을 유권자가 직접 선거로 선출하는 이원적 대표제에 기초한다. 이러한 이원적 대표제는 단체장과 의회 모두 민의를 대표하며, 양자 간의 긴장 관계에 기초하여 견제와 균형이 이루어진다는 논리에 기초한다. 그러나 지방 의회가 단체장을 비롯한 집행부 감시(예산 의결 등)와 조례 제정과 같은 입법권 행사 등 의회에 부여된 본연의 기능을 수행하는 데에는 아직 한계가 있다는 의견이 많다. 하지만 지금까지의 선거에서 의원들도 나름의 공약을 제시하기 때문에 그러한 공약이 실현 가능하고, 사후 검증이 가능한 형태로 제시된다면 매니페스토에 해당할 수 있다.

아울러 한국의 지방 의회는 지역주의적 요인에 따라 단체장과 같은 정당의 의원이 의회를 지배하는 경우가 많아 견제와 균형의 이상과는 동떨어진 경우가 많을 것이다. 이러한 경우 단체장과 의원의 매니페스토가 충돌하는 경우는 없을 것이다. 그러나 국회에서와 같이 대통령 소속당과 국회 다수당이 다른 분점 정부가 등장할 경우, 즉 단체장과 의회의 다수당이 다를 경우에는 단체장이 주민과 맺은 계약과 의원이 주민과 맺은 계약이 다름으로 인해 빚어지는 충돌이 나타날 수 있다는 점도 문제점으로 제기될 수 있다. 하지만 일본의 경우에서 보는 바와 같이 단체장이 만든 매니페스토에 기초하여 자치 단체의 종합 계획을 의회가 의결하게 되면 이후의 예산편성은 방향성이 일치하기 때문에 순조롭게 진행될 수도 있다(松澤成文 2005).

아직까지는 의회 내 교섭 단체들이 각 정파의 명확한 의견을 바탕으로 한 매니페스토로서 대립 체계를 갖추기에는 시간이 걸릴 것으로 판단되며, 이원적 정통성을 갖는 체제에서 정당들의 강한 정당기율이 작동할 경우 정국의 교착을 초래할 우려가 존재하는 것은 사실이다. 그러나 지방선거의 경우 매니페스토 선거가 본격화되면 단체장 선거와 의원 선거가 동시 선거로 진행되기 때문에 선거기간 중에 토론을 통해 이러한 문제가 해결될 수 있다. 한편 국회의원과 대통령 선거 주기의 불일치로 빈번하게 등장하는 분점 정부와 그에 따른 정국 교착의 문제도 대통령과 의회가 매니페스토에 근거하여 정책 논쟁을 전개함으로써 변화를 기대할 수 있고, 궁극적으로는 유권자 중심의 정책중심 정치를 활성화하게 되는 결과를 기대할 수도 있다.

중앙당 개입의 범위와 한계

의원 매니페스토는 현실성을 고려할 때, 의원 1인의 힘으로 실행하려고 한다면 유효성의 면에서 문제가 있다. 특히 일본의 경우처럼 지방 자치 단체에서의 정당의 개입이 약한 상황에서는 더욱 그러하다. 그러나 한국의 경우와 같이 지방 정치가 중앙 정치의 대리전화 한 경우에는 지역의 독자성을 발휘하지 못하고 결과적으로 정책 대결이 아닌 정치 싸움으로 변질될 우려가 있다.

그러나 지금과 같은 중앙 정치의 지방화를 극복하기 위해서라도 매니페스토의 역할이 클 것으로 전망된다. 매니페스토가 도입되면 단체장과 의원 후보자들이 단순한 중앙당의 하청 기구로서의 역할보다 스스로 정책 의제를 발굴하고 정책의 독자성을 유지하기 위하여 정책 중심의 선거로 이끌 새로운 계기가 될 수 있다는 점에 주목할 필요가 있다. 물론 이러한 변화를 유도하기 위해서는 시민사회 단체를 중심으로 한 계도 활동이 중요할 것으로 판단된다.

원내 정당화 경향과 책임정당주의

이 문제는 지방 차원 보다는 중앙 정치 차원에서 제기되는 문제일 수 있다. 오늘날 한국 의회 정치는 지나친 원내 정당화의 강조로 인하여 교섭 단체의 역할을 줄이고 의원 개인의 자율성을 강조한다. 나아가 당론 정치가 있는 한 다수결에 의한 국회 운영은 불가능하다며 당론 정치의 폐해를 주장하고, 원내 교섭 단체 중심의 국회 운영의 혁파를 주장하는 논의가 제기되기도 한다(김민전 2005). 이처럼 의원 개인의 자율성만을 강조할 경우 한국 정당의 소속 의원들의 이념적 스펙트럼이 다양한 상황에서 매니페스토의 실행을 담보할 수 없다는 결론이 나온다.

반면 이웃 일본의 경우에는 1994년 이후 정치 개혁의 목표를 '정당 본위', '정책 본위'의 정치에 두고 정당의 책임성을 강조하는 것은 우리와 대조적이다. 중앙 정치 차원에서 매니페스토의 성공은 정당이 그 중심에 서야한다는 점에서 한국에서의 극단적인 원내 정당화 주장은 옳지 않다고 본다. 앞서 살펴본 바와 같이 매니페스토의 도입이 의회 정치와 정당 정치를 변화시키는 순기능을 발휘하기 때문에 오히려 지금까지 제기된 원내 정당화 논의를 근본적으로 해소하게 될 수 있을 것이다.

특히 한국에서의 선거 제도와 정당 제도 등은 여전히 정당의 책임성을 강조하기 때문에 제도적 정합성의 차원에서도 책임 정당론에 더 가깝다고 볼 수 있다. 즉, 정당투표제 도입이나 정당에 대한 국고 보조금 지원 등 여타의 제도들이 정당의 책임성을 강조한다는 점에서도 지나친 원내 정당화 논의는 재고할 필요가 있다. 다만 매니페스토를 도구로 하여 원내논의를 정책을 둘러싼 논의로 바꾸어 나가는 것이 과제로 남는다.

3) 매니페스토 도입 전략

앞에서도 살펴보았듯이 한국의 선거에서 매니페스토 도입의 여건은 조성되었다. 특히 위에서 고찰한 두 번의 선거에서도 나름의 정책적 지향점에 차별화를 시도한다는 점은 이러한 전망을 뒷받침한다. 아울러 2002년 대통령 선거에서는 과거의 대통령 선거에서와 같이 후보 간 정책의 차이가 구심적으로 나타난 것이 아니라 원심적으로 더욱 두드러지게 나타나고 있다는 점도 새로운 경향이라고 할 수 있다. 따라서 매니페스토의 도입은 이제 당사자인 정당의 선택의 문제가 되었다고 할 수 있다.

일본의 경우에서 볼 수 있는 바와 같이 기존 정당, 특히 여당의 당내 저항과 반발이 예상될 수 있다(武部 勤 2005). 그러나 이제 정책 선거는 더 이상 미룰 수 없는 과제가 되었다. 각 정당도 이러한 변화된 환경과 높아진 여론의 관심에 적극적 반응을 보이고 있다. 이러한 상황에서 어떻게 매니페스토 도입을 제도적으로 착근시킬 수 있을지에 대한 방안을 모색할 필요가 있다.

일차적으로 당사자인 정당들 간의 정책 선거 협약을 체결하도록 유도하는 것이 바람직할 것이다. 정당들이 정당 간의 협약 또는 정책 선거 서약에 서명하게 된다면 이제는 선거에 참여하는 후보자들의 참여를 유도하는 방향으로 발전할 수 있을 것이다. 이러한 합의에 기초하여 선거관리위원회는 제도적 미비점을 보완하는 후속조치를 취할 수 있다.

다음으로 매니페스토 추진과 지원에 관련된 문제이다. 국정선거의 경우에는 각 정당이 정책 연구소를 갖추고 있어 자체적으로 매니페스토 개발이 가능할 것으로 판단된다. 그러나 지방선거에 출마하는 후보자의 경우와 시·도당 단위의 정당조직에서는 실제 정책 개발을 구체화할 능력을 갖추고 있지 못한 경우가 많을 것이다. 따라서 지역 단위의 시민사회 단체 등 매니페스토 도입 또는 정책 선거에 관심이 있는 단체들이 나서서 계도와 지원에 앞장설 필요가 있다.

다음으로 선거 과정에서는 학계, 시민사회 단체나 민간 싱크탱크 그리고 언론 기관 등이 연대하여 매니페스토를 검증하고 평가하는 작업이 이루어져야 한다. 이러한 평가를 위해서는 매니페스토 평가를 위한 지표의 개발 등 이론적 뒷받침 또한 충실히 이루어져야 한다. 이를 위해서는 각계에서 지속적인 관심을 가지고 지원을 아끼지 말아야 한다. 아울러 유권자의 의식 변화에는 시간이 걸릴 것으로 보이지만 언론과 선거관리위원회는 유권자 계도 활동에도 적극적인 관심을 기울일 필요가 있다.

마치며

이 논문에서는 정책 선거 도입을 위한 전제로서, 그리고 한국선거 경쟁의 새로운 틀을 마련하고 정치의 체질을 바꾸기 위한 도구로서 매니페스토의 도입을 주장하고 그 의의를 분석하였다. 그리고 지방선거에서의 매니페스토 도입을 위한 쟁점과 전략을 고찰하였다. 고찰한 바와 같이 매니페스토의 도입은 정당에 구체적인 정책 목표를 명시하도록 함으로써 유권자의 선택을 정책 선거로 견인함과 동시에 정치의 국민에 대한 책임성(accountability)을 확보하는 데 기여할 것이다. 즉, 유권자의 측면에서는 선택의 기준이 종래와 같이 금권, 지역, 연고주의 등에 얽매이는 것이 아니라 정책에 근거한 선택을 하도록 함으로써 선거 문화를 한 차원 높게 끌어올리는 데 크게 기여할 것으로 평가된다. 아울러 정치권에 대해서도 매니페스토 프로세스에 기초한 책임성이 강조됨으로써 정쟁에 골몰하지 않고 자신들이 내세운 정책 공약을 실현하는데 집중하게 함으로써 정치의 생산성을 높이는 결과를 가져올 것으로 기대된다.

특히 로컬 매니페스토는 단체장과 주민들 사이에 정책 실시에 관한

'계약'을 맺도록 함으로써 양자간에 '책임'과 '긴장감'을 가져오고, 정치를 활성화시키는 효과를 가져오게 될 것이다. 그것이 지방의 정치·행정을 변혁시키고 나아가 나라 전체의 정치·행정을 개혁하는 계기를 부여할 수 있다는 점에서 지방선거에서의 매니페스토 도입의 의미는 크다.

이러한 매니페스토가 갖는 성과를 십분 거두기 위해서는 먼저, 로컬 매니페스토의 의의를 정확히 포착하고, 국민적 인식의 공유가 필요하다. 아울러 로컬 매니페스토를 효과적으로 정착시키기 위해서는 단체장(후보자), 주민, 의회, 행정(행정부)의 각 주체에게 요구되는 역할과 기능을 명확히 하고, 그것을 지원하기 위한 기반을 정비할 필요가 있다. 구체적으로 주민에 의한 로컬 매니페스토의 판단을 지원하기 위한 평가 시스템 및 후보자가 민의에 기초한 매니페스토를 작성하도록 하는 체제의 확립이 요구된다.

결국 로컬 매니페스토가 유효하게 기능하도록 하는 초점은 주민과 로컬 매니페스토를 어떻게 연결시킬 수 있을까라는 점에 있다. 따라서 로컬 매니페스토가 정착될 수 있도록 매니페스토 작성을 선도하고 매니페스토 평가에 시민과 시민단체, 그리고 민간 싱크탱크 등 전문가들이 참여하는 방안을 만들어 지방선거에 빨리 뿌리내리도록 지원하는 방안의 모색도 중요할 것으로 판단된다.

끝으로 매니페스토 선거의 승패는 정당과 후보자에게 달려있다는 점을 강조하고자 한다. 앞으로의 선거는 목표와 기간, 공정, 재원 나아가 우선 순위를 구체적으로 담은 국민과의 계약, 즉 매니페스토를 제시하고 이를 중심으로 정당 간 경쟁이 이루어지며, 그 실천을 검증하여 정권을 맡기는 체제가 되어야 한다. 일본의 예에서 보듯이 매니페스토는

지방선거의 지사 후보들에 의해 선구적으로 제창된 바 있다. 이번 지방
선거를 앞둔 시점에서 정당과 후보자들의 발상의 전환이 필요하다.

참고문헌

김민전. "원내파행 방지와 민주적 국회운영을 위한 개선방향." 참여연대 의정감시센
　　　터 주최 '국회파행 방지와 국회 의정활동 활성화를 위한 토론회' 발표논문
　　　(2005. 1. 19), 2005.
송근원. "2002년 대선공약 비교분석을 위한 기준과 척도."「한국정책학회보」제11권
　　　4호, 2002.
이현출. "매니페스토(Manifesto): 국민에 대한 계약으로서의 선거공약."「입법정보」
　　　제141호, 2004.
이현출. "선거공약의 정치과정과 함의: 광역자치단체장 선거를 중심으로."「지방행정
　　　연구」제19권 제1호, 2005a.
이현출. "정책 선거 유도를 위한 공약이행 평가방안."「선거관리」제51호, 2005b.
Budge, Ian, David Robertson, Derek Hearl. 1987. Ideology, Strategy
and Party Change: Spartial Analyses of Post-War Election Programmes in
19 Democracies. London: Cambridge University Press.
F.W.S. Craig(ed.). 1990. British General Election Manifestos 1959-
1987, Parliamentary Research Services. Brookfield USA: Dartmouth.
Powell, Martin. 2002. Evaluating New Labour's Welfare Reforms. Bristol:

The Policy Press.

Webb, Paul. 2000. The Modern British Party System. London: SAGE.

大山礼子・藤森克彦. 『マニフェストで政治を育てる』. 東京: 雅粒社, 2004.

武部 勤. "政治主導で作成した政權與黨のマニフェスト."「法律文化」(2005. 8), 2005.

松澤成文. "實行して見えてきたローカル・マニフェストの課題と可能性"「法律文化」
        (2005. 8), 2005.

佐々木 毅. "政權公約デビューから定着の10年へ."「中央公論」(3月号), 2004.

참고사이트

http://www.nec.go.kr

http://www.genron-npo.net

http://www.secj.jp/050826/index.htm

http://research.php.co.jp

5장

일본의 매니페스토 추진현황과 시민운동의 과제

이노우에 료이치 · 가나가와현 로컬 매니페스토 추진 네트워크 사무국 차장

들어가며

현재 일본의 매니페스토 추진 활동은 여명기에 있다. 입후보자들이 매니페스토를 도입하는 가운데 시민단체들도 다양한 활동을 추진한다. 특히 로컬 매니페스토는 지역의 과제를 스스로 해결하려는 시민 활동의 취지와 맥을 같이 하면서, 새로운 공공 개념을 만들어 내는 계기를 제공할 것이라는 기대를 안고, 시행착오를 거듭하면서 다양한 실천 활동을 전개하고 있다. 실제로 참가한 몇 개의 사례를 중심으로 매니페스토의 과제를 설명하려 한다.

1. 로컬 매니페스토 추진 상황과 시민운동: 사례를 중심으로

1) 로컬 매니페스토 추진 네트워크 활동

2005년 2월, 기타카와 마사야스(北川) 와세다대학 교수(전 미에현 지사)등이 중심이 된 '로컬 매니페스토 추진 지자체장 연맹' 설립과 함께, '로컬 매니페스토 추진 네트워크'가 전국적 규모로 설립되었다. 이를 전후해서 이런 활동을 지역에 정착시켜야 한다는 관점에서 지역별, 도도부현 단위로 시민사회의 추진 네트워크가 설립되었다(〈표 1〉 참조).

가나가와현에서도 6월 12일 '매니페스토 추진 네트워크 간토우'의

[표 1] 로컬 매니페스토 설립 경과

개최일	행사
2005. 1. 21	로컬 매니페스토 추진 네트워크 도카이 발족회
2005. 1. 24	홋카이도 로컬 매니페스토 추진 네트워크 결성대회
2005. 1. 27	로컬 매니페스토 추진 네트워크 간사이 발족회
2005. 1. 29	로컬 매니페스토 추진 네트워크 추고쿠 결성대회
2005. 1. 30	로컬 매니페스토 추진대회 큐슈 블록 발족회
2005. 2. 4	로컬 매니페스토 추진 지자체장 연맹 로컬 매니페스토 추진 네트워크 결성대회
2005. 2. 7	로컬 매니페스토 추진 네트워크 시고쿠 블록 설립 준비회
2005. 2. 15	로컬 매니페스토 추진 네트워크 도호쿠 블록 결성대회
2005. 2. 18	로컬 매니페스토 추진 네트워크 오키나와 블록 결성대회
2005. 5. 22	로컬 매니페스토 추진 지방의원 연맹 결성대회
2005. 6. 12	로컬 매니페스토 추진 네트워크 간토우 블록 결성대회

설립에 맞춰서 '가나가와 로컬 매니페스토 추진 네트워크'를 설립하여 공동으로 결성 기념 포럼을 개최했다. '백지 위임 정치와 결별, 시민의 손으로 정책을' 이라는 테마로 기타가와 마사야스(北川) 와세다 대학 교수, 타무라 아키라 호세이 대학 명예 교수의 기조 연설을 들은 다음, 마츠자와 지사, 요코하마 시장, 가와사키 시장, NPO 대표 등이 참가한 패널 토론을 실시했다(〈표 2〉 참조).

【표 2】 가나가와 로컬 매니페스토 추진 네트워크의 사업 내용

○ '매니페스토 추진 포럼 개최' 등을 통해서 매니페스토에 관한 정보 제공을 실시하고, 매니페스토형 선거, 정치 보급을 추진.
○ 매니페스토 작성에 관한 정보 제공, 매니페스토형 공개 토론회 촉구.
○ 매니페스토 선거 추진을 위한 정책 제언을 실시.

2. 로컬 매니페스토 연구
  ○ 매니페스토 위상, 추진 방안, 검증 · 평가 등에 대한 연구 정보 교환.

3. 로컬 매니페스토 연수
  ○ 매니페스토 작성 방법, 추진 방안, 평가 등에 관한 워크숍 개최.

4. 로컬 매니페스토에 대한 시민 제안의 가교 역할
  ○ '시민에 의한 정책 제안 풀' 설정: 시민과 NPO 등으로부터 정책 제안을 정리하여 후보자에게 매니페스토 작성에 관한 정보를 제공하고, 시민과의 사이에서 가교 역할을 함.
  ○ '시민과 정치 대화집회' 개최: 시민과 NPO로부터의 정책 제안을 기초로 정치가(현역, 예비역)와의 대화의 장 개최.
  ○ 시민 · NPO의 정책작 성 지원: 시민과 NPO등에 의한 로컬 매니페스토를 대상으로 한 정책 작성 지원

(가나가와 로컬 매니페스토 추진 네트워크 사업 계획에서)

　　포럼 실시 후, 로컬 매니페스토 추진 네트워크 간토우의 협력을 얻어 지난해 사업으로서 2005년 8월부터 11월까지 로컬 매니페스토에 관한 네 차례 학습회를 개최했다(〈표 3〉 참조).

[표 3] 가나가와 로컬 매니페스토 추진네트워크 2005년 학습회

① 제2회 학습회
강연 『로컬 매니페스토란」 필요성은 무엇인가?(의원 매니페스토를 포함해서)』
강사 : 이소자키 하츠히토(중앙대학교 법학부 교수, 가나가와 로컬 매니페스토 추진
　　　　네트워크 간사)
사례 보고 'NPO에 의한 매니페스토 평가 실천'(자치창출 컨소시엄)

② 제2회 학습회
강연:『매니페스토 모국 : 영국의 매니페스토 정치와 일본에 있어서의 시사』
강사: 히로세 카츠야법정대학 교수)

③ 제3회 학습회
강사 『시민제안에 의한 매니페스토 실천』
강사 : 카하라 카츠아키라(시민주권형 거버넌스 실현을 목표로 하는 로컬 거버넌스
　　　　연구소 소장, 로컬 매니페스토 추진 네트워크 간사이 대표)
사례 보고 '시민 제안에 의한 정책 점검과 공개 토론회'(사단법인 요코스카 청년회의소)

④ 제4회 학습회
강연 『매니페스토 작성 실제』
강사 : 이소자키 하츠히토(중앙대학교 법학부 교수, 가나가와 로컬 매니페스토 추진
　　　　네트워크 간사)
강연 『매니페스토형 공개 토론회 진행방법』
강사 : 이케다 켄자부로(특정 비영리 활동법인, 일본 정책 프론티어 전무이사)
사례 보고 '매니페스토 실행 평가 방법'(자치 창조 컨소시엄)

　　다른 지역에서도 다양한 활동이 펼쳐지고 있고, 홈페이지를 개설해서 정보 발신을 시작했다. 가나가와현에서도 홈페이지를 개설하려 하

고, 시민에 대한 보급 계발을 목적으로 한 사업 계획의 사전 고지, 결과 게재 등을 진행하려 한다.

현재로서는 아직 지역 간, 도도부현 단위로 설치되어 있는 추진 네트워크 간의 정보 교류 네트워크가 미약하고, 로컬 매니페스토 추진 네트워크 상호 간의 활동을 높여가는 데까지는 이르지 못한 것이 현실이다. 로컬 매니페스토 운동은 자신의 것으로 생각해서 활동을 진행하고, 정확한 정보가 제공되며 시민이 해결해야 할 과제를 제대로 알고 있을 때 정책 중심의 정치로 전환하는 기초가 될 수 있다는 점을 고려하면 체제 정비가 시급한 상태이다. 지역은 달라도 로컬 매니페스토를 들고 선거에 임하겠다는 의사를 표명한 입후보 예정자의 의식과 활동 실태는 대단히 흥미로운 것이고, 이런 움직임을 손쉽게 파악할 수 있도록 하는 것이 시민운동으로서 빠르게 정착할 수 있게 하는 지름길이라고 본다.

2) 시민에 의한 로컬 매니페스토 작성과 후보자에 대한 제안

지금과 같이 정책 입안이 국가 기능으로 치부되고 지방 자치 단체는 그 실시 기관에 지나지 않았다는 관계가 무너지고 있지만, 지역에 관련된 과제에 있어서 시민들 스스로 필요하다고 생각하는 정책을 제안하고 이를 입후보 예정자에게 받아들이도록 해, 당선 후 지방 자치 단체의 정책으로 실현되도록 하는 로컬 매니페스토 활동이 가능하게 된다면 이상적인 모습이 아닐까 본다. 아직 사례는 많지 않지만 도쿄의 아오메(青梅)시의 사례와 나라(奈良)의 사례 등이 대표적이다.

나라의 사례에 대해서는 '가나가와 로컬 매니페스토 추진 네트워크'

1. 시민 매니페스토 운동이란
시민·NPO 등이 지자체장 선거에 있어서 입후보(예정)자가 유권자에 대해 <u>스스로</u> 작성한 '시민 매니페스토(시민의 정책 제안서)'를 제안하는 로컬 데모크라시 활성화 운동

2. 로컬 매니페스토
　① 후보자 매니페스토 운동
　② 시민 매니페스토 운동

3. 시민 매니페스토 운동 타입
　① 후보자 옹립형 시민 매니페스토 운동—시민 매니페스토+후보자 공모+후보자 지원
　② 독립형 시민 매니페스토 운동

4. 독립형 시민 매니페스토 운동
　① 특정 후보자, 정당, 파벌을 추천하거나 지지하지 않는다
　② 입후보(예정)자에게 대해서는, 시민 매니페스토에서 제안된 정책을 후보자 매니페스토에 반영하고, 유권자는 시민 매니페스토를 척도로 후보자를 선택하는 것을 촉진
　③ 책정 프로세서를 중시하고 감시 활동
　④ 기대되는 효과
　　● 후보자 매니페스토에 시민 매니페스토가 추가 되는 것에 의한 정책 논쟁, 경쟁 토양을 양성
　　● 매니페스토의 질, 내용을 다툼
　　● 행정 직원에 대한 정책 어필
　　● 의원에 대한 정책 어필
　　● 시민사회 활성화와 연결
　　● 특정 후보자와 관계를 가지고 싶지 않은 시민의 목소리를 담아내는 역할
　⑤ 공개 토론회 실시—입후보자 매니페스토와 시민 매니페스토에 의한 정책 비교
　⑥ 과제 : 어떻게 하면 일상적인 시민 활동, 정책 형성 활동 등을 4년마다 매니페스토형 자치제장 선거에 연결시킬 수 있는가
　　● 시민 매니페스토의 이해 촉진을 위한 활동—강좌, 포럼 등 개최. '나라·정책' 포럼의 개최, 시민의 숲 세미나 개최
　　● 매니페스토 정책 실현화 활동—정책 연구, 협의, 정보 교류를 위한 '장' 제공. 정책연구 활동. 내각부 도시재생 모델 조사. '나라의 거리가 세미나 하우스' 프로젝트 실현화 조사 실시. 원탁회의 개최.
　　● 의원과 협동 연구, 협의, 정보 교류를 위한 '장' 만들기 – 당선 의원 전원에 대해서 나라 매니페스토 2005를 배포, 의회 개혁 연구회 개최.
　　● 시티즌십 교육(데모크라쉬 교육) –'시민의 숲' 세미나 실시
　　● 매니페스토 검정, 평가 활동—시장 매니페스토 설명회, 평가, 검정 포럼 개최
　　● 시민활동, NPO 활동, 커뮤니티 활동을 정책 작성 활동으로
　　● 시민 매니페스토 갱신 활동

(가나가와 로컬 매니페스토 추진 네트워크 제3회 학습회 자료로부터)

제3회 학습회에서 보고를 들었다. 나라의 매니페스토 운동으로서는 2004년 9월 5일 나라시 시장 선거 전후에 벌어진 '나라 매니페스토 2004' 운동이 중심이 되었다. 나라 매니페스토 운동 실행위원회는 "시민이 만드는 '나라 매니페스토 2004-나라 비전 21' 운동"을 확정하여 입후보 예정자에게 제안했다. 또 2005년도 6월 의회가 해산되고 시장이 사임한 이후 7월 31일 실시된 나라 시장·시의회 의원 동시 선거를 앞두고 '나라 매니페스토 2005' 운동을 전개하였고, 7월 18일에는 '나라 미래' 포럼을 개최하여 의회 개혁 제안을 포함한 '나라 매니페스토 2005'를 작성하였다. 리더인 정책 연구 네트워크 '나라 미래'의 대표이자 로컬 거버넌스 연구소 소장인 키하라 카츠아키라(木原)는 시민 매니페스토 운동을 다음과 같이 위치지었다(〈표 4〉 참조).

　다양한 과제를 안고 진행돼 온 활동은 특히 선구적인 시도이고, 이러한 선행 사례가 다른 지방 네트워크에도 참고가 되기를 바란다.

3) 선거 실시에 앞서 후보 예정자에 대한 공개 토론회 개최

　2005년도에는 전국 조직 사단법인 일본 청소년회의소가 조직 내에 '로컬 매니페스토 추진 특별 위원회'를 설치하고, 전국적으로 이 같은 활동을 전개해 나가고 있다. 2006년도는 국민주권확립 특별위원회 'JC Approach 시민 의식 변혁에 의한 국민 주권확립'의 일환으로서 (1) 매니페스토·정책 검증 및 그 실현도 평가, (2) 로컬 매니페스토 보급 추진(협동 운동), (3) 국민 주권에 기초한 공직선거법 개정 연구 및 제언, (4) 21세기 임조 '새로운 일본을 만드는 국민회의' 등과 연대를 가지기

로 했다.[1]

'가나가와 로컬 매니페스토 추진 네트워크'의 사업 내용에도 포함된 입후보 예정자를 대상으로 한 공개 토론도 청년회의소와 연대를 통해서 진행하고 있다. '가나가와 로컬 매니페스토 추진 네트워크'에서는 조직적으로 사단법인 일본 청년회의소 간토우 지구 가나가와 블록 협의회 회장이 네트워크 부대표 간사에, 부회장이 사무국장에 취임하고, 가나가와 현 내의 지방 자치 단체장 선거에 맞춰 공개 토론회의 개최를 주도하고 있다. 공개 토론회는 입후보 예정자 2명 이상이 참가하지 않으면 성립되지 않지만, 통일 지방선거와 같이 지방 자치 단체장 선거와 지방의회 선거와 같이 개별적·동시적으로 치러지는 선거도 투표율은 낮은 편이여서 매니페스토에 의한 정책 선택을 묻는 공개토론은 정치에 대한 시민의 관심을 높이는 도구로서 작용하고, 정책 중심의 자치제 선거 추진에 공헌 할 것으로 본다.

4) 로컬 매니페스토 검증 · 매니페스토 작성 워크숍

① 로컬 매니페스토 평가연구위원회 활동

로컬 매니페스토는 정치가가 정책 선거를 하겠다고 시민에 제안하는 형식이지만, 선거시에만 사용하는 도구로서 인식되어서는 종래의 공약과 다를 바 없다. 정치가가 로컬 매니페스토에 의해서 정책 주도의 정

1 http://www06.jaycee.or.jp/2006/modules/xfsection/article.php?articleid=7.

치를 목표로 시민의 신뢰를 얻기 위해서 노력하는 일방향적인 관계가 아닌, 시민 측에서도 정책을 평가하고 진척 상황을 감시하는 것이 필요하다.

이런 시점에 NPO 법인 자치창조 컨소시엄에서는 자치제장들의 로컬 매니페스토를 평가하는 사업(로컬 매니페스토 평가연구위원회)을 실시한다. 매니페스토 자체에 대한 평가와 함께 진척 상황도 함께 평가한다. 이런 매니페스토 사이클을 움직여 가면서 4년에 한번씩 큰 사이클로서 평가를 받도록 하는 것이 우리들의 목적이다.

올해가 2년째 이기는 하지만, 약 2년 반 전(2003년 4월)에 실시된 선거에서 마츠자와 가나가와현 지사의 매니페스토를 평가 대상으로 하여 2004년도, 2005년도의 평가를 실시했다(〈표 5〉 참조). 마츠자와 지사도 자신의 매니페스토를 평가하는 동시에 제3자 기관의 위원에게 위탁해서 매니페스토를 평가하고 있지만, 우리들의 평가는 이와 같은 여러 가지 평가를 참조하면서 시민의 시점에서 독자적인 평가를 진행하고 있다. 구체적으로 설명하자면, 개별 정책을 포함해서 매니페스토에 관한 시민 참가의 위상이 어떻게 되어 있는가, 매니페트스에 관한 정보 공개가 제대로 진행되고 있는가 등이 요점이다.

평가를 실시함에 있어서 평가를 위탁한 전문가(3명) 이외에, 공모를 통해서 평가 연구 참가자를 모집하고, 참가비를 받으면서 평가연구위원회에 참가시키고 있다. 2004년도 13명, 2005년도에는 6명의 공모위원이 참가했고, 현청에서의 청문회와 서면 질의를 받은 형식으로 평가를 진행하고 있다.

[표 5] 마츠자와 지사 매니페스토 평가 결과

	평가의 기본 항목	설명	배점	평가결과 (04년도)	평가결과 (03년도)
① 매니페스토 자체에 대한 평가			20	15	15
1	구체성	목표, 기한, 실현 방법(공정),재원 등 형식보다는 유권자가 알기 쉽게 구체적인 정책 이미지가 작성되어 있는가	4	4	4
2	비전, 기본방침	장래의 지역과 사회의 위상 등의 비전이 제시되어 있는가(목표 설정의 타당성)	4	4	4
3	정책의 일관성, 체계성	매니페스토 내용 중에 비전, 기본방침, 정책이 체계화되어 있는가, 상호 모순되는 내용이 포함되어 있지 않는가(무모순성, 체계성)	4	2	2
4	매니페스토 작성에 시민 참가	작성 과정에 있어서 시민의 정책 제안을 받아들이는 프로세서를 가지고 있는가 (프로세서 투명성)	4	1	1
5	매니페스토 공개 제공 방법	선거까지 시민에 대한 매니페스토 배포, 주지에 대한 방법	4	4	4
② 매니페스토에 제시한 정책의 추진 평가			60	40	36
1	정책의 목표 달성도 (객관 평가)	목표치에 대한 실현도, 정성적인 것에 대해서는 달성 정도, 결과(효과)를 중시하지만, 당장은 아웃풋(output)을 측정 (※평균치)	15	7	5
2	정책의 시행 단계(객관 평가)	연구, 실시 검토, 계획 책정, 시책화, 예산화, 실시 등의 각 단계를 측정 (※평균치)	10	6	5
3	정책의 정보 공개도(객관평가)	정책 형성 과정, 심의 과정 등의 정보 공개의 정도를 측정 (※평균치)	5	3	3
4	정책의 시민 참가, 협동도 (객관평가)	심의회의 시민위원, 공모위원의 참가, 시민참가(public involvement) 상황 등의 정도를 측정 (※평균치)	5	2	2

【표 6】마츠자와 지사 매니페스토 평가 결과

	평가의 기본 항목	설명	배점	평가결과 (04년도)	평가결과 (03년도)
	(이하는 매니페스토 전체에 대한 평가로서 실시)		5	4	4
1	매니페스토 실행 체제 만들기	매니페스토 정책을 행정 계획에 반영하고 있는가 매니페스토에 따라서 행정 계획을 수정, 변경하고 있는가	5	4	4
2	매니페스토 실행체제	매니페스토 실행을 담보하기 위한 새로운 조직, 포스트, 회의 등을 신설하거나 종래의 조직과 회의 등을 개혁했는가	5	5	5
3 4	정책 실현을 위한 적응력	상황 변화에 대해서, 적확한 판단을 기초로 정책 실현을 위해서 절차를 포함해서 유연한 적응력을 가지고 진행하고 있는가. 그럴 경우, 정보제공, 설명 책임을 다하고 있는가	10	9	8
5	단체장으로서 의욕, 노력, 리 더십의 정도 (주관평가)	의욕, 노력, 리더십에 대해서 대 직원, 대 시정촌, 대 의회, 대 사회 등과의 관계에 있어서 그 정도를 측정	4	1	1
	③ 매니페스토 사이클 평가		20	18	17
1	매니페스토 평가에 대한 대처	자기 평가, 제3자 평가 등의 실시 상황	5	5	5
2	평가 정보의 공개, 제공	평가를 위한 기초가 되는 정보, 평가 결과 정보의 공개, 제공 상황	5	5	5
3	평가 활동에 시민참가,협동	평가 활동 자체에 대한 시민의 참가 기회	5	4	4
4	평가 결과에 기초한 개선 (PDCA의 실시)	평가 결과를 다음 정책 형성과, 정책 실시에 살리고 있는가	5	4	3
	평가 결과 (합계)		100	73	68

2005년도 2월에는 새롭게 시장에 당선된 사카구치 니시도쿄시장의 매니페스토를 대상으로 매니페스토에 대한 평가만을 실시했다(아직 1년이 경과되지 않았기에, 정책의 진척 상황에 대한 체계적인 평가를 실시하는 것은 사실상 불가능함). 평가결과는 다음의 〈표 6〉을 참조하기 바란다.

[표 7] 니시 도쿄(西東京) 시장의 매니페스토 평가 결과

평가의 기본 항목	설명	배점	득점	평가 이유
구체성	목표, 기한, 일정, 재원 등 형식보다는 유권자에 알기 쉽게 구체적인 정책 이미지가 적혀 있는가	4	3	목표, 기한, 수단이 분명히 기술되어 있고, 부분적으로 재원을 명기하고 있는 점이 평가됨. 단지, 재원이 포괄적으로 적혀 있기 때문에, 개별 정책에 들어가는 비용 규모에 대해서는 알기 어렵다. 또 목표에 대해서는 정성적인 것이 많고 성과 목표가 적혀 있지 않는 시책이 많기 때문에, 구체적인 이미지를 그리기 힘들다. 목표 달성 방법도 명확하지 않고, 실시 공정에 있어서는 각 공정마다 판단하기 힘든 점이 과제라고 하겠다.
비전, 기본 방침	장래의 지역과 사회의 위상 등의 비전이 제시되어 있는가(목표 설정의 타당성)	4	2	기본 이념 항목으로써 세 가지를 들고 있지만, 총화적인 시점이 명확하지 않기 때문에 이념을 전달하는 부분이 명확하지 않다. 전체를 한마디로 알기 쉽게 표현하는 케치프레즈 같은 것과, 향후 시정의 위상을 알 수 있는 표현이 필요하다. 기본이념과, 개별 정책 항목과의 관계가 반드시 명쾌하게 파악되지 않는다. 예를 들면, 정책 분야마다 목표로 하는 것은 제시하는 유권자 입장에서 보면 자신들의 생활이 어떻게 변하는가, 또 이에 대한 정책이 적당한가 등을 판단하기 쉽지 않는가.

정책의 일관성, 체계성	매니페스토 내용 중에 비전, 기본 방침, 정책이 체계화되어 있는가, 상호 모순되는 내용이 포함되어 있지는 안는가(무모순성, 체계성)	4	2	41항목의 9개 분야에 나눠져 있지만, 정책 일관성을 찾아내는 것이 어렵다. 즉 기본 이념이 어느 정도 각 목표에 녹아 있는가를 알기 어렵다. 시민 참가 확대라는 일관성 있는 발상이 보이고 있지만, 정책으로서 체계성은 부족한 편이다. 설정되어 있는 정책 분야에 있어서 중점성보다는 망라성과 밸런스를 중요시한 점이 느껴진다.
매니페스토 작성에 대한 시민 참가	정책 과정에 있어서 시민의 정책 제안을 받아들이는 프로세서를 가지고 있는가(프로세서 투명성)	4	3	선거 준비 기간과 병행되어 있지만, HP와 인쇄물에서 시민에게 초안을 공개하고 의견을 구한 것은 평가할 수 있다. 현실적으로 관계자의 의견을 청취하는 것과 정책 협정상의 협의가 중심이 되어 있기는 하지만, 시민참가 자세를 평가하고 싶다. 향후, 토론 등의 개선 등, 한층 실질적인 시민 참가가 기대된다. 시의회 중심으로 작성을 진행하는 프로세서는 매니페스토의 작성과정으로서 평가 가능하다
매니페스토 공개, 제공 방법	선거 때까지 시민에게 매니페스토 배포, 주지에 대한 노력	4	3	제도적인 제약이 있지만, 공직선거법 위반이 되지 않는 선거 사무소에서의 배포, HP의 공개, 선거 공보 및 법정 인쇄물의 게재에 머물렀지만, 현 시점에서는 이런 방법이 최대한의 방법일 것이다. 이런 의미에서 가능한 한 대응을 한 것으로 평가할 수 있다.
평가 득점 합계		20	15	

② 매니페스토 작성 워크숍

정책을 만드는 것은 어떤 의미에서는 흥미롭기도 하지만 익숙하지 않으면 상당히 어려운 면도 있고, 시민 입장에서는 쉽게 생각할 수 없는 분야인 것이 현실인지도 모른다. 실제로 익숙하지 않으면 정책만큼 재미없는 것도 없을 것이다. 행정시스템에서 공무원은 업무 영역에 따라서 세밀하게 구분되어 있고, 그 중에서 정책 작성에 관여하는 사람은 한 사람인 경우가 많다. 또 담당 분야가 제한되어 있어 다양한 사람들과 공동 작업으로 정책을 작성하는 것이 어려운 관계로 정책 작성 자체에 한계를 보인다.

시민이 정책을 만들 수 있는 기반은 상당히 정비되어 있다. 기업과 행정에서 다양한 전문 분야를 가지고 있는 동시에 지역 생활자이기도 하기 때문에 이런 전문성을 가진 인재들을 모으면 지역에서 질 높은 정책을 만들 가능성이 지금에 비해서 높아진다.

이런 시점에서 '자치창조 컨소시엄'에서는 매니페스토 제작 워크숍과 연구위원회에서 실시한 매니페스토 평가에 대해서 부분적으로 경험하는 '로컬 매니페스토 평가 기술 워크숍'을 개최하고, 매니페스토에 대한 시민의 참여를 지원하는 활동을 전개하고 있다. 이 같은 워크숍에 참가한 시민들이 언젠가는 로컬 매니페스토를 만드는 것도 충분히 생각해 볼 수 있다.

2. 로컬 매니페스토 운동이 안고 있는 과제

1) 알기 쉬운 매니페스토 작성

아직까지 시민들 사이에서 매니페스토의 침투도가 약한 것이 현실이다. 외래어에 대한 저항도 있고, 나라 지역의 키하라가 언급한 것처럼 정치에 대해서 가능한 한 거리를 두고 싶다는 시민들의 의식이 여간해서 해소되고 있지 않다.

이런 의미에서 다양한 활동에 대한 정보 교환, 네트워크의 조속한 확립과 동시에, 한편으로는 구체적인 내용을 가지고 지역에서의 공개 토론회를 개최하거나 학습회를 개최하는 활동을 진행하고, 시민들뿐만 아니라 입후보 예정자 등 많은 사람들에게 의의를 이해시키기 위한 활동 전개의 필요성을 느낀다.

이를 위해서도 구체적인 매니페스토 작성에 대해서 시민과 행정 담당자 측의 상호 이해를 촉진시켜야 한다는 것을 의식하면서 가능하면 알기 쉽게, 실현 가능성이 높은 내용을 가진 매니페스토 작성을 목표로 할 필요가 있다.

2) 새로운 공공 개념 확립을 위해서

일반적으로 시민의 정책 제안은 수직적인 행정 조직에서는 친숙한 것이 아니다. 현재 벌어지는 지역 과제를 행정 조직에 적용해 보면 조직 횡단적인 과제가 일반적이다. 따라서 시민이 원하는 정책을 정치가가 매니페스토에 포함시켜 자치제의 정책으로 채용할 경우, 받아들이기 어려운 사례들이 많이 나올 것이라는 것은 충분히 예상 가능하다. 시민의 관점에 선 정책을 자치 단체의 정책으로서 정착시키는 과정은 과제가 본질적일수록 어렵다. 현재는 종합 계획에 포함시키거나 간부 직원과 매니페스토 실시를 놓고 계약을 교환하는 것과 같은 형태를 취한다. 그러나 행정에 있어서 매니페스토로부터 제기되는 새로운 과제는 사업으

로서 받아들여진 듯이 보여도, 실제는 매니페스토 목표 지점에서 바라
보면 달성도가 낮은 수준에 있는 등 모순된 점이 나타난다.

분권화가 진행된다는 것은 이와 같은 정책을 받아들일 수 있는 자치
제의 구조를 전환하는 것이라고 할 수 있다. 중앙 정부에서 정한 정책을
넘겨받아서 실시하는 것만이라면 수직구조가 효율적이지만, 시민의 정
책 제안을 받아들인다면 지방자치 단체의 조직 구조를 조직 횡단적인
형태로 규정하고, 시민과 함께 생각하고 실천하는 유연한 형태를 가지
지 않으면 안 된다. 이런 과정 속에서 시민들 자신도 스스로의 역할을
인식하고 새로운 공공 분야가 새롭게 등장하게 되는 것도 가능하다.

3) NPO와 정치 활동의 관계

특정 비영리 활동 촉진법에서는 NPO법인이 선거 등에서 특정 후보
를 응원하는 것과 같은 정치 활동을 벌이는 것을 금지하고 있다. 선거
활동으로 받아들여 질 수 있는 특정 후보자의 매니페스토를 작성하는
것은 법률 위반이다. 물론 NPO 설립 목적에 맞게, 예를 들면 환경 보전
을 목적으로 하는 NPO법인이 환경 보전을 후보자의 매니페스토에 집
어넣으려고 운동하는 것 자체는 위법이 아니다. 그러나 특정 비영리 활
동 촉진법 자체가 신법으로 해당되는 선례가 적어 매니페스토에 관한
NPO 활동에 있어서 신중한 판단이 요구된다.

NPO 활동은 스스로의 임무에 기초해서 주체적으로 정책을 만들거
나, 이를 다양한 정치 프로세스를 통해서 실현해 나가는 것을 의미한다.
어찌되었든 간에 NPO법인이 매니페스토에 관계하는 것과 관련하여서

는 미묘한 과제가 포함되어 있다는 것을 부정할 수 없다. 조금 다른 이야기지만 공개 토론회를 실시할 때에도 공직선거법상 제약이 있고, 링컨 포럼[2] 등의 선례를 검토해서 법에 저촉되지 않도록 진행 방법을 고려하는 것이 필요하다.

4) 기초 자치 차원과 도도부현

일본의 자치제 구성은 기초자치제로서 시정촌과 국가와 시정촌과의 중간에 있는 도도부현이라고 하는 2중 구조로 되어 있다. 원래는 시정촌의 장과 도도부현 지사는 상당한 정도로 국가 통치 기관으로서의 역할을 맡고 있다. 2000년 지방분권 일괄법 시행에 따라서 법률적으로는 자립된 자치제가 되었지만, 재원 면과 법률상의 제약, 특히 장기간 만들어진 관습에 의해 실질적으로 국가에 의존하는 형태가 지속되고 있다.

시민 입장에서 보면 기초자치제는 시민들과 가까운 관계에 있고, 이에 있어서 시책 사업도 알기 쉬운 면을 가지고 있을 뿐만 아니라 정책에 대한 의견도 제시하기 쉬운 면이 있었다. 한편 도도부현은 국가와의 중간적 지위로, 조직적인 시민 참가라는 입장에서 보면, 시정촌과 같은 사업을 진행할 수 없다. 도도부현이 분권 자치라는 시점에 서서 구체적인 제도를 만들어 시민 참가를 받아들이는 것이 가능하다면, 지금까지 국

---

2 링컨포럼은 아브라함 링컨의 "국민에 의한 국민을 위한 국민의 정치를 망쳐서는 안 된다"는 문구로부터 일본의 민주주의를 성숙시키기 위해 선거에 있어서 공개 토론회 실현을 지원하는 프로젝트로 1996년 출발했다.

가와 지방과의 관계는 크게 변할 가능성을 가지고 있다. 또 발언권도 강하기 때문에 도도부현 차원의 시민 참가를 추구하는 것은 큰 의미를 가진다.

3. 향후 과제

일본에서는 이전과 같이 경제 성장에 의해 재원을 확대하고 이에 대한 배분을 늘려가는 시대로부터 저성장, 인구 감소에 의한 자원 확대가 기대되지 않는 시대로 전환했다. 이런 자원의 유한성이 있기 때문에 지방 자치 단체에 있어서도 로컬 매니페스토에 기초한 정책 선택의 중요성이 강조되는 시대가 되었다. 재원의 유한성을 자각하고, 효율적으로 정책을 작성하거나 정책을 포기하는 것을 포함해서 최우선 순위를 명확히 한 정책들을 시민들에게 분명히 밝히는 정책 작성이 필요하다. 재원이 제한되어 있기 때문에 수요 파악이 필요하고 대안을 고려한 가운데 가장 적당한 매니페스토가 요구되며, 이를 추진해 나가는 방법에 따라서는 다양한 가능성을 가지고 있다고 할 수 있다.

로컬 매니페스토에 대해 확립된 모델은 없다. 무엇보다 로컬 매니페스토는 지역 상황에 맞게 다양한 형태가 있다는 전제에서, 지역 상황에 맞는 다양하고 구체적인 정책에 도전해 보는 것이 요구된다.

일본에서는 매니페스토의 정형 모색, 공약과의 차이 등을 시작으로 한 다양한 논의가 벌어지고 있는 과도기에 있다. 이를 두고 일시적인 유행에 불과하고 언젠가는 사라질 것으로 생각하는 사람도 많다. 그러나 용어로서 '매니페스토' 라는 말이 정착될 것인가는 문제가 아니다. 시민들 사이에서 니즈에 기초한 정책 제안이 나타나고, 이런 것들이 집약되어서 지역 사회가 만들어 지고 활성화 되는 것이 바람직하다. 이런 의미에서 시민이 정치가의 정책을 통해 자기 지역의 미래 사회를 구축해가기 위한 과도적 상황이 이제 막 태동기를 맞고 있는 것으로 본다.

　　마지막으로 일본과 한국은 시민 활동과 정치 관계에 상당한 차이를 보인다. 향후 양국의 시민이 매니페스토를 통해서 정치에 참가할 경우, 양국의 방식이 축적되어 가는 것은 예상가능하다. 이런 양국의 축적된 경험을 교류해 나가면서 양국의 수준을 높이는 기회가 만들어 진다면, 이는 양국의 민주주의 발전에 있어서도 큰 힘이 될 것으로 확신한다. 오늘의 학술회의가 이런 양국의 가교 만들기의 출발점이 되기를 바란다.

참고사이트

http://www06.jaycee.or.jp/2006/modules/xfsection/article.php?articleid=7.
http://www.jichi.org

6장

한국 지방선거와 시민단체의 선거참여

손혁재 · 경기대 정치교육원장

지방자치는 누구도 꺾지 않고 우리 모두가 정성
들여 가꾸어야 할 장미(the very rose that everyone
does not pick up, but we all should grow up)

James Bryce

들어가며

제임스 브라이스(J. Bryce)는 지방자치를 장미꽃에 비유했다. 지금
우리 지방자치는 화려하게 활짝 피어나는 장미꽃인가? 아니다. 주민참
여의 길을 열어주는 지방자치가 '풀뿌리 민주주의'를 키워나가는 구실

을 한다면 화려한 장미꽃임에 틀림없다. 그러나 아름다운 장미꽃도 물을 주지 않으면 말라 죽어버리듯 지방자치도 관심을 갖고 돌보지 않으면 제 구실을 못할 것이다. 우리 지방자치는 물을 주지 않아 시들어 가는 장미꽃처럼 무관심 속에 뒷걸음치고 있다.

우리 지방자치의 문제점을 잘 보여준 것이 2002년 6월 13일에 치러졌던 지방선거였다. 뜨거운 월드컵 열기 속에 푸대접받던 6·13 지방선거 투표율은 중앙선거관리위원회가 만들어진 1961년 이후 치러진 선거 가운데 가장 낮은 48.9%였다. 투표율이 낮았던 원인은 무엇일까. 지방자치가 별로 매력이 없기 때문이다. 지방자치를 실시하고 난 뒤 이전보다 살기 좋아졌다고 느끼는 주민들이 별로 없다. 또 지방자치의 밝은 면보다 어두운 면이 더 크게 부각되었는데, 특히 자질이 떨어지는 지방정치인들의 부정과 비리가 주민들을 실망시켰다.

2006년 5월 31일에 제4대 지방선거가 치러진다. 5·31 지방선거는 매우 중요하다. 본격적인 지방화 시대의 시금석이 될 선거이기 때문이다. 지방자치는 시민사회의 형성과 시민운동에 유리한 조건을 제공한다. 중앙집권적 권력구조와 제도, 시민의식을 분권화의 방향으로 바꾸어나가는 계기로 작용한다. 또 시민의 삶의 질 문제를 정치·행정과정에 끌어들일 수 있는 좋은 기회이기도 하다. 다시 말하면 지방선거는 요구형·수익자·정부의존형 민주주의를 참여민주주의로 발전시키는 계기가 될 수 있는 것이다. 또 2006년 지방선거는 지방화 추세에 역행하려는 움직임에 쐐기를 박을 수 있는 계기로 작용할 수 있다.

그러나 지방선거에 대한 관심은 별로 크지 않다. 지금까지 치른 세 차례의 지방선거를 보면 몇 가지 특징이 두드러진다. 첫째, 투표율이 점점 낮아지고 있으며, 도시가 농촌보다 상대적으로 투표율이 더 낮은 도저촌고(都低村高) 현상이 나타났다. 둘째, 지역주의 투표행태로 특정 지역에서 특정 정당이 압도적으로 승리를 거두는 독점적 정당지배 현상이 나타났다. 셋째, 중앙정치의 영향이 너무 크고, 정부에 대한 중간평가적인 성격을 띠어 왔다. 넷째, 선거과정이 단체장(특히 광역단체장) 중심으로 진행되었다. 5·31 지방선거에서도 위와 같은 양상이 그대로 되풀이 될 것으로 보인다. 따라서 낮은 투표율이 예상되지만 2007년에 치러질 대통령 선거의 전초전으로 인식한 정파들의 총력전으로 혼탁양상이 나타날 것으로 우려되는 상황이다. 이런 상황에서 시민단체들은 풀뿌리 민주주의를 살리기 위해 지방선거 준비를 하고 있다.

1. 지방자치의 역사

우리나라 지방자치는 민주주의의 전개 과정에서 자연스럽게 나타난 것이 아니었다. 물론 우리나라에 지방자치의 전통이 있었지만, 제헌헌법에 규정된 지방자치가 당시의 지방자치에 대한 인식 수준을 반영한 것은 아니었다. 지방자치를 실시하자는 밑으로부터의 요구나 지역주민들의 요구가 거의 없는 상태에서 위로부터 주어진 것이었다. 여야 사이에 치열하게 전개되었던 지방자치 실시를 둘러싼 갈등과 대립도 중앙정치의 이해관계에 따른 것이었을 뿐이다. 그 동안 우리 사회에서는 지방자치제가 민주주의의 당연한 요건이라는 인식이 널리 확산되어 있었다. 지방자치 실시를 민주적 이미지를 높이기 위한 수단으로 활용하는 경우도 많았다.

그러다 보니 지방자치를 둘러싼 여야의 갈등도 지방선거의 실시를 둘러싼 대립이었을 뿐 지방자치의 활성화 등 지방자치의 본질을 둘러싼 대립은 별로 없었다. 이것은 선거운동과정에서도 그대로 드러난다. 예를 들면 지방선거에서 지방정치 차원의 정책대결이 아니라 중앙정치 차원의 정책대결이 벌어져 왔던 것이다.

1) 지방자치제 도입기

지방자치제 도입

한국에서 지방자치는 사회 내부의 필요성에 대한 검토 없이 도입되었다. 제헌 헌법은 지방자치를 제도적으로 보장해 놓았다. 그러나 지방자치단체의 조직과 운영에 관한 사항은 법률로 정한다는 헌법규정과는 달리 지방자치법이 제정되지 않아 지방자치는 실시되지 않았다.

지방자치법은 1949년 7월 4일에 제정(법률 제32호)되었고, 같은 해 8월 15일부터 시행되었다.[1]

우리나라 지방자치의 제도적 기반을 갖춘 지방자치법에서는 지방자치단체를 2단계로 나누었다. 서울특별시 · 도와 시 · 읍 · 면의 2단계였다. 군은 연락기관으로 지방자치단체에 해당하지 않았다. 서울특별시장과 도지사는 임명제였고, 시 · 읍 · 면장은 의회에서 간접선거로 선출하기로 하였다. 지방선거가 치러지기도 전인 1949년 12월 15일에 지방자

---

1 지방자치법이 제정되기 전에는 1948년 11월 17일에 제정된 지방행정에 관한 임시조치법(법률 제8호)이 한시적으로 효력을 발휘했다. 일제시대의 지방관제를 그대로 받아들인 것을 합법화시켜준 이 법에는 읍 · 면장의 선거제가 규정되어 있었다.

치법이 1차 개정(법률 제73호)되었다. 의회구성 때까지 시·읍·면장은 임명제로 하고, 의회의 기능은 상급행정기관이 대행하는 것이었다. 정부 수립 이후 행정 체제의 미비와 국내 치안상태가 불안하다는 것을 명분으로 내세워 지방의회 구성을 연기한 것이다. 한국전쟁이 일어나면서 지방선거는 실시되지 않았다.

제1차 지방선거

첫 지방선거는 1952년 4월 25일과 5월 10일에 실시되었다. 전쟁을 핑계로 연기되었던 지방선거가 전쟁 중임에도 치러진 것은 집권 세력의 정치적 목적을 달성하기 위해서였다. 4월 25일에 시·읍·면 의회 의원 선거가, 5월 10일에 도의원 선거가 실시되었다. 전쟁 중이라 치안이 불안한 서울특별시와 경기도, 강원도 및 지리산 부근 일부 지역은 제외되었다.

지방의회는 정부 여당의 의도대로 운영되었다. 5월 18일 전국 각 시·읍·면 의회는 '내각책임제 개헌안 반대 대통령 직선제 개헌안 찬성'을 의결하고 결의문을 이승만 대통령에게 보냈다. 지방의원들은 국회 즉시 해산 및 총선거 단행을 요구하며 대통령 직선제를 골자로 하는 정부의 개헌안을 지지하는 '현국회 해산 선포 전국 지방의원 대표자 대회', '국회 해산 성토대회' 등을 잇달아 열었다. 6월 23일에는 전국 각급 지방의회 대표로 구성된 '대통령 직선제 개헌안지지 내각책임제 개헌안 반대 투쟁위원회' 1천3백여 명이 "민의에 위반하는 국회를 조속히 해산하라"는 주장을 내걸고 부산의 대통령 임시관저 앞에서 단식농성을 시작했다. 7월 4일에 국회는 대통령 직선제를 골자로 하는 개헌안을 통과시켰다. 출석하지 않은 야당의원들을 연행하여 국회에 강제 출석시킨 뒤 기립표결로 통과시켰다. 다음날 이승만 대통령은 발췌개헌안의 통과에 노고가 많았던 국회의원과 각급 지방의회 의원들의 노고를 치하하는 담화를 발표했다. 각급 지방의회 의원들은 귀향했다.

이처럼 우리나라 첫 지방의회는 지방자치의 참뜻을 살리지 못하고 중앙정치의 목적, 이승만의 권력 유지를 위해 직선제 개헌을 추진하는 정치적 도구로 이용되었다(손봉숙, 1985, 29-31). 중앙의 이해관계에 따라 지방자치가 시행되었고, 지방자치가 권력의 수단으로 이용되었던 것이다. 지방자치에 대해서 비능률, 낭비, 혼란의 인식을 갖게 된 것이다. 박정희 군부가 지방자치를 중단시킨 명분이 되기도 했다.

제2차 지방선거

1956년 2월 13일 지방자치법이 2차로 개정(법률 제385호)되었다. 시 · 읍 · 면장의 선출을 간선제에서 직선제로 고치고, 지방의회의 지방자치단체장에 대한 불신임 결의권과 지방자치단체장의 지방의회 해산권을 폐지하며, 지방의회 의원과 시 · 읍 · 면장 임기를 4년에서 3년으로 단축하고, 지방의회 의원 정수를 10% 가량 감축했다. 의회소집제도를 개정하여 의회 일수를 제한하고, 의회 결정에 대한 단체장의 거부권을 신설하였다. 자유당이 시 · 읍 · 면장의 직선제를 주장한 것은 주민에게 자치권을 돌려준다는 명분이었다. 그러나 실제로는 직선제가 자유당에게 유리할 것이라는 판단 때문이었다(구로역사연구소, 1990). 자유당은 당세를 확장하여 이미 지방조직까지 정비해 놓고 있었다.

선거 직전인 7월에 자유당은 다시 3차로 지방자치법을 개정(법률 제388호)했다. 8월까지 그 임기가 만료되지 않는 시 · 읍 · 면장은 그 법정 임기를 그대로 인정해 주어 제2차 지방선거에서 제외시키는 것이었다.

이것 역시 명분과는 달리 정부 여당의 정치적 이해관계에 따른 것이었다. 3차 개정의 결과 전국 시·읍·면의 60%가 선거에서 제외되었다. 1956년 8월 8일 시·읍·면장 선거와 시·읍·면의회 선거가 동시에 실시되었다. 기초자치단체장 선거를 처음 치름으로써 시·읍·면 단위에서는 명실상부한 지방자치가 시행되었다. 8월 13일 서울특별시와 도의회의 선거가 실시되었다.

제2차 지방선거는 몇 가지 특징을 나타냈다. 여촌야도 현상이 나타났다. 지방선거였음에도 불구하고 지방의 문제가 선거 이슈가 되지 못하고 중앙정치의 영향이 뚜렷하게 나타났다. 관권개입이 극심하게 자행되었다. 야당 출마자에 대한 경범죄 남용, 등록 방해, 입후보 사퇴 강요 등으로 무투표 당선자가 20%나 되고 후보 3,800여명이 사퇴했다. 주민들의 관심이 매우 낮았다. 정치적 중요성이 떨어질 뿐만 아니라 선거가 너무 잦고, 소선거구제로 지명도가 많이 떨어지는 후보가 출마했으며 체념과 방관의 분위기가 널리 퍼져있었기 때문이다.

2·4 정치 파동의 와중에 1958년 12월 지방자치법이 네 번째로 개정(법률 제501호)되었다. 개정의 골자는 시·읍·면장의 임명제와 지방의원 임기의 4년 환원, 의회 해산권과 불신임의결권의 부활 등이었다. 4차 지방자치법개정안의 내용은 실현되지 못했다. 3.15 부정선거가 4.19 혁명으로 이어지면서 자유당 정부가 무너졌기 때문이다.

2) 지방자치제도의 시련기

첫 완전 지방자치

지방자치를 제대로 실시한 것은 제2공화국의 짧은 기간이었다. 제2 공화국 헌법에서는 지방자치단체장 선임방법을 법률로 정하되 적어도 시·읍·면은 그 주민이 직접 선출하도록 규정하고 있다(제97조 제2항). 이승만 정부가 정권유지를 위해 지방자치법을 멋대로 뜯어고쳤던 사례가 되풀이되지 않도록 헌법에 못 박은 것이다.

이를 근거로 국회는 지방자치법개정기초위원회를 구성해 지방자치법을 개정(법률 제563호)했다. 서울특별시장과 도지사를 포함해 시·읍·면장과 동·리장까지 전 지방자치단체장을 주민이 직접 선출하도록 했다.[2]

임기는 4년이었다. 또 지방의회 의장과 부의장에 대한 불신임제도를 되살렸다. 1960년 12월 12일에 서울특별시 의회와 도의회 의원 선거, 12월 19일 시·읍·면 의회의 의원 선거, 12월 26일 시·읍·면장 선거, 12월 29일 서울특별시장, 도지사 선거가 실시되었다. 서울특별시장 선거에서는 기명투표제를 도입했는데 찬반의 논란이 많았다(손봉숙, 1985, 88).

제3차 지방선거는 1,2차 선거보다 전반적으로 투표율이 낮았고, 무소속 진출이 두드러졌다. 자유당 정권의 붕괴로 관권개입이 예전보다

---

2 장면 정부는 원래 시읍면의 완전한 자치화로 행정의 민주화를 꾀하고, 광역자치단체의 장인 도지사는 중앙정부에서 임명하려 하였다(박호성 외, 2002, 59). 그러나 논란 끝에 국민의 열망을 받아들여 단체장을 직선하는 것으로 결론이 났다.

대폭 줄어들었고 선거가 너무 자주 잇달아 치러졌으며, 장면 내각 성립 이후 민주당의 신파와 구파가 분당함으로써 국민들이 지방선거에 대하여 그다지 큰 관심을 보이지 않았기 때문이다.

지방자치 중단

이렇게 실시된 지방자치는 5개월 만에 5·16 쿠데타로 중단되고 말았다. 군사혁명위원회는 지방의회를 해산시키고, 서울특별시장과 도지사, 인구 15만 명 이상의 시 시장은 내각이 임명하고, 기타 자치단체장은 도지사가 임명하도록 했다(국가재건비상조치법 제20조). 9월 1일에 지방자치에 관한 임시조치법(법률 제707호)을 공포했는데, 이 법을 근거로 지방자치법의 규정이 효력 정지되고, 지방자치권은 정지되었다. 이 법에서는 읍·면을 빼고 군을 지방자치단체로 규정했다. 읍·면은 단순한 하부 행정기관이 된 것이다. 의회의 기능은 서울특별시와 도는 내무부장관이, 시·군은 도지사가 갖도록 했다. 지방자치단체는 하나의 행정단위가 되고 말았다.

제3공화국 헌법에서는 지방의회의 조직·권한·의원 선거와 지방자치단체장의 선임방법, 기타 지방자치단체의 조직과 운영에 관한 사항은 법률로 정하도록 해놓았다(헌법 제110조 제2항). 그러나 헌법 부칙에서 이 헌법에 의한 최초의 지방의회의 구성시기를 법률로 정한다는 규정(헌법 부칙 제7조 제3항)을 둠으로써 사실상 지방자치의 실시를 불가능하게 만들었다. 1972년 유신헌법에서는 제3공화국 헌법의 지방자치제 조항과 동일하게 하면서 지방자치 미실시를 밝혀 놓았다. 지방의회를 통일 때까지 구성하지 아니한다고 규정한 것이다(헌법 부칙 제10조).

제5공화국 헌법에서는 지방자치 실시에 관한 헌법상의 규정을 완화시켰다. 지방의회 구성은 재정자립도를 감안하여 순차적으로 하되 그 시기는 법률로 정한다고 규정한 것이다(헌법 부칙 제10조). 그러나 역시 지방자치는 실시되지 않았다.

박정희-전두환-노태우로 이어지는 군사정권은 권력의 중앙집중화를 꾀했으므로 지방자치를 유보했다. 지방자치가 집권여당의 권력기반을 약화시킬 것이라는 우려 때문이었다. 그러나 지방자치의 실시, 즉 분권화가 1980년대 한국정치에서 민주화의 상징 가운데 하나였기에 야당은 끊임없이 지방자치 실시를 요구했다(박호성 외, 2002, 65). 여당도 실시 의지는 없으면서 지방자치를 선거공약에서 빼놓지 않았다(유재원, 1994, 502). 이런 까닭에 1980년 후반에 들어와 민주주의가 회복된 뒤에야 비로소 지방자치도 부활하게 되었다.

3) 지방자치의 부활

5·16 쿠데타로 지방자치가 중단된 지 30년만인 1991년에 지방자치가 부활되었다.

지방의회의 부활

제6공화국 헌법에서는 제5공화국 헌법 부칙에 있던 지방자치 유보 조항을 삭제하고 대신 지방자치에 대한 장을 신설했다(헌법 제8장 제117조 제118조). 1988년 3월 지방자치에 관한 임시조치법이 폐지되었고, 지방자치법이 개정되었다(법률 제4004호). 개정안에서는 지방자치단체의 종류를 광역과 기초로 구분했다. 광역자치단체는 서울특별시·

직할시·도가 해당되고, 기초자치단체는 시·군·자치구가 해당된다. 야 3당이 자치단체장 선거를 지방의회 선거보다 먼저 실시하고, 읍·면·동장까지 직선으로 선출하는 내용의 지방자치법 개정안을 1989년 3월에 통과시켰으나 노태우 대통령의 거부권 행사로 좌절되었다.

1990년 초 3당 합당을 통해 여대야소가 된 뒤 여당은 지방선거를 일방적으로 연기시켰다. 이에 반발한 김대중 야당총재의 단식 투쟁 등 강력한 투쟁 끝에 비로소 지방선거가 실시되었다. 1991년 3월 26일 기초자치단체 의원 4천2백77명이, 6월 20일 광역의회 의원 8백 66명이 주민의 직접선거로 선출되었다. 그러나 제14대 대통령 선거를 앞두고 지방자치단체장 선거에 부담을 느낀 노태우 대통령이 일방적으로 법정기간 내 선거일을 공고하지 않는 바람에 지방자치단체장 선거는 연기되었다.

집권여당인 민자당은 압도적인 승리를 거두었다. 전통적으로 야당세가 강하던 서울과 민주당의 지지기반인 호남에서도 민자당이 민주당보다 많은 당선자를 내었다. 이것은 중앙정치의 지역 구도를 깨는 것도 아니고, 지방권력구조의 개편을 의미하는 것도 아니었다. 지역에서 기득권을 갖고 있던 지역유지들에게 지방정치의 자리를 분배함으로써 그들을 "명실상부한 지역의 명사와 실력자로 바꾸어 놓은" 것이었다(노무현, 1995, 435). 지방선거가 지역주민이 아니라 "풀뿌리 보수주의자들의 잔치"(노무현, 1995, 435)가 되어버린 것이다.[3]

---

[3] 정영국은 지방선거가 중앙정치의 지역주의적 대결구도에 종속되어 있다는 사실이 유권자들의 관심과 참여를 약화시킴으로써 지역유지들의 활동공간을 확대시켜 주었다고 주장한다(정영국, 1998, 23).

6 · 27 지방선거—첫 4대 동시 지방선거

본격적인 지방자치 시대는 김영삼 정부 때 열렸다. 1995년 6월 27일에 4대 지방선거가 동시에 실시되었다. 광역 자치단체장 15명, 기초 자치단체장 230명, 기초의회 의원 4천6백45명, 광역의회 의원 8백 66명을 선출했다. 이 선거는 김영삼 정부에 대한 중간평가와 '김대중 정치 복귀'에 대한 심판적 성격이 강했다.

6 · 27 지방선거에서 특이할 점은 지방자치의 '여소야대' 구조가 나타났다는 것이다(조희연, 1995). 6 · 27 지방선거는 지방자치의 중앙정치 예속현상을 그대로 보여주었다. 지역주의를 기초로 한 민자당(영남)—민주당(호남)—자민련(충청)이라는 중앙정치 구도가 지방선거에 그대로 반영되었다(정영국, 1998, 22). 1987년의 제14대 대통령 선거와 1988년의 4.26 총선 때 나타난 지역주의 정당구조가 다시 한번 확인된 것이다. 기초 자치단체장의 경우 민자당은 부산 지역 단체장의 88%, 민주당은 광주에서 100%, 전남과 전북에서 각각 92%와 93%, 자민련은 충남에서 100%, 대전에서 80%를 차지했다. 광역 의원도 마찬가지였다. 민자당은 부산에서 91%의 의석점유율을 보였다. 민주당은 광주 100%, 전남과 전북 각각 92%와 94%, 자민련은 대전 100%, 충남 90%의 의석점유율을 나타냈다.

6 · 27 지방선거에서 눈여겨봐야 할 것은 노동 · 시민 후보의 부분적 진출이다. 환경운동연합에서 46명의 후보를 출마시켰는데 31명(기초단체장 2명, 광역의원 4명, 기초의원 25명)이 당선되었다. 31명 가운데 정당의 공천을 받은 경우는 4명이고 나머지 27명은 무소속이었다. 당선율은 67.4%였다. 민주노총은 27명을 출마시켜서 15명을 당선시켰다. 전국농민회총연맹은 56명을 출마시켜 16명(기초단체장 1명, 광역의원 4

명, 기초의원 11명)이 당선, 28%의 당선율을 기록했다. 여성단체연합은 17명을 출마시켜 82%인 14명(광역의원 2명, 기초의원 12명)을 당선시켰다. 민주노총 준비위는 29명을 출마시켰는데 17명(광역의원 3명, 기초의원 14명)이 당선돼 58.6%의 당선율을 나타냈다. 한국노동운동협의회는 출마자 4명(기초의원 4명)이 모두 당선되었다. 그 밖에 진보정당 추진위원회는 13명의 출마자에 4명(광역의원 1명, 기초의원 3명)의 당선자를 내어 28.6%의 당선율을 기록했다. 민중정치연합은 11명의 출마자에 2명(광역의원 1명, 기초의원 1명)의 당선자를 내어 18.1%의 당선율을 보였다.

1998 6·4 지방선거

1998년 6월 4일 제2대 지방선거가 실시되었다. 6·4 지방선거는 1기 민선지방자치에 대한 평가와 국민의 정부에 대한 유권자의 심판이라는 성격을 띠었다. 6·4 지방선거는 투표율이 역대 치러진 전국 단위의 선거 가운데 두 번째로, 61년에 중앙선거관리위원회가 설립된 이후로는 가장 낮은 52.6%에 지나지 않았다. 대도시에서는 울산광역시를 제외하면 모두 40%대의 투표율을 기록했다. 이렇게 투표율이 낮았던 원인으로는 첫째, IMF 체제가 되면서 실업률이 높아지는 등 국가경제위기가 지방선거에 대한 관심을 낮게 만들었다. 둘째, 국정운용 실패로 인한 정치 불신이 강화되었다. 셋째, 중앙정치의 개입이 지방선거에 대한 관심을 낮췄다.

6·4 지방선거의 주요 특징은 지역분할 현상과 현직자의 높은 재선율, 무소속의 부진 등이다. 지방선거에 대한 유권자의 관심이 낮았던 까닭에 정책과 공약 등 구체적인 것보다는 정당과 현직 여부 등 상대적으

로 파악하기 쉬운 것을 후보 선택 기준으로 삼았기 때문이다(황아란, 1998, 71). 지역분할은 공동정부를 구성한 국민회의와 자민련이 연합공천을 했기 때문에 나타난 현상이다.

1998년의 지방선거에서 나타나는 특징 가운데 하나는 집권 여당의 반대 지역에서의 투표행태의 변화이다. 1995년의 지방선거에서 민자당이 대구·경북 지역과 부산·경남 지역에서 획득했던 의석(비율)보다 1998년의 지방선거에서 한나라당이 획득한 의석(비율)이 더 많은 것이다. 1995년 지방선거 때에는 김영삼 정부에 대한 영남지역 주민들의 비판적 정서가 민자당에 대한 지지를 약화시켰고, 이에 따라 무소속이 대거 진출할 수 있었다. 그러나 1998년 지방선거에서는 김대중 정부에 대한 '반사적 방어심리'가 한나라당에 표를 몰아주었던 것이다.[4]

IMF 체제라고 하는 상황 속에서도 그 책임을 져야 할 한나라당이 대구와 경북에서 72.0%씩, 부산에서 45.1%, 경남에서 74.6%를 득표했다. 이러한 결과가 나온 것은 김대중으로 상징되는 호남 지역의 집권여당화에 따른 반사적인 방어심리 때문으로 볼 수 있다(조희연, 1998, 67).

1998 지방선거에서 주목할만한 현상 가운데 하나가 노동·시민 후보의 진출이다. 민주노총과 국민승리 21이 내세운 49명의 후보 가운데 23명(기초단체장 3명, 광역의원 2명, 기초의원 18명)이 당선되었다. 무소속 당선이 상대적으로 힘든 상황에서 47%의 당선율은 매우 의미 있는 결과이다. 한국노총도 정책연합으로 여야당의 후보로 공천을 받아

---

4 조희연은 이 현상을 집권여당에 대한 견제심리, 특히 반대지역정당에 대한 견제심리가 방어적 태도에 의한 영남 지역의 결집으로 나타났다고 주장한다. 조희연, 1998, 53-54.

78명의 후보가 출마하였는데 그 가운데 41명(기초단체장 1명, 광역의원 비례대표 10명 포함 17명, 기초의원 23명)이 당선하였다. 당선율이 52.6%나 된다. 6·4 지방선거에서 노동후보의 약진이 이뤄지지 않았지만 5·16 쿠데타 이후 노동조합 후보를 처음으로 공식 추천하고 지지를 표명했다는 의의가 더 클 것이다.

민주주의민족통일전국연합에서 출마시킨 후보는 모두 22명이었고, 이 가운데 40.9%인 9명(기초단체장 1명, 기초의원 8명)이 당선되었다. 농민단체인 전국농민회총연맹에서 출마시킨 35명의 후보 중에서는 21명(기초단체장 1명, 광역의원 4명, 기초의원 16명)이 당선되어 60.0%의 당선율을 나타냈다. 역시 농민단체인 한국농어민후계자연합회는 3백여 명을 출마시켜 1백35명(광역의원 18명, 기초의원 117명)을 당선시켰다. 여성단체연합은 현행 선거법에 묶여 공식후보를 발표하지는 않았지만 선거에 출마한 19명의 여성후보를 알리는 데 주력했다.

2002 6·13 지방선거

2002년 6월 13일에 제3대 지방선거가 실시되었다. 6·13 지방선거의 투표율은 48.9%로 전국 단위 선거 가운데 역대 최저를 기록했다. 도시 지역의 투표율이 자치구 44.3%, 일반시 53.4%로 농촌지역(군) 71.1%에 비해 크게 낮았다.[5]

---

[5] 군 단위의 투표율은 1988년 71.6%, 2002년 71.1%로 큰 변동이 없으나, 도시 지역의 투표율은 일반시 단위에서 1988년 58.5%, 2002년 53.4%로 자치구 단위에서 1998년 47.3%, 2002년 44.3%로 각각 5%, 3%가 낮아졌다.

역대 선거에서 나타났던 지역주의 투표 행태가 6·13 지방선거에서도 되풀이돼 지역별 정당분할구도가 되어 이전보다 더 두드러졌다. 16개 광역자치단체 가운데 14개 광역자치단체에서 광역단체장 소속정당과 광역의회 과반수 정당이 동일했다.[6]

이 가운데 12개 시·도에서는 동일 정당이 기초단체장까지 다수를 차지했다.[7]

영남 지역에서는 한나라당이, 호남 지역에서는 민주당이, 광역단체장과 광역의회의 과반수를 차지하고 기초단체장도 거의 차지하는 독점적인 정당지배구조를 보였다. 한나라당은 영남 지역에서 광역단체장을 모두 차지했고, 62.8%의 득표율로 광역의회의 95.4%를 차지했으며, 60.2%의 득표율로 기초단체장의 84.7%를 차지했다. 민주당은 호남 지역에서 광역단체장을 모두 차지했고, 58.4%의 득표율로 광역의회의 92.6%를 차지했으며, 49.1%의 득표율로 기초단체장의 70.7%를 차지했다. 자민련은 충남 지역에서 광역단체장과 광역의회 과반수를 차지했으나 기초단체장 과반수를 차지하지는 못했다.

선거결과는 한나라당 약진, 민주당 부진, 자민련 몰락, 민주노동당 역부족으로 요약할 수 있다. 한나라당은 16개 광역단체장 가운데 11개 지역에서 이겼으며, 기초자치단체장도 호남 지역과 충남 정도를 제외하면 거의 전국을 휩쓸었다. 광역의회도 거의 대부분 한나라당이 다수당이 되었다. 처음으로 실시된 정당투표에서도 압도적 지지를 받았다. 특

---

6 대전광역시와 제주도만 광역단체장의 소속정당과 광역의회 과반수 정당이 서로 달랐다.
7 광역단체장과 광역의회 과반수를 차지한 정당이 기초단체장 과반수를 차지하지 못한 지역은 충남, 충북 2개 지역이다.

히 한 번도 이겨보지 못한 서울시장 선거에서 이겼으며, 서울의 기초자
치단체와 서울시의회에서도 압승을 거두었다. 한나라당의 승리는 '반
(反)김대중 정서'에 편승한 반사이익의 성격이 강하다. 한나라당의 비전
과 정책에 대한 적극적 지지라기보다는 김대중 대통령의 아들들로 상징
되는 권력형 비리에 대한 국민의 반발과 분노가 한나라당에게 승리를
안겨준 것이다. 한나라당이 스스로 인정하듯이 '부패정권 심판'이라는
구호가 선거승리의 원동력이었다. 6 · 13 지방선거의 특징 가운데 하나
는 민주노동당의 약진이다. 민주노동당은 정당투표에서 8.13%를 얻어
충청권을 지역적 지지기반으로 하고 있는 자민련을 뛰어넘어 제3당으
로 부상했다.

2. 지방자치 10년의 문제점

지방자치가 부활된 이래 역설적이게도 우리 사회는 수도권으로 중
앙집중화가 더욱 심화되었다. 지방분권의 기본정신은 지방자치단체와
시민단체, 그리고 지역주민의 협치(또는 공치, governance)를 통해 국
가발전을 꾀하자는 것이다. 지방정부의 자율권을 확대하고 책임행정을
강화함으로써 일방적으로 통치(government)하던 중앙집권적 국가 중
심의 구조를 지역중심으로 바꾸는 것이 바로 지방자치의 기대효과 가운
데 하나이다.

그러나 우리 사회는 국토의 0.6%를 차지하는 서울에 전체 인구의
22%가 모여 살고 있다. 생산에서 서울이 차지하는 비중이 23.7%이며
예금총액의 49.5%와 대출총액의 46.1%를 서울이 차지하고 있다. 대학

교의 25%와 대학생수의 26.3%가 서울에 있고, 공공·대학·산업 연구소의 31.3%가 서울에 자리 잡고 있다. 정부투자기관의 14.3%와 정부출연기관의 67.7%도 서울에 자리 잡고 있다. 병원과 의사의 수는 각각 27.15와 37%가 서울에 몰려 있다.

서울 집중도는 실질적으로 서울영향권인 수도권까지 포함하면 더욱 높아진다. 전국토의 11.8%인 수도권에 거의 절반에 가까운 45.6%의 인구가 살고 있으며 지역총생산의 45.9%를 차지하고 있다. 1998년을 기준으로 볼 때 벤처, 신산업의 수도권 집중도는 더욱 심하다. 소프트웨어 82%, 벤처기업 62%, 코스닥 등록 벤처기업 72%, 증권거래소 상장기업 78%, 창업투자회사 75%가 수도권에 집중되어 있다. 서울 초집중은 엘리트 구조와 기득권 구조를 유지시키는 구실을 한다. 지방분권은 바로 이 같은 중앙집중 구조를 깨는 것이다.

1960년대부터 추진된 중앙정부 주도의 산업화 정책과 그로 인한 도시화 현상은 수출확대와 제조업의 급성장을 가져오고 한국의 경제성장을 촉발시켰다. 그러나 수도권 과밀문제, 지방 침체문제 등의 여러 부작용이 나타났다. 수도권과 지방간 격차가 벌어지는 현상의 근본원인은 한국의 정치·경제·사회구도가 중앙집권적 체제로 구조화되어 있기 때문이다. 권력이 중앙정부에 집중되어 있고, 중앙정부권력이 모여 있는 수도 서울로 사람과 정치·경제·사회·문화 자원이 집중되었기 때문에 수도권 과밀현상이 나타나는 것이다.

민주주의와 지역발전을 실현시키기 위해서는 중앙정부의 권력을 지방자치단체로 분산해야 한다. 지방자치제의 실시에도 불구하고 권력의 중앙집중과 인적·물적 수도권 집중현상은 지속되고 있다. 이는 지방자치가 아직 외형적으로 실시되고 있을 뿐 내실 있게 작동하지 못하고 있

고, 또한 지방자치제가 지역균형발전을 자동적으로 보장하지 않기 때문
이다.

그러나 자원의 지방으로의 공간적 분산만으로는 서울(또는 중앙) 초
집중 현상이 깨지지 않을 것이다. 수도권 개발억제, 지방대학 육성 등
지방분산 대책이 큰 성과를 거둘 수 없었던 까닭이 여기 있다. 지방분권
을 제대로 이루기 위해서는 서울의 지리적 집중을 보장하는 엘리뜨 독
점구조를 깨야 한다. 잘못된 엘리뜨 구조를 재생산하는 낡은 정치구도
의 개선이 시급히 요구되는 것이다.

지난 10년간의 민선지방자치는 자치단체장, 지방의회의 권한은 강
화되었으나 주민들의 권한과 책임을 강조하는 주민을 중심으로 하는 지
방자치 정착은 없었다고 평가할 수 있다. 즉, 지방의 기득권 세력 중심
으로의 '나눠먹기식 지방자치'만 무성하다는 일부 시민단체들의 지적
을 피할 수는 없을 것이다.

3. 지방자치 제도의 개혁

1) 참여정부의 지방분권 추진계획

참여정부는 지방분권을 추진하면서 3대 추진원칙과 4대 추진전략을
제시했다. 3대 추진원칙은 선분권 후보완 원칙, 보충성의 원칙, 포괄성
의 원칙이다. 선분권 후보완 원칙은 국가와 지방정부, 시민사회의 연대
를 바탕으로 한다. 보충성의 원칙은 지방자치단체의 행정업무를 주민에
가까운 지방자치단체에 배분하겠다는 것이다. 포괄성의 원칙은 행정사

무를 이양하면서 중·대단위 사무를 중심으로 포괄적으로 이양하겠다
는 것이다.

4대 추진전략은 선도과제 추진, 정부혁신과 연계추진, 중앙부처의
자발적 참여 유도, 국민적 공감대 확산이다. 선도과제는 중앙권한의 지
방이양, 획기적인 재정분권 추진을 말한다. 이 때 중앙의 행정·재정세
제 개혁과 연계해서 지방정부를 혁신하는데, 혁신과 기능이양을 잘 하
는 부처에는 인센티브를 주겠다는 것이다. 그리고 이 같은 지방분권의
추진을 정치권 단독으로 하는 것이 아니라 시민사회와 학계, 그리고 언
론의 여론을 수렴하겠다는 것이다.

참여정부가 제시한 분권로드맵은 7대 기본방향과 20대 중요과제로
구성되어 있다.[8]

① 중앙-지방정부간 권한 재배분
지방분권추진기반 강화, 중앙권한의 획기적 지방이양, 지방교육자
치제도 개선, 지방자치경찰제도 도입, 특별지방행정기관 정비
② 획기적 재정분권 추진
지방재정력 확충 및 불균형 완화, 지방세정제도 개선, 지방재정의
자율성 강화, 지방재정운영의 투명성·건전성 확보
③ 지방정부의 자치행정역량 강화
지방자치권 강화, 지방정부 내부 혁신 및 공무원 역량 강화

8 로드맵의 구체적인 내용은 국정홍보처, 변화와 희망의 로드맵- 국정브리핑이 본 2004년 비전
과 과제, 국정홍보처, 2004와 국정홍보처, 참여정부 국정포커스 - 국정개혁토론보고 자료집
2003, 국정홍보처, 2003을 참조할 것.

④ 지방의정 활성화 및 선거제도 개선

⑤ 지방정부의 책임성 강화

지방정부에 대한 민주적 통제체제 확립, 지방정부에 대한 평가제도 개선

⑥ 시민사회의 활성화

다양한 주민참정제도 도입, 시민사회 활성화 기반강화

⑦ 협력적 정부간 관계 정립

중앙-지방간 협력체제 강화, 지방정부간 협력체제 강화, 정부간 분쟁조정기능 강화

2) 지방분권의 기본원칙

지방자치제도 개혁의 기본 원칙은 지방정부의 자치권을 확대(권한강화)시키는 것이다. 또한 지방정부 안에서는 지방의회의 권한을 강화시켜 줌으로써 지방행정에서의 권력 균형을 이루는 것이다. 지방 행·재정의 기준은 대통령으로 하되, 구체적 사안은 지방의회가 조례로 결정하도록 해서 지방의회의 권한과 기능을 확대해야 한다. 이를 위해 먼저 해야 할 일은 중앙정부로부터 지방정부로 권한과 기능의 이양이다. 이를 통해 위임형 자치에서 참가형 분권으로 지방자치가 발전되어 나간다. 권한의 이양을 위해 대통령 직속으로 설치된 지방기능이양위원회가 있는데, 권한과 기능 이양과정에 지방의 견해를 반영하는 것이 미흡할 뿐만 아니라 직업의 속도도 매우 늦다.

지방자치법에 규정된 지방정부의 권한(제15조)을 포괄적으로 확대

해야 한다. 법률개정 방향은 해서는 안 될 것만 규정하고, 지방정부가 주민이익에 적합하다고 판단하면 무엇이든 할 수 있도록 하는 것이다. 현행 지방자치법 제15조에서는 "지방자치단체는 법령의 범위 안에서 그 사무에 관하여 조례를 제정할 수 있다"고 규정하고 있는데, '법령의 범위 안에서'라는 부분을 '법령에 위반되지 않는 범위 안에서'로 고쳐야 한다. 이것이 "법령의 범위 안에서 자치에 관한 규정을 제정할 수 있다"고 한 헌법(제117조 1항) 정신을 지키는 것이다. 지방 행·재정의 기준은 대통령령으로 하되, 구체적 사안은 지방의회가 조례로 결정하도록 해서 지방의회의 권한과 기능을 확대해야 한다.

중앙정부와 지방정부의 역할이 확실하게 구분되어야 한다. 중앙정부가 공공서비스에 대한 최저기준과 수혜조건을 결정하고 지방정부가 공급하도록 해야 한다. 중앙정부는 지방정부의 권한에 속하는 사항에 대해서는 간섭을 자제하는 방향으로 바뀌어야 한다.

지방정부의 재정자립도를 높이려는 노력도 필요하다. 이를 위해 세제를 전면적으로 개편해야 한다. 국세 가운데 재원이 지방에 있는 것은 가능한 한 지방으로 징세권을 이양하면 된다.

지방자치의 참뜻을 살리기 위해서는 다양한 주민 참여제도가 도입되어야 한다. 지방수준에서는 대의민주주의보다 직접민주주의가 더 효율적이라고 권고하고 있다. 현실적으로 주민의 생활과 직접 관련되는 사무를 처리하고 그 구성원의 수가 제한적인 지방자치단체 수준에서는 직접 민주제적 요소를 도입하는 것이 바람직하기 때문이다. 이는 지금까지 전문가들이 결정한 정책의 소극적 수혜자였던 주민들이 정책결정의 주체가 될 수 있도록 주민의 권한을 강화한다는 의미가 있다.

지방정부의 권한 강화

　지방정부의 권한 강화는 인사고권과 재정고권, 계획고권을 강화하는 것이다. 지방정부의 인사고권을 강화하기 위해서는 공무원의 선출과 임명, 승진, 강임, 해임, 징계에 관한 지방정부의 권한을 강화하고 공무원의 복무와 수당, 급료와 후생에 관한 인사행정 권한을 강화하는 것이다. 이를 위해 지방자치단체의 공무원은 모두 지방공무원화하되 중앙과 지방의 활발한 인사교류를 보장해야 한다. 그리고 부단체장은 지방공무원 가운데 단체장이 지방의회의 동의를 얻어 임명하는 방식으로 바뀌어야 제 구실을 다 할 수 있을 것이다. 인사고권의 강화로 자치단체장의 인사권 남용이 우려된다면 지방인사위원회를 구성하면 해결된다.

　재정고권 강화 문제는 인사고권 못지않게 중요한 요소이다. 현재 조세 총수입 가운데 지방세가 차지하는 비율은 18.9%수준이다. 중앙과 지방간 재원(세원)의 합리적 재배분을 통해 지방자치단체의 재정자주권을 보장해 주어야 지방자치가 활성화될 것이다. 지방세목과 세율의 상·하한선은 지방세법에서 일괄적으로 지정해 주고 세목과 세율의 채택 여부는 지방의회가 결정하도록 하면 된다. 또 '예산편성지침'의 강제성을 완화시켜야 한다.

　계획고권을 강화하기 위해서는 현재 행자부 장관이 갖고 있는 지방자치단체 하부행정기관의 변경·폐치·분합에 대한 승인권을 광역자치단체장에게 넘겨주어야 한다. 기구의 설치나 변경 기준은 대통령령으로 정하되 구체적 진행은 해당 지방의회의 조례로 결정하도록 해야 한다.

주민참여제도의 확대

지방자치가 원활하게 이뤄지기 위해서는 주민이 지방행정에 참여할 수 있는 다양한 통로가 있어야 한다. 지방정치 차원에서 채택할 수 있는 주민참여제도로는 주민발의제도(local initiative), 주민투표제도(local referendum), 주민소환제도(local recall) 등이 있다.

더 많은 민주주의(more democracy)를 통하여 지방자치의 활성화에 커다란 구실을 하게 될 주민투표제는 이미 도입되어 있다(지방자치법 제113조). 오랫동안 국회의 직무유기로 주민투표법이 제정되지 않아 실제로 시행되지 못하다가 참여정부에 들어와 비로소 주민투표법을 제정했다. 주민투표제도는 더 많은 민주주의(more democracy)를 통해 지방자치의 활성화에 커다란 구실을 하게 될 것이다.

주민발안제도는 선거권을 가진 일정수의 주민이 조례의 제정·개폐, 정책대안 등을 의회에 제출하도록 한 제도이다. 주민소환제도는 지방의회의 해산이나 단체장의 해직을 청구할 수 있도록 허용하는 것이다. 주민발안제도와 주민소환제도도 도입되어야 한다.

지방정부의 행정사무에 대해 주민들이 감사를 청구할 수 있도록 보장하는 주민감사청구권(지방자치법 제 13조의 4)은 소구권 성격에 가까운바, 이를 주민의 직접참정권으로 강화시켜야 한다.

주민소송제도와 민원배심제도도 주민참여의 중요한 통로이다. 민원배심제도는 합리적이고 양심적인 시민의 판단에 의해 민원을 해결하는 제도로 일종의 옴부즈맨 제도라 할 수 있다. 이는 민원의 해결에 공무원이나 전문가가 아닌 민간인의 참여를 보장하게 된다. 또 지방의회에서 주민질의를 제도적으로 보장하거나 지방의회의 결의안에 대한 주민의 이의제기를 보장해주어야 한다.

지방에 대한 중앙통제의 축소

중앙정부의 지나친 간섭과 통제를 축소시키지 않으면 지방자치가 활성화되기 어렵다. 그러나 자치단체장의 독선을 중앙정부가 통제할 필요도 있으므로 지방자치단체장의 결정과 처분 가운데 국가사무를 위법하게 처리한 것에 대해서는 주무부장관이나 상급자치단체장이 시정명령을 내리거나 취소 또는 정지할 수 있도록 해야 한다.

국회의 지방정부 감사도 축소해야 한다. 국회는 국가 사무에 대해서만 감사를 실시하고 나머지는 지방정부의 내부통제장치에 맡겨야 한다. 그리고 장기적으로는 국가사무에 대해서도 지방의회의 감사로 이관해야 한다. 이를 위해 감사원의 지방분원을 설치해서 지방행정의 공익성을 확보할 필요가 있다.

지방의회의 활성화

지방의원은 그 동안 무보수 명예직이었다. 우여곡절 끝에 유급제를 실시하기로 결정했지만 효율적인 유급제 운영을 위해서는 지방의원의 정수를 적정하게 줄여야 하고, 나아가 보좌인력을 배정하는 것도 적극적으로 검토해야 한다. 또 의회 사무국(전문위원 포함)에 대한 인사권을 지금처럼 지방자치단체장에게 주면 안 된다. 국회처럼 사무국에 대한 인사권은 의회가 행사해야 한다. 지금의 지방의원 정원은 무보수 명예직이라 별로 비용 부담이 없고, 또 지역대표성을 살린다는 명분으로 대의회제를 채택하는 바람에 좀 많은 편이다. 예산문제로 유급화의 부담이 크다면 광역의회 선거를 별도로 치르지 않고 각 기초의회의 선임자들이 광역의원을 겸임하거나 광역의원을 기초의원들의 선출로 겸임하도록 하는 방안도 검토해볼 필요가 있다.

지방의원 선출과정에서는 비례대표제를 확대하며 여성할당제도도 강화시켜야 한다. 가장 좋은 방안은 1구 2인 선거구로 하되 반드시 남성의원 1인과 여성의원 1인씩을 선출하도록 하는 것이다. 그러면 모든 지방의회의 구성이 남성과 여성이 똑같아질 것이다. 선거과정의 민주성을 보장하기 위해서는 정당의 참여를 보장하고, 후보추천의 민주적 절차를 확립해야 한다. 또 지방자치단체장과 지방의원의 타 공직 출마를 위한 사직 조건을 없애야 한다. 지방정치인들의 후원회를 허용함으로써 지방정치인들이 지방차원의 정경유착에 눈을 돌리지 않도록 하는 것이 바람직하다.

4. 2006 지방선거와 시민단체

시민단체가 정치의 새로운 주체로 등장하고 있다. 시민단체는 국가에 대해서는 국민의 권리를, 정치권에 대해서는 국민주권자로서의 주권과 참정권을, 재벌과 언론 등 사회의 기득권집단에 대해서는 형평성을 요구하는 균형추의 역할을 담당하고 있다. 따라서 가장 중요한 국민 정치참여의 통로인 선거에서도 시민단체의 역할이 중요하다.

1) 시민단체의 소극적 역할

유권자 교실 개설

민주시민이 없는 곳에 민주주의는 없다. 3류 유권자의 3류 투표 행태가 3류 정치를 불러온다. 따라서 유권자들의 정치와 선거에 대한 이해를 높이고 참여의 토대를 넓혀 나가기 위해서 체계적인 계몽과 학습이 필요하다. 시민단체들은 선거를 시민교육의 기회로 삼는다. 선거 때가 되면 선거관리위원회에 유권자교육을 위한 예산이 배정되므로 선관위와 공동사업을 벌이기도 한다.

유권자 교실의 내용은 유권자의 이해도를 높이고 참여의사가 자발적으로 나타날 수 있도록 유권자의 권리와 의무, 선거법 등을 중심이 된다. 유권자교실은 선거와 관련된 자원봉사자를 길러내는 기능을 갖기도 한다. 유권자 교실은 선거가 끝난 뒤 정치인·지방정치인들의 의정활동을 평가하고 견제하는 의정감시·지방의정감시 활동으로 이어지기도 한다.

공청회와 후보자초청토론회 개최

각 지역의 현안문제를 분석하고 이를 정책적 대안으로 제시할 수 있도록 하기 위한 공청회·토론회 개최가 가장 활발한 활동이다. 후보자 초청 토론회는 청중을 가장 많이 모을 수 있고 후보자의 정견을 비교적 정확하게 밝힐 수 있는 좋은 방법이다. 선거관리위원회에서도 적극 권장하고 있다. 후보자를 모두 초청해 후보자들을 효율적으로 비교 평가하려 하지만 유력한 후보들은 불참하는 경우가 많다.

공약과 정책 요구

각 정당이나 후보들에게 정책과 공약들을 제안하기도 한다. 지역의
경우 그 지역의 시민단체들의 합의를 모아내기도 한다. 또 각 정당이나
후보의 정책이나 공약에 대한 평가도 정책 방향의 올바름이나 실현 가
능성 여부, 우선순위 등의 관점에서 활발하게 이루어지고 있다.

2) 시민단체의 적극적 역할

정치적 주체의 관점을 견지하면서 시민단체들이 선택할 수 있는
적극적 역할은 크게 다섯 가지 유형으로 나눠볼 수 있다.

선택 유형	특징	운동방식
제1의 선택	공정한 감시자 입장으로서의 선택	공명선거감시운동
제2의 선택	감시를 넘어선 적극적 비판의 선택	낙천 · 낙선운동
제3의 선택	후보에 대한 선호의 표현	지지 · 당선운동
제4의 선택	정치적 주체로서 직접 참여	후보추천운동
제5의 선택	정당화 또는 정치세력과의 제휴	시민정당운동

공명선거감시운동

시민단체들이 선거 국면에서 전개한 운동 가운데 가장 먼저 나타난
것은 공명선거감시운동이다. 1991년 지방선거 때 처음으로 시민사회단
체들이 공명선거추진협의회(이하 공선협)를 결성해 공명선거감시운동
을 벌였다. 그 뒤 선거 때마다 공선협은 활발한 활동을 전개했다. 바른

선거를 위한 시민모임(바선모) 등 다른 단체들도 공명선거감시운동을 벌여왔다. 선거법은 시민사회단체가 선거 부정을 감시하는 등 공명선거 추진 활동을 하는 것을 허용하고 있다.(선거법 제10조)

공명선거감시운동에 대해서는 법률적 제약이 뒤따른다. 공명선거 촉진활동을 벌일 경우 항상 공정한 자세를 견지하고 특정 정당이나 후보자의 선거운동에 이르지 않도록 유의해야 한다. 공명선거 추진활동을 하는 사회단체가 불공정한 활동을 하면 각급 선거관리위원회(투표구선거관리위원회는 제외)의 경고 · 중지 또는 시정명령을 받게 된다. 시민단체가 선거운동에 이르거나 선거관리위원회의 중지 또는 시정명령을 이행하지 않으면 고발당하게 된다. 부정선거를 공개적으로 고발 받는 것도 불법이므로 선거관리위원회에 등록한 뒤에 하거나 내부적으로 해야 한다. 고발된 내용도 선거관리위원회에 신고해야 한다.

2004년 총선에서 경실련이 벌인 유권자의 올바른 선택과 판단을 위한 정보제공운동 등도 공명선거감시운동의 범주에 포함될 수 있다.

낙천 · 낙선운동

16대 총선과 17대 총선과정에서 시민단체들이 가장 활발히 벌였던 운동은 낙천 · 낙선운동이었다. 2000년 4 · 13총선에서 등장한 낙천 · 낙선운동은 지역주의의 벽을 뚫지 못함으로써 절반의 승리에 그치고 말았지만 정치의 구경꾼으로 밀려나있던 시민이 정치에 적극적으로 참여할 수 있는 길을 열었다. 그 뒤 선거 때마다 낙천 · 낙선운동은 화두가 되었다.

① 2000년 16대 총선의 낙천 · 낙선운동

2000년 4 · 13 총선에서 2000년 총선시민연대가 선정한 낙선운동 대상자 86명 가운데 59명이 낙선했다. 낙선율 68.6%로 3명 가운데 2명이 낙선되었다. 집중 낙선 대상자는 22명 가운데 15명이 낙선해 68.2%의 낙선율을 보였다. 상대적으로 지역주의가 덜한 수도권에서는 낙선운동대상자 20명 가운데 19명이 낙선했다. 부패를 척결하고 무능 정치인을 퇴출시키자는 국민적 공감대를 끌어낼 수 있었기에 낙선운동의 성과가 컸다. 낙천 · 낙선운동에는 1,000여 개의 시민단체가 참여했다.

절대로 국민의 대표가 되어서는 안 된다고 시민단체들이 낙선대상에 포함시킨 불량 정치인들의 우선순위는 부정부패와 각종 비리에 관련된 정치인들이다. 군사 쿠데타 등 헌정질서를 파괴했거나 반인권적 사건에 직접 관여했던 정치인, 선거법을 어긴 정치인, 지역감정을 선동했던 정치인, 의정활동이 부실했던 정치인, 교육 · 여성 · 환경 · 인권 문제 등에 대한 개혁성이 없거나 악법을 만드는 데 앞장섰던 정치인들도 낙선대상이 되었다.

낙천 · 낙선운동에 대한 정치권의 반발은 거셌다. 국민의 대표인 국회의원을 무슨 자격으로 시민단체가 낙천 · 낙선 대상으로 선정했느냐고 따졌다. 또 낙선운동이 단체의 선거운동을 금지한 선거법 87조를 어기는 불법이라고 비판했다. 여당에게 책임을 돌리고 지역감정을 자극하기 위해 '음모론'이나 '연계론'이 제기되었다. 그러나 뜻밖에도 총선시민연대에 대한 지지 여론이 높게 나타나자 정치권은 낙선운동을 인정할 수밖에 없었다.

낙천 · 낙선운동은 6월 항쟁과 같은 맥락에서 출발했다. 6월 항쟁의 결과 절차적인 민주화가 이루어지고 권력의 지배방식도 바뀌었다. 폭력과 불법을 통한 지배가 법과 의회 민주주의의 테두리 안에서 제도를 통한 합법적 지배로 바뀐 것이다. 선거를 통해서 권력을 주고받는 절차적 민주주의가 완성되었지만 지역과 돈에 의해서 선거 결과가 좌지우지됨으로써 선거가 갖는 교과서적 의미는 사라져버렸다. 이런 상황에서 낙천·낙선운동이 나올 수밖에 없었다. 6월 항쟁이 군부 권위주의 정권과의 대립을 기본 축으로 했던 체제정당성 운동이었다면 낙선운동은 대표성의 위기라는 표현으로 상징되는 대의제 민주주의의 한계를 지적하는 참여민주주의운동이었다.

낙천·낙선운동에 대한 국민의 지지는 매우 높았다. 그 까닭은 국민이 낡은 정치를 더 이상 참을 수 없었기 때문이다. '브레이크 없는 자동차'처럼 멋대로 굴러가는 정치에 대해 더 이상 참지 못한 국민의 행동이 낙선운동으로 나타난 것이다. 공천반대운동과 낙선운동은 '고장난 정치'로 인한 피해를 줄이려는 유권자들의 정당한 자구 노력이었다.

② 2004년 17대 총선의 낙천·낙선운동

2004년 4·15 총선에서도 낙천·낙선운동을 벌였다. 그러나 노무현 대통령에 대한 국회의 탄핵소추안 통과에 분노한 많은 국민이 탄핵반대를 기준으로 투표를 하는 바람에 낙선운동이 효과적으로 전개되지는 못했다. 부정부패, 선거법위반, 민주헌정질서 파괴, 반유권자적 행위자 등으로 분류되는 총선연대의 〈낙선명단1〉 총106명 중 78명(73.6%), 탄핵소추안 찬성자 〈낙선명단2〉 총100명 중 51명(51%)가 낙선하여 결과적으로 총선연대가 선정한 낙선대상자 206명 중 총129명(63%)이 낙선되었다. 특히 2000총선시민연대 낙선대상자와 비교되는 탄핵 단일사유 외 낙선대상자 106명 중 78명이 낙선함으로써 73.6%의 낙선율을 기록해 2000년도 68.6%의 낙선율을 웃돌았다.

낙선대상자는 불법 대선자금 등 정치자금법 위반, 뇌물·알선수재 등 공직범죄, 각종 게이트 등 권력형 비리를 저지른 정치인이었다. 선거법 위반, 반인권·민주헌정질서 파괴, 지역감정과 색깔론 등으로 정치적 이익을 달성하려 하거나 경선 불복, 철새정치 행위 등 반의회·반유권자적 정치인, 반개혁적 정치인 등도 낙선대상이었다. 욕설, 몸싸움, 성희롱, 차별발언 등 공직자로서 자질을 의심케 하는 행위. 병역, 납세 등의 의무이행에 불성실하거나 재산, 경력에 있어 비도덕적 행태도 낙선운동의 그물을 빠져나가지 못했다.

국민들은 시민단체의 낙천·낙선운동에 대한 찬성이 66.8%에 달해, 낙천·낙선 운동에 대한 기대가 상당히 높은 것으로 나타났다. 참여연대가 여론조사 전문기관인 한길리서치에 의뢰해 실시한 조사 결과, 적극 찬성 35.7%, 다소 찬성 31.1%로 국민의 66.8%가 낙천·낙선운동에 동의하는 것으로 조사됐다. 반면 국민의 27.2%는 낙선운동에 부정적 견해를 드러냈다.(적극 반대 10.9%, 다소 반대 16.3%) 이 여론조사는 2004년 1월 17, 18일 이틀에 걸쳐 전국의 만20세 이상 남녀 1000명을 대상으로 실시됐다. 표본오차는 95%신뢰수준에 ±3.1%였다.

17대 총선에서는 총선 사상 최초로 1인 2표 방식의 정당투표가 이뤄졌다. 인물본위의 투표뿐만 아니라 정당투표가 본격화된다는 의미에서 각 정당에 대한 평가, 정책공약에 대한 깊이 있는 평가가 필요하다. 이에 따라 총선연대는 각 정당에 대한 정책평가를 했다.

총선연대는 홈페이지(www.redcard2004.net)를 통한 천만 네티즌 클릭운동, 네티즌 유권자 선언, 정당평가캠페인, 대학생유권자 온라인 캠페인 등 온라인에서의 다양한 활동을 수행했다. 이와 함께 1인2표제 등 달라진 선거환경을 홍보하고, 공약·정책을 비교하는 등 정당투표의 올바른 행사를 위한 캠페인도 벌였다. 바뀐 선거법에 따라 오프라인 활동의 제약이 컸기 때문이기도 하지만 온라인을 통한 낙선운동과 후보자 정보공개 활동은 2004 총선연대 홈페이지에서 6백70여만 명 이상의 지지 서명을 받는 등의 성과가 있었다.

17대 총선에서 낙천·낙선운동은 16대 총선과는 달리 전국단위 단일 연대기구를 통해서가 아니라 지역·부문별로 개별적인 낙선운동을 벌이는 형태로 진행되었다. 2004 총선연대와 네트워크를 이루면서 모두 4백여 개 환경·여성·지역 총선연대 및 개별단체가 활동했다. "낙선대상자를 남발해 혼란스럽다"는 지적도 있었지만 결과적으로 지역과 부문별로 유권자운동의 지평을 넓혔다고 볼 수 있다. 또 유권자들에게 풍부한 정보를 제공했다는 점도 눈에 띈다.

지지·당선운동

2004년 총선에서는 '물갈이 운동'으로 불리는 지지·당선운동이 나타났다. '2004 총선물갈이 국민연대'(이하 물갈이연대)는 낙천·낙선운동이 일정한 한계를 안고 있으며, 또 의회개혁에 대한 높은 요구를 들어 지지·당선운동을 벌였다. 물갈이 연대는 모두 54명을 지지후보로 선정했고 이 가운데 23명이 당선돼 42.6%의 당선율을 기록했다. 탄핵정국은 지지·당선 운동에도 큰 영향을 미쳤다. 물갈이연대는 지지후보를 1백50여명 선정할 계획이었으나 3분의 1 정도로 줄였고, 예정했던 국민후보 선정도 포기했다. 탄핵정국으로 가결안에 찬성한 의원 1백 93명을 전원 배제하는 등 상황에 변화가 생겼기 때문이다.

물갈이 연대는 낙천·낙선운동이 첫째, 정치와 선거에 대한 부정적이고 비판적인 인식을 확대시키게 되며 둘째, 대안부재론 때문에 인해 유권자들에게 명확한 메시지 제공에 실패했고 셋째, 낙선대상자를 대신한 당선자들의 문제점이 낙선운동의 한계로 인식되는 측면이 있고 넷째, 네거티브 선택(negative selection)만으로는 의회개혁이 불가능하다는 한계가 있기 때문에 지지·당선운동이 불가피하다고 주장했다. 또 낙천·낙선운동이 합법적인 운동임에도 불법이라는 인식이 강한데다, 2000년 총선만큼 전폭적인 관심을 끌기 어렵다는 현실적 어려움 때문에 지지·당선운동이 필요하다고 주장했다.

낙천·낙선운동을 넘어선 지지·당선운동의 의미와 효과를 물갈이연대는 다음과 같이 제시했다. 첫째, 유권자들에게 선택 가능한 대안과 전망을 제시할 수 있으며 둘째, 유권자와 후보자들에게 긍정적인 자치를 요구하고 확산할 수 있다는 것이다. 셋째, 좋은 후보와 좋은 정책의 상호 긍정적 연결이 가능하고 넷째, 전반적으로 정치개혁과 정치발전의 가능성을 부각시킬 수 있는 장점이 있고 나아가 다섯째, 의회개혁을 추진할 수 있는 효과적인 방법이라는 것이다. 그러나 지지·당선운동은 시민운동의 정치적 중립성 논란을 불러일으켰다.

물갈이 연대가 제시한 지지·당선운동의 기준은 정치자금의 투명성(깨끗한 정치인), 정책과 활동의 개혁성(개혁적인 정치인), 의정활동의 성실성(성실한 정치인), 정당 활동의 민주성(민주적인 정치인), 탈지역주의적 노력(지역주의를 배격하는 정치인), 국민참여의 증진(국민과 함께 하는 정치인) 등이었다. 이렇게 도덕성을 기본으로 자질·능력·경험·가치 등 선정기준 20개로 세분화해 평가했지만, 이 기준에 대한 문제제기도 있었다. 민주노동당은 물갈이연대의 선정기준을 수긍할 수 없다며 지지선언을 거절하기도 했다.

지지·당선운동은 3단계로 전개되었다. 먼저 선거 전에는 바람직한 정치인의 기준을 제시하고 이들이 적극적으로 참여할 수 있도록 사회적 여건을 형성하려 했다. 그리고 당내 경선과정에서는 바람직한 정치인들이 당내 경선에서 후보로 선출될 수 있도록 당원이나 국민경선의 선거인단으로 참여하는 운동을 전개했다. 법정선거운동 기간에는 바람직한 후보가 당선될 수 있도록 지지·당선운동을 구체적으로 전개했다. 지지후보를 선정 발표한 뒤에는 물갈이 연대의 대표자들이 전국을 돌며 지지후보자와 개혁적이고 깨끗한 정치를 약속하는 '대국민서약식'을 진행하는 등의 활동을 벌였다

지지후보 선정과정에서 물갈이연대는 2004 총선연대의 낙천대상자, 총선환경연대와 총선여성연대가 발표한 반환경·반여성 후보, 도덕성 문제 및 선거법 위반자는 검토대상에서 배제했다. 또 '헌정 파괴행위에 저항하거나 민주주의 발전에 기여하는 등의 의회민주주의기여도 기준'을 마련해 탄핵에 찬성한 193명의 의원들도 지지당선후보 선정 대상에서 제외했다

여성단체들은 총선여성연대를 결성해 지지·당선운동을 벌였는데, 후보추천운동과 연계되어 있었다. 노동단체들도 민주노동당(민주노총)이나 한국사회민주당(한국노총)의 지지·당선운동을 벌였는데, 이것은 진보정당운동과 연계되어 있었다.

통일시대새정치실현을위한총선연대가 선정한 지지후보는 58명인데 이 가운데 28명이 당선돼 48.3%의 당선율을 보였다. 사회단체연대기구로 구성된 "2004 서민의 힘"은 36명의 후보를 지지했는데 이 가운데 12명이 당선됐다(당선율 33.3%). 물갈이아줌마연대가 선정한 지지후보는 62명 가운데 16명(25.8%)이 당선됐다.

후보 추천 운동

17대 총선에서 나타난 시민운동의 또 하나의 흐름은 후보 추천운동이다. 시민운동은 민주화운동의 연장이며, 참여민주주의 운동이고 '생활의 정치'로서 불특정 다수의 권익을 대변해야 하고 세상을 바꾸려는 운동이다. 이처럼 시민운동은 세상을 바꾸는 일이므로 기성의 제도나 정치가 잘못되어 있고 무능한 상황에서 시민들이 직접 나서서 세상을 올바르게 바꾸고자 노력하는 일은 당연한 방향일 수도 있다.

사실 지금도 시민운동은 '장외의 정치'를 하고 있으며 '준정당적 기능'을 대행하고 있다. 장외의 정치는 선거를 통해서, 평소에는 일상적이고 합법적인 감시·비판·성토·제언·여론조성·압력행사를 통해서 이루어지고 있었다. 그런데 장외의 정치를 통해 잘 안될 경우에 시민단체가 직접 제도정치로 나서는 일, 정치세력화를 도모하는 일은 자연스런 귀결이라는 인식을 일부 시민단체들은 갖고 있다.

대개 지금까지는 시민운동가의 명망을 노려서 시민운동가를 스카웃하는 형식이었다. 이렇게 개인적으로 진출하면 정치진입에 성공해도 기성정치에 희석돼 개혁적 역할을 하지 못하게 된다. 만약에 실패한다면 시민운동의 역량을 희석시켰다는 비판을 받아야 하고, 또 그에 따른 책임 문제도 불거질 수 있다. 이에 따라 좋은 후보를 발굴해 각 정당에 추천하자는 운동이 벌어지게 된 것이다.

여성단체들은 지지·당선운동과 더불어 후보 추천운동을 벌였다. '맑은정치여성네트워크'를 구성한 여성계는 101명의 여성후보(현역 의원 제외)를 선정해서 각 정당에게 공천을 요구했다. 이 가운데 46명이 공천 받았고, 이 가운데 18명(39.1%)이 당선되었다. 초록국회만들기네트워크는 지지당선후보를 12명 가운데 2명이 당선돼 16.7%에 머물렀다.

4) 시민단체들의 논의 과제

● 공동대응 기구 구성 문제
- 정책기획단
- 공동 구호나 브랜드 마련
- 공약과 정책 작성
- 후보 초청토론회 개최
- 공명선거 운동

● 공정하고 투명한 과정으로 후보 선출 문제
- 예비선거제 도입 여부 판단
- 공동후보(지역별 연대)

● 선거기탁금과 선거비용 마련 문제
● 선거운동 자원봉사자 모집과 훈련 문제
● 선거법 개정 등 정치개혁 촉구 문제
● 지방자치법 개정 등 지방자치의 제도적 틀 정비 추진 문제

마치며

지방자치단체가 하는 일은 주민의 삶과 매우 밀접한 관련을 맺고 있다. 마을의 도로 포장, 쓰레기 수거, 상하수도 설치 및 관리, 방범, 소방, 교통 문제, 학교 시설, 복지 시설, 주거 환경 등 주민들의 일상생활과 직접적으로 관련된 문제들이다. 지방자치를 생활 정치라 부르는 까닭은 이 때문이다.

지방자치는 지역 살림을 잘 꾸려 나가기 위해 주민들이 직접 또는 자신들의 대표를 내세워 참여하는 터전이다. 따라서 지방자치단체는 지역 실정에 맞는 공공 서비스를 주민들에게 공급해야 한다. 지방자치는 지방 정치와 행정의 민주화를 통해 지역 주민의 공공복지를 실현하는 데 가치가 있다.

현단계의 지방자치가 적지 않은 문제점을 드러냈지만 지방자치가 뿌리를 내릴 수 있는 가능성을 보여주었다. 지방자치가 오랜만에 부활된 데다 지방자치단체의 장이나 지방의원들에게 권한이 별로 주어져 있지 않았던 점을 생각하면 더욱 그렇다. 사실 지방자치단체가 중앙정부의 부당한 간섭을 받지 않고 독자적으로 할 수 있는 일은 거의 없었다. 지방분권이 이뤄지면 지방자치는 더욱 발달할 것이다.

중앙정부와의 관계를 보면 지방자치단체의 권한과 기능이 약하지만 지방자치단체에 중앙정부가 개입하고 간섭할 틈은 그렇게 넓지 않다. 지방자치단체 내부를 들여다보면 의회의 권한과 기능이 상대적으로 약해 지방자치단체의 장을 효율적으로 견제하지 못한다. 또 주민참여의 통로도 거의 막혀 있다. 따라서 지방자치단체의 장이 독선적인 행정을 펼쳐도 견제할 방법이 별로 없다.

지방(local)을 중앙정부의 하부 단위로 파악하는 것이 일반적이다. 지방자치의 역사가 길지 않고, 중앙집권적 권력구조의 뿌리가 깊기 때문이다. 그러나 지방은 중앙의 변두리가 아니므로 지방자치가 중앙정치의 축소판이 아니라 그 지역의 실정에 맞는 삶의 정치(생활정치)가 되어야 한다. 서울과 다른 지역간의 소득격차, 문화적 격차가 존재하는 한 인재와 산업, 금융의 서울집중을 막을 수 없다. 따라서 지방 살리기가 지방분권과 병행되어야 할 중요한 과제이다.

참여민주주의를 이루는 지름길의 하나가 지방자치의 활성화이다. 국민이 자신의 삶의 터전에서 공동체적인 삶을 스스로 계획하고 꾸려나가는 것은 민주주의 발달에 커다란 도움을 준다. 그러기 위해서는 중앙집권의 통치구조를 지방분권 체제로 바꾸어야 한다. 이런 의미에서 참여정부가 지방분권과 지역균형 발전을 국정 3대 목표의 하나로 정하고 획기적인 국가-지방의 권한 재배분, 재정분권, 자기혁신 등을 집중적 효과적으로 추진하려는 것은 환영할만한 일이다.

지방자치는 '지방의 일을 스스로 다스리는 것'이다. 지방의 일이라 함은 특정지역의 정치와 행정을 말한다. 스스로 다스린다는 것은 자기의 일을 남의 간섭 없이 자신의 의사나 능력을 바탕으로 해서 독립적 자율적으로 처리한다는 의미이다. 따라서 지방자치는 "일정한 지역과 그 지역에 살고 있는 주민을 기초로 주민이 선출한 지방자치단체가 중앙정부로부터 상대적으로 독립하여 주민이 부담하는 조세를 사용해서 주민의 일상생활과 밀착된 그 지역의 사무를 단체 자신의 권위와 책임 아래 단체구성원인 주민의 의사에 따라서 결정 집행하는 것"이다.

지방자치가 제대로 실시되고 이를 바탕으로 주민들의 삶의 질이 향상되기 위해서는 자치권(autonomy)을 갖는 지역 단체(territory community)의 존재와 그 단체의 사무(own affairs)에 주민이 참여할 수 있어야 한다. 이것을 단체자치와 주민자치라고 한다. 단체자치와 주민자치는 자주 책임의 원리와 더불어 지방자치가 제대로 운용되기 위해 반드시 충족되어야 할 전제 조건이다. 지방자치단체의 기본적인 권한과 기능이 보장되지 않는다면 지방자치가 그 기능을 제대로 발휘할 수 없다. 따라서 지방자치단체에게 상당한 권한과 재정을 넘겨주어야 한다.

지방의 발전기회를 부여하기 위해서는 중앙정부 차원에서 지방 분산의 정책적 노력이 요구된다. 지방분권은 서울에서 지방으로의 경제력 분산 및 지역혁신과 결합되어 추진되어야 바람직하다. 지방으로 경제력을 분산시켜 지방에서도 경제활동의 핵심적 구상기능과 사회운영의 중추관리기능이 수행될 수 있어야 하고, 이러한 기능을 수행할 인재가 양성되고 결집되어야 한다. 이에 따라 지방분권과 더불어 공공기관과 민간기업의 지방분산 정책을 적극적으로 펴나가야 한다.

지역간 기회의 불균형을 완화하고 국토의 균형발전을 기하기 위해서는 우선 지방 자치단체장과 지방의회의원을 주민이 선출하는 데 그치는 외형적인 지방자치제에서 벗어나 실질적이고 적극적인 지방자치제가 이루어지도록 분권화되어야 한다. 중앙정부가 가진 권한과 기능의 상당부분을 지방자치단체로 이양함으로써, 지방자치단체가 상황에 따라 중앙정부와 긴밀히 협력하면서도 지역실정에 맞는 독자적인 계획권과 결정권을 확보하여 지역발전을 이끌어갈 수 있는 체제를 갖추도록 해야 한다.

참고문헌

구로역사연구소, 우리나라 지방자치제의 역사, 거름, 1990.

국정홍보처, 「참여정부 국정포커스 – 국정개혁토론보고 자료집 2003」, 국정홍보처,
　　　　2003.

국정홍보처, 「변화와 희망의 로드맵– 국정브리핑이 본 2004년 비전과 과제」, 국정홍
　　　　보처, 2004.

김병준, 한국지방자치론: 지방정치 · 자치행정 · 자치경영, 법문사, 1994.

노무현, ‘지방자치와 정당 및 정치발전의 상호관계’, 나라정책연구회(엮음), 한국형
　　　　지방자치의 청사진, 길벗, 1995.

박호성 · 양기호 · 이동선, 한국정치와 지방자치, 인간사랑, 2002.

손봉숙, 한국지방자치연구, 삼영사, 1985.

손재식, 현대지방행정론, 박영사, 1995.

손혁재 · 박병섭 · 정대화 외, 한국민주주의와 지방자치, 문원, 1998.

손혁재, ‘6 · 4 지방선거, 그 그늘과 빛’, 학단협 정책토론회 발표문, 1998.

손혁재, 주민투표법의 바람직한 제정방향, 법과 사회 이론 연구회(엮음), 반년간 〈법
　　　　과 사회〉, 제13호, 창작과비평사, 1996.

유재원, ‘지방자치의 정치: 정당의 역할을 중심으로’, 한국행정학회, 〈한국행정학회보〉,

제28권 2호, 1994.

조기숙, 16대 총선과 낙선운동-언론보도와 논평을 중심으로, 집문당, 2002.

조창현, 한국지방자치의 이상과 현실, 문원, 1995.

조희연, '지자제 선거의 정치사회적 의미와 향후의 전망', 〈월간 사회평론 길〉, 1995
년 8월호.

지방자치실무연구소, 한국의 지방자치: 이론과 실제, 의암출판, 1995.

크리스찬 아카데미(엮음), 주민자치, 삶의 정치, 대화출판사, 1995.

행정자치부 · 정부혁신지방분권위원회 · 한국지방행정연구원, 민선지방자치 10년
평가, 2005

홍정선, 지방자치법론, 법영사, 1991.

7장

일본의 매니페스토 사이클 작동과 검증·평가

하동현 · 게이오대 정책미디어연구과 박사과정

들어가며

2003년도 이후 매니페스토는 일본 정치의 주요 키워드로 등장하였다. 이는 4월의 통일 지방선거로부터 시작되어 11월의 중의원 선거로 파급되는 양상을 보이면서 그 해 일본의 유행어 대상으로 선정될 만큼 국민적 관심사가 되었다.

매니페스토 주창자들은 한결같이 이는 표심을 잡기 위한 단순한 정치공학적인 전략이 아니라고 주장한다. 이는 지금까지 행정 관료에 의해 왜곡된 정치 행정 관계를 정치에 책임성을 부여하는 관계로 시정하는 것이며, 정치 책임과 정보 공개를 바탕으로 한 유권자와의 약속을 통해 새로운 정치 문화를 조성하는 정치 운동이라고 주장한다. 따라서 자신들이 당선되면 정보 공개에 기반한 공정한 외부 평가를 통해 자신이 약속했던 공약들을 이행하며 그 실적에 따라 유권자들의 심판을 다시 받는 이른바 매니페스토 사이클을 정착시키겠다고 공언하였다.

일본의 매니페스토 등장은 2003년도를 기점으로 지방에서 중앙으로 확산되는 양상을 보였지만 시점과 맥락은 서로 다른 문맥을 가진 것으로 평가할 수 있다.[1]

먼저, 국정 차원에서는 1993년 자민당의 일당 우위 지배 체제가 막을 내리면서 정치 개혁 운동으로 촉발되었다. 정치적 이해 관계에 기초한 유동적인 연립 정권의 형성이 연속되면서 자민당 55년 체제 속에 잠재되었던 정치 개혁의 움직임들이 활성화되었다. 주요 키워드는 유권자에 대한 정치가의 설명 책임 확대, 정치 행정 관계의 재형성, 정권 교체 등이었으며, 1990년대 후반에 소선거구, 행정 조직 개편, 정책 평가, 정보공개법 등으로 현실화되었다. 이러한 흐름 속에서 중앙의 매니페스토 운동은 제1야당인 민주당의 정권 교체 전략과 고이즈미(小泉) 총리의 총재 선거 전략이 맞물리면서 급격히 부상하였다.

지방의 경우, 1995년 미에(三重)현의 기타가와 지사가 시작한 사와

---

1 중앙대학 이소자키 교수는 매니페스토와 로컬 매니페스토를 다음과 같이 구분하여 정의하고 있다.

① 매니페스토: 검증 가능한 정책 목표와 구체적인 실현 방법을 명확히 한 선거 공약. 구체적인 정책을 제시함으로써 정책 중심의 선거를 실현하는 동시에, 당선 후는 공약 실현의 유무와 그 정도를 검증 가능하도록 하기 때문에 정치가에 정책 책임을 지우도록 하는 도구.

② 로컬 매니페스토: 자치체(지방정부)의 대표 기관을 선출하는 선거에서 자치체가 집중해야하는 정책을 명확히 한 매니페스토. 지방 자치 단체장(수장) 선거에서의 매니페스토(정권 공약)와 의회의원 선거 등에서의 정당, 회파 등에 의한 매니페스토가 있다.

2 사와야카란 서비스(사비스), 알기 쉬운(와카리야스이), 의지(야루키), 개혁(카이카쿠) 등의 일본어 단어 앞을 딴 조합어이다. 이 운동은 행정의 역할을 서비스라는 관점에서 주민을 중심으로 하는 행정 운영으로의 개혁을 기본 목표로 하는 행정 개혁 운동이다.

야카 운동[2]을 계기로 신공공관리(NPM)적 행정기법이 일본의 지자체로 확산 보급되었다. 행정의 매니지먼트 전략, 사무 사업 평가(정책 평가), 주민 만족도 조사 등이 지자체 혁신의 주요 방향으로 설정되면서 정책 기획, 형성, 집행, 평가 등 행정 실행의 각 단계에 새로운 제도와 경영 기법들이 도입되었다.

이를 토대로 2003년의 매니페스토 운동은 두 가지 특징으로 요약할 수 있다. 첫째, 중앙과 지방의 매니페스토 운동은 양쪽의 정치 행정 개혁이 비슷한 시기에 집중되면서 표출된 정치 현상이다. 둘째, 중앙과 지방에서 10여 년에 걸쳐 지속된 정치 행정 개혁의 다양한 흐름들이 총체적인 형태로 나타난 정치 현상이다. 즉, 중앙에서 발생한 파편적인 정치 개혁을 하나의 틀 속에서 접목시키려는 노력이며 지방 역시 동일한 시도이다. 이는 위에서 언급된 매니페스토 사이클이라는 용어 속에 집약된다.

여기서는 일본의 매니페스토 사이클이 어떻게 작동하고 기능하고 있는가를 살펴보려고 한다. 매니페스토가 이전의 공약과 차별화되기 위해서는 매니페스토 사이클에 따라 평가가 이루어지고 다음 선거에서 이를 토대로 한 심판이 이루어져야 한다. 그러므로 정치가의 약속에 대한 이행도 평가를 어떤 방법으로 어떻게 실시하는가가 제도 정착의 핵심으로 판단된다. 이 장에서는 먼저 일본의 중앙과 지방에 있어서의 매니페스토 도입과 평가 흐름을 살펴보고, 어떠한 평가 기준과 방법을 활용하는지 그리고 특징과 과제들을 분석해 본다.

1. 일본의 매니페스토 사이클의 작동과 그 흐름

1) 경과 과정

2003년 일본에 매니페스토가 등장한 이후 여러 이해 관계자들에 의한 각 정책 영역별 업적 평가가 활발히 실시되고 있다. 이는 정치가의 선언과 이에 대한 집행과 평가, 환류(feedback)라는 매니페스토 사이클로 지칭되는 제도적 연속성의 측면에서 이해될 수 있다. 그리고 평가 작업에 대한 국민적 관심과 지속성의 여부가 향후 매니페스토 사이클의 정착을 가늠케 하는 관건이 된다.

매니페스토는 크게 중앙과 지방으로 구분하여 평가 작업이 시행되고 있다. 특히 21세기 임조[3]라는 오피니언 리더가 대거 참여하는 시민 단체가 그 핵심적 역할을 하고 있다. 21세기 임조는 학계, 경제계, 언론 등의 주요 인사가 참여하며 지난 10여 년간 일본 정치 개혁에 관련된 각종 제언을 해 왔다. 정치 개혁의 일체적 완성으로 매니페스토를 제안하였고 그 도입과 정착에 선도적인 역할을 한다. 지금도 선거나 주요 정치 행사를 전후로 매니페스토를 기본으로 한 정치가의 책임성과 정책 지향적 논쟁을 유도하는 제안서와 선언문을 발표하고 있다. 하지만 각 정당과 지자체의 매니페스토에 대한 평가 작업은 직접적으로 행하고 있지

---

3 새로운 일본을 만드는 국민회의를 약칭 21세기 임조로 부르고 있다. 이 단체는 경제계, 노동계, 학식자, 자치단계 관계, 언론 관계자, 시민단체 관계자 등 각계 인사 150명이 결집하여 일본의 정치 개혁을 위해 활동하고 있는 유식자 그룹이다. 2003년도 7월 기존의 조직 체계를 전면적으로 재편하였으며 일본의 매니페스토운동을 실질적으로 주도하고 있다고 할 수 있다

않으며 오히려 매니페스토를 지지하는 각 종 단체를 참여시켜 검증과 평가의 자리를 제공하고 있다. 매니페스토 검증 대회라는 명칭으로 중앙과 지방 부문으로 각 1회씩의 평가 대회를 개최하고 있으며 이 자리를 통해 정당과 사회 단체 그리고 지자체 등이 자체 평가와 비교 평가의 기회를 가지고 있다. 지방의 경우, 21세기 임조의 공동대표인 기타가와를 중심으로 로컬 매니페스토 추진 네트워크가 2004년 2월에 결성되었다. 추진네트워크 산하에 전국 9개 블록별 지부를 구성하고 있으며 이를 중심으로 해당 지자체들의 평가 작업을 공개적으로 시행하고 있다. 이러한 움직임은 각 지자체들이 매니페스토형 공약을 수용하게 하는 압력으로도 작용한다.

【표 1】 21세기 임조의 매니페스토 평가 대회

	중앙	지방
2004년	5월 12일 정권공약검증 제1회 대회 일본경단련(오프), 경제동우회, 연합 전국지사회 정권평가연구회, 일본청년회의소, 언론NPO, 구상일본 일본총연	9월8일 제1회 로컬 매니페스토 검증대회: 이와테 사이타마 가나가와 사가현지사의 보고 평가
2005년	총선거 직전 정권공약 검증대회 경제동우회, 연합, 전국지사회, 일본청년회의소, 언론NPO, 구상일본 일본총연, PHP총합연구소	11월 19일 제2회 로컬 매니페스토 검증대회: 이와테현 사이타마현, 후쿠이현, 사가현 지사의 보고 및 평가

2) 중앙의 매니페스토

중앙 정치에서의 매니페스토 평가는 크게 두 가지 형태로 이루어진다. 첫 번째는 매니페스토를 발표한 정당 특히 정권을 잡은 자유민주당과 연립의 한 축인 공명당이 스스로 행하는 자기 평가 작업이다. 그리고 두 번째는 각 종 연구소와 이익 단체들이 자신들의 입장에서 각 정당의 매니페스토 평가와 진척 상황을 체크하는 평가이다. 각 행위자별로 이루어지고 있으나 상술한 것처럼 21세기 임조가 마련하는 검증 대회를 통해 언론에 조명 받는 방식으로 이루어진다.

정당

2003년 중의원 선거를 계기로 일본의 주요 정당들은 매니페스토를 발표하였다. 특히 중앙 정치에서의 매니페스토는 정권 공약(政權公約)으로 번역되어 정권을 내건 정책 대결이라는 의미로 매니페스토가 사용되었다. 이는 55년 체제의 성립 이후 거의 정권 교체가 없이 진행된 일본 정당 정치의 불균형적 모순과 병폐 현상을 배경으로 제1야당인 민주당이 선거 전략의 일환으로 적극적으로 동참하면서 급속히 중앙 무대의 화두로 등장하였다. 즉 정권 공약이라는 구체적인 정책을 통해 자민당을 대신할 수 있는 수권 정당으로서의 이미지를 국민들에게 부각시키고, 정권 교체를 실질적으로 달성하기 위해 몇몇 야당으로 흩어진 국민적 지지를 하나로 모으기 위한 전략의 일환으로 매니페스토형 선거의 도입을 자민당에게 강하게 요구하였다. 결국 자민당은 여론적 압력과 자민당 총재 선거를 앞두고 고이즈미가 전격적으로 수용 의사를 밝힘으로써 2003년 중의원 선거는 처음으로 매니페스토 대결 선거로 진행되었다. 이에 각 당들은 매니페스토를 발표하였고 결국 연립 여당인 자민당과 공명당이 정권을 유지하는 것으로 선거는 결착되었다.

이는 자민당과 공명당의 매니페스토가 국민들의 선택을 받았다는 것과 정권의 공약이 될 것임을 의미한다. 자민당은 고이즈미 선언이라는 매니페스토를 발표한 이후, 6개월이 경과된 시점인 2004년 3월 공약에 대한 진행 상황을 공표하였다. 그리고 대부분의 정당들이 그러하듯 참의원 선거에서는 기존의 중의원 선거의 매니페스토를 수정 보완하여 제시하였다. 2005년 8월에는 지난 2년간의 실시 상황을 평가하였고 9월의 중의원 선거를 앞두고 『정권공약 2005 자민당의 약속』을 발표하였다.

연립 여당의 일원인 공명당도 비슷한 흐름으로 매니페스토를 작성하고 자체 평가를 실시하였다. 2003년 중의원 선거에서는 매니페스토 100, 다음해의 참의원 선거에서는 23개 항목을 추가 보완한 매니페스

【표 2】정당의 매니페스토 발표와 검증 상황: 2005년 9월 현재

	자민당	공명당	민주당
2003년 중의원선거: 11월 9일	10월: 고이즈미개혁 선언 자민당정권공약2003	〈매니페스토100〉	9월 18일 매니페스토 1차 소안 발표 10월17일 매니페스토 완전판 발표: 〈탈관료선언 5가지의 약속, 2가지의 제언, 새로운 정부 확립을 향해〉 10월31일: 매니페스토 추가항목 발표
2004년 참의원선거: 7월11일	3월 정권공약의 진행사항 발표	6월 3일:새로운 23 정책을 보완하여 〈매니페스토 123〉	6월 18일: 오카다 카츠야가 생각하는 일본
2005년 중의원선거: 9월11일	8월:고이즈미개혁선언 2003 실시상황 8월: 〈정권공약 2005 자민당 약속〉	8월16일: 〈공명당 매니페스토 2005〉	8월16일: 매니페스토각론 발표 8월18일: 코이즈미 매니페스토 공약 달성상황 검증 결과 발표 8월 20일: 매니페스토 중점항목 〈일본쇄신 8가지의 약속〉
	8월 26일 연립여당 중점정책 (7개)		

토 123을 제시되었다. 2005년 8월에는 매니페스토의 진척 상황을 발표하였고 『공명당 매니페스토 2005』를 발표하였다. 8월 26일에는 자민당과 공명당은 연립 여당으로서의 중점 정책을 합의하였다.

민주당은 2003년 중의원 선거를 매니페스토형으로 전환시키는데 주도권을 행사하였으나 다수당의 지위를 차지하는 데는 실패하였다. 2005년 중의원 선거를 앞두고 자민당의 매니페스토의 진척 상황을 채점하였다. 그리고 매니페스토 정책 각론과 중점 상황인 『일본 쇄신 8가지의 약속』으로 선거전에 임하였다.

사회 시민단체

각 분야의 사회 단체들은 각 정당이 발표한 매니페스토를 파악하고 감시하며 진척 여부를 평가하는 작업들을 전개하고 있다. 참가자를 분류하면 경제 이익 단체, 민간 연구소, 민간 시민단체 등이 적극적으로 참여하고 있다. 평가 기준은 사회 단체들이 합의에 의해 통일적으로 산출된 것은 아니다. 그들은 각 정당이 작성한 매니페스토 내용과 표현 방식, 실천 여부, 실행 과정, 설명 책임 등을 자신들의 입장에서 평가 항목을 마련하고 그 기준에 따라 채점하고 있다. 경제 단체들은 경제 활동에 대한 이념에 기반하여 기준을 설정하고 평가를 실시하였다. 예를 들어 대기업 경영인들의 모임인 경단련은 2004년 1월 기업 헌금의 지침으로 정책 평가를 실시하였다. 대체로 친대기업적 성향의 자민당에 높은 평가를 내렸고, 환경세를 강력히 주장하는 민주당에게 낙제점을 주었다. 2004년 1월 28일 일본 경단련은 자민당과 민주당에 대한 정책 평가를 실시하고 그 결과를 발표하였다. 자민당은 대체로 고득점을 기록했으며 민주당은 환경 정책과 고용 정책을 중심으로 낮은 평가를 받았다. 이는 기업에 의한 조직적인 정치 헌금을 11년 만에 재개하면서 회원 기업들에게 정치 헌금을 위한 판단 자료를 제공하기 위해 실시되었다.

　평가 결과의 공표는 개별적인 보고서 발간을 통해 이루어지기도 하나, 대체로 21세기 임조가 마련한 검증 대회를 통해 자신의 평가 결과를 발표하는 형식으로 진행되었다. 대규모의 대회를 개최하면 그만큼 언론의 조명을 받기 쉽기 때문이다. 이는 참가 단체들의 다양한 의견 개진과 비교 평가를 통해 매니페스토에 대한 국민들의 인지도를 높일 뿐만 아니라 유권자의 공약 선택과 사회적 평가에 대한 감시 기능의 필요성을

【표 3】 자발적인 매니페스토 평가작 업을 실시하는 주요 단체

참여 단체	단체성격	주요 활동 내역
경단련	대기업경영인 연합체	04년 1월 정당의 정책평가를 공표 1회 검증대회 참가
경제동우회	중견기업 경영인	1회, 총선거직전 검증대회 참가 및 평가
연합	노동조합 연합체	1회, 총선거직전 검증대회 참가 및 평가
일본청년회의소JC	청년지도자모임	1회, 총선거직전 검증대회 참가 및 평가
전국지사회	각 현 지사들의 연합체	1회,총선거직전 검증대회 참가 및 평가 1회, 총선거직전 검증대회 참가 및 평가
일본총연	민간연구소	03년 10월(자민·민주 양당의 매니페스토 비교) 보고서 발간
PHP총합연구소	민간연구소	총선거직전 검증대회 참가 및 평가 매니페스토백서 2005 발간
언론NPO	시민단체	1회, 총선거직전 검증대회 참가 및 평가 매니페스토 평가서 (2005년판)발간
구상일본	시민단체	1회, 총선거직전 검증대회 참가 및 평가

＊2004년 5월 12일 정권공약(매니페스토)검증대회
＊2005년 8월 26일 총선거직전 정권공약(매니페스토)검증 긴급대회.

일깨운다. 그리고 정당들 역시 선거 시에 제안한 공약 실행에 책임성을
환기시키는 계기가 되었다.

3) 지방의 로컬 매니페스토 평가

지방에서의 평가 작업은 크게 세 가지 방향에서 이루어진다. 먼저
매니페스토를 선언하고 당선된 지자체 단체장이 정해진 기간 동안의 추
진 실적을 평가하고 이를 공표하는 것이다. 두 번째는 각 지방의 시민단
체들이 행정 감시 활동의 일환으로 지자체의 행정 활동을 평가하는 것
이다. 셋째는 전국적 규모의 로컬 매니페스토 추진 네트워크가 각 지역
별로 매니페스토 평가 대회를 개최하여 지자체별 업적 평가에의 유도와
비교 점검을 행하고 있다. 그렇다면 여기서는 로컬 매니페스토에 있어
서의 각 액터별로 평가 작업이 어떠한 과정 속에서 이루어지는지를 살
펴본다.

지방 자치체

로컬 매니페스토는 2003년 4월 13일 실시된 통일 지방선거에서 처
음 발표되었다. 지사 선거는 11도도현(都道縣)에서 실시되었고 7도현(道
縣)에서 총 11명의 후보자들이 로컬 매니페스토를 제시하였다. 이 중 6
도현(道縣)에서 매니페스토를 주창한 당선자들이 지사로 당선되었다.
그 후 같은 해 실시된 지사 선거는 총 7건이었고 이 가운데 5현(縣)의 당
선자들이 매니페스토를 내건 후보자들이었다(모든 縣에서 매니페스토
후보자들이 존재). 여기에서는 지방 단체장 가운데 가장 먼저 매니페스

토를 발표한 이와테현의 마스다 지사와 좋은 매니페스토로 평가받는 가나가와현의 마츠자와 지사 등이 당선 이후 어떤 매니페스토 사이클을 작동시키지를 살펴본다.

① 이와테현

2003년 4월 통일 지방선거에서 이와테현에서는 일본 최초로 로컬 매니페스토가 등장하였다. 현직이었던 마스다 지사는 첫째, 매년 매니페스토의 추진 상황을 현민들에게 정확하게 밝히고 둘째, 정책을 추진한다는 책임감을 명확하게 하는 동시에 셋째, 매니페스토에 기초한 현 행정의 투명성을 높이려는 의도 하에서 매니페스토를 주창하였다.(岩渕公二 2005)

당선 이후 그는 매니페스토를 행정의 종합 계획에 반영시켜『40의 정책: 자립한 지역 사회의 형성을 향해』로 재탄생하였다. 그리고 매년『40의 정책』을 평가서로 작성하고 있다.

제3자 외부 평가의 움직임은 두 가지의 방향에서 활발해 지고 있다. 마스다지사가 참가하는 지방분권연구회가 '정책평가를 지원하는 전국적인 서포트 시스템 검토' 프로젝트를 시작하게 되면서 처음에는 둔화되었다. 하지만 2004년 5월 '주민에 의한 정책 평가 서포트 시스템 기

---

5 현민 참가형 외부평가 시스템의 구축은 행정기관 외부에 의한 매니페스토 평가 실현을 향한 시스템 구성이다. 올해 마스다지사의 매니페스토에 든 긴급우선관제와 중점시책에 위치 지워진 것을 대상으로 평가를 행하고 있다. 평가활동은 일본청년회의소 동북지구 이와테 블록 협의회나 이와테현 상공회의소 청년부 연합회 등으로 구성되는 외부평가 플랫 홈이 담당하고, 각 시책의 이해관계자에 대한 전문적 조사는 '정책21'이 담당하고 있다. 평가결과는 06년 1월 말에 보고 공표·예정.

본 구상'이 발표된 후 각 현들이 로컬 매니페스토 평가에 몰두하기 시작하게 되면서 다시 활성화되기 시작하였다. 2005년 4월부터 NPO법인 정책21 등이」[5]을 구축하여 평가하는 방향으로 전개되고 있다.

2005년 5월에는 이와테현 내의 학식자와 사회 단체들이 주도한 「로컬 매니페스토 추진 네트워크 이와테」가 설립되면서 로컬 매니페스토 연구회가 결성되었다. 이와테 현립대학 사이토 교수를 중심으로 한 이 연구회는 매니페스토의 추진과 검증의 연구 활동을 시작으로 향후 검증의 구체적인 방법론 개발에 주력할 계획이다. 앞으로는 로컬 매니페스토 추진 활동과 현민 참가형 외부 평가의 활동이 연동되는 양상으로 전개될 것으로 본다.(岩渕公二 2005)

【표 4】 이와테현의 매니페스토와 평가

일자	
2003년 2월 27일	「이와테를 이렇게 바꾸겠습니다 – 나의 약속」 매니페스토 발표
4월 13일	지사로 당선
2003년 10월	매니페스토와 종합계획과의 정합성을 취한 「40의 정책: 자립하는 지역사회의 형성을 향해」를 발표
2004년 5월 12일	제1회 매니페스토 검증대회 참가
9월 8일	제1회 로컬 매니페스토 검증대회 참가
2005년 5월 18일	「로컬 매니페스토 추진 네트워크 이와테」 설립
8월	「40의 정책」 평가리포트 2005(2004년도 실적)
11월 19일	제2회 로컬 매니페스토 검증대회 참가

② 가나가와현

가나가와현의 마츠자와 지사는 당선 이후, 자신의 매니페스토를 행

【표 5】 가나가와의 매니페스토와 평가 과정

일자	주요 사항
2003년 2월5일	가나가와현 지사선거 출마표명: 정책논쟁 중심의 선거를 향한 매니페스토 제시를 표명
2003년 2월 8일	매니페스토 제시 표명, 주요 정책 「트라이10」 발표
	매니페스토 발표: 37항목으로 구성된 정책집
4월 13일	지사선거에 당선
6월 현의회 첫 정례회	현의회에서 매니페스토에 관한 질문
12월	현정사상 처음으로 종합계획 심의를 위한 종합계획에 대한 특별위원회를 설치
2004년 2월14일 23일	마츠자와 매니페스토 진척평가위원회의 현민위원 공모
3월2일	마츠자와 매니페스토 진척평가위원회의 현민 위원위촉
3월 6일	마츠자와 매니페스토 진척평가위원회 개최 → 이후 3회 개최
3월말	매니페스토를 기초로 한 종합계획 「가나가와힘 구상 프로젝트 51」책정
4월 23일	평가위원회 평가결과 공표
5월 31일	제1회 자기평가: 「매니페스토 추진의 현황과 나의 생각」을 발표
9월8일	제1회 로컬 매니페스토 검증대회 참가
10월	의회 제안 「기본적인 계획을 의회의 의결사건으로 정하는 조례」 제정
2005년 5월 7일	제1회 위원회: 평가방법 등의 결정
5월 23일, 25일	히어링 조사 「현 기획부」
5월 28일	제2회 위원회: 평가결과의 검토
6월 6일	마츠자와 매니페스토 진척평가 위원회는 03년 · 04년을 평가하는 보고서 발표
	제2회 자기평가: 「지사취임 2년을 회고하며 성과와 과제」 발표
11월 19일	제2회 로컬 매니페스토 검증대회 참가

정의 계획으로 전환시킨 종합 계획 '가나가와힘 구상 프로젝트 51'을 8개월여에 걸쳐 책정하였다. 그리고 전문가 5인과 공모위원 6인으로 구성된 마츠자와 매니페스토 진척 평가위원회를 구성하여 평가를 위탁하였다. 이 위원회는 최대한의 객관성을 담보하기 위해 위원회의 개최와 수집된 자료 등 대부분의 정보를 공표하고 있다. 그리고 해마다 평가 결과를 담은 보고서 발간을 통해 유권자들에게 판단의 자료를 제공하고 있다.

마츠자와 지사도 평가위원회의 보고서를 기초로 매니페스토의 진척 상황을 정치가의 설명 책임이라는 입장에서 자기 평가의 형식으로 해마다 공표한다. 그리고 전국적으로 개최되는 매니페스토 검증대회에 참가하여 공개적인 평가의 자리를 가진다.

시민단체

① 지역의 시민단체

비영리 법인인 자치창조 콘소시엄은 로컬 매니페스토 평가 연구위원회를 설치하여 가나가와현 마츠자와 지사의 매니페스토 진척 상황을 해마다 평가한다. 각 분야의 전문가와 시민으로 구성된 평가 작업단은 몇 차례의 회의를 공개적으로 개최하고 평가 실무 작업을 실시한 뒤 로컬 매니페스토 평가 연구 보고서를 발간한다. 자발적인 시민에 의한 참여인 만큼 참가자들 대부분이 자비로 활동하는 것도 특징이다. 그리고 2005년도에는 마츠자와 지사뿐만 아니라 서동경시로도 그 대상을 확대하는 등 향후 로컬 매니페스토의 확산과 검증에 더욱 힘을 쏟을 계획이다.

【표 6】 자치창조 콘소시엄의 활동

일자	활동내용
2004년 9월 20일	제1회 위원회 평가기준, 평가방법의 결정
10월 2일	제2회 위원회 자료 필요한 정보의 청구
10월 중순 · 하순	제3회 위원회 관련자 인터뷰실시
11월 6일	제4회 위원회 평가작업
12월 5일	제5회 위원회 최종평가 정리
12월 12일	매니페스토 평가 포럼 개최
2005년 1월 18일	로컬 매니페스토 평가연구 보고서1: 마츠자와 가나가와현 지사의 매니페스토평가(2004년)
7월 10월	평가위원회 구성
12월 15일	로컬 매니페스토 평가연구보고서2: 사카구치코지 서동경시장 매니페스토 / 마츠자와 가나가와 지사 매니페스토(2005년)

② 전국 규모의 매니페스토 추진 운동 네트워크의 결성

매니페스토 추진 운동의 대의에 동참하는 전국 규모의 네트워크가 결성되고 있다. 네트워크 결성은 지역별, 선출직별로 진행되며 매니페스토의 확산과 보급, 검증 평가에 원동력으로 작용한다.

먼저, 시민운동 차원에서 로컬 매니페스토 추진 네트워크가 전국 지역별 블록별로 발족되고 있다. 블록별 추진 네트워크는 해당 지역 내의 선거직 후보자에 대하여 매니페스토 작성을 유도하며 작성 교육을 실시한다. 그리고 매니페스토형 토론회를 개최하여 지역 현안에 관한 구체적인 해결책을 제시하는 매니페스토형 선거가 되도록 하는 분위기를 조성한다. 선거 종료 후에는 공약 이행 상황을 점검하여 다음 선거시에 유권자의 판단자료를 제공하는 등 매니페스토 사이클 정착에 노력한다. 각 블록들은 전국적 차원에서 상호 노하우를 전수하고 전국 차원의 매

【표 7】로컬 매니페스토의 평가와 추진 네트워크의 형성

일자	내용
2004년 9월8일	와세다대학 매니페스토 연구소 주최로 제1회 로컬 매니페스토 검증대회 개최: 이와테, 사이타마, 가나가와, 사가 등 각 현의 지사가 출석하여 매니페스토의 개요와 실적을 보고. 제3자 평가도 실시
11월27일	와세다대학 매니페스토 연구소 주최로 로컬매니페스토 추진대회(와세다대학) 개최: 로컬매니페스토 추진 단체장연맹, 로컬 매니페스토 추진네트워크를 결성하여 매니페스토의 작성, 검증의 운동을 전개 확산
12월15일	05년 1월16일 고시의 후쿠오카 하츠죠시 시장선거를 앞두고, 입후보자 예정자들을 대상으로 전국 첫 매니페스토형 공개토론회를 개최
2005년 1월21일	로컬 매니페스토 추진네트워크 도카이 블록 결성대회
1월24일	홋카이도 로컬 매니페스토 추진네트워크 결성대회
1월27일	로컬 매니페스토 네트워크 간사이 결성대회 개최
1월29일	로컬 매니페스토 추진 네트워크 주고쿠 결성대회 개최
1월30일	로컬 매니페스토 추진 큐슈대회개최 (로컬 매니페스토 추진네트워크 큐슈 블록주최)
2월4일	로컬 매니페스토 추진 단체장연맹결성대회 (지사18명, 시구장110명, 정촌장 57명 등 185명으로 발족)
2월 15일	도후쿠 로컬 매니페스토 추진네트워크 결성 대회 개최
2월18일	오키나와 로컬 매니페스토 추진네트워크 결성포럼 개최
3월18일	로컬 매니페스토와 공개토론회 보급에 관한 심포지움 개최
3월26일	와세대매니페스토연구소와 로컬 매니페스토 추진네트워크가 공동주최하여 지방의원 160명을 대상으로 한 연수회 (21세기 분권시대에서 지방의회의 로컬 매니페스토 추진 의원연맹 설립을 향해) 개최
4월 10일	시코쿠 로컬 매니페스토 추진네트워크 결성대회를 개최
4월13일	21세기 임조의 제3회 총회에서 로컬 매니페스토 운동을 추진하기 위해 로컬 매니페스토 추진실행위원회(기타가와)
4월25일	로컬 매니페스토 추진 지방의원 연맹 결성대회 개최
5월29일	제1회 로컬 매니페스토 추진포럼 간사이를 개최
6월 12일	간토우 로컬 매니페스토 추진 네트워크 결성기념 포럼
7월12일	로컬 매니페스토형 선거의 추진을 위한 공직 선거법개정에 관한 긴급 성명을 발표(로컬 매니페스토 3단체 합동)
9월17일	「로컬 매니페스토 추진 대회 인 히로시마: 단체장 후보자에 시민으로부터 매니페스토제시를 생각한다」를 개최
10월29일	「로컬 매니페스토를 생각한다」를 개최: 로컬 매니페스토 추진 네트워크 도후쿠와 자치체학회 도후쿠 공동개최
2005년 11월19일	제2회 로컬 매니페스토 검증대회 (로컬매니페스토 3단체 합동개최) 이와테, 사이타마, 후쿠이, 사가현의 각 지사참석보고, 제3자 평가

니페스토 검증 대회를 개최하는 등 전국 차원에서의 연대 노력도 동시에 병행되고 있다.

둘째, 정치 선출직 정치인들 간의 추진 네트워크의 결성이다. 단체장과 지방의원의 차원에서 각각 로컬 매니페스토 추진 단체장(首長)과 로컬 매니페스토 추진 지방의원 연맹이 구성되었다. 2006년 1월 현재 추진단체장연맹(ローカル・マニフェスト推進首長連盟)에는 지사 19명, 시구장 141명, 정촌장 51명, 추진지방의원연맹에는 도도부현의원 98명, 시구의원 369명, 정촌의원 55명이 참여한다. 이들 각 연맹들은 매니페스토를 정점으로 지역 사회와 자신들의 역할 관계를 재정립하며 지역 현안의 우선 순위와 이에 대한 해결 방안을 논의하는 장으로서의 선거를 확립하고자 출범하였다.

요컨대 추진 운동 네트워크의 결성은 시민사회와 관계 정치인들이 매니페스토를 접점으로 각각의 역할과 입장을 새롭게 정립하는 방향에서 이루어지며 매니페스토 운동의 외연 확대에 크게 공헌하고 있다. 이들은 매니페스토의 확립이 지방 거버넌스의 근간을 혁신시키는 수단으로서 인식하고 있으며 따라서 네트워크도 점차 제도화되어가는 방향으로 나아가고 있다.

4) 소결

일본의 매니페스토 운동은 2003년 통일지방선거에서 처음 제시되었고 총선거를 앞두고 각 정당들이 매니페스토 경쟁을 선언하면서 전국적으로 확산되었다. 선거 이후 중앙에서는 21세기 임조가 평가 능력과 의욕을 가진 각 사회단체들에게 평가의 장을 제공하면서 연립여당에 대한 체크기능이 작용하고 있으나 연립여당 스스로의 평가노력은 미흡한 상황이다. 지방의 경우, 매니페스토를 제시한 후보자의 자기평가와 외부평가, 지역 내 시민단체의 활동과 전국적인 추진 네트워크가 결성 등이 상승작용을 일으키면서 매니페스토적 사고와 공약 평가작업이 활발히 벌어지고 있다고 할 수 있다.

2. 매니페스토의 검증평가

후보자들이 매니페스토를 공표하고 사회 각 계 각층이 평가하는 것이 점차 패턴화되고 있음을 알 수 있었다. 그렇다면 어떠한 방식으로 매니페스토가 검증 평가되고 있는가가 주요한 관심사가 된다. 여기서는 매니페스토의 내용을 어떻게 분류 유형화하고 있으며 어떠한 측면에서 분석과 평가가 이루어지고 있는지를 살펴보도록 한다.

1) 매니페스토의 내용별 유형

UFJ연구소는 2003년 지방선거에서 제출된 각 후보자의 매니페스토 내용을 분석하여 네 가지 유형으로 분류하였다. 로컬 매니페스토의 기본 요인으로 목표치, 기한, 재원, 로드맵 등 네 가지 요인을 제시하며, 각 요소의 기술 내용과 항목 수를 토대로 발표된 로컬 매니페스토를 분류하였다.(UFJ總合硏究所攻土地域政策部 2004, 52~62)

유형화의 기준으로 첫째는 매니페스토의 기본적 구성 요소로, 목표, 기한, 재원, 로드맵 등의 기본 구성 요소가 기재되어 있는가? 둘째는 매니페스토형 선거 공약의 문장 기술 여부로, 네 가지 구성 요소가 전반적으로 명기되는가? 아니면 제한적인가? 셋째, 매니페스토형 정책의 항목 수로써, 네 가지 구성 요소를 토대로 정책별로 서술한 항목 수가 망라형인가? 집중형인가? 등이다. 유의할 점은 이러한 세 가지 기준들이 각각 매니페스토의 내용을 나누는 동일 수준의 변수로 2＊2＊2=8식의 엄밀한 부분별 유형화를 시도했기보다는 제시된 메니페스토를 특징적으로 분류하였다. 이는 도입 초기에 매니페스토라고 판단하기 어려운 것들도 매니페스토의 범주에 포함되어버린 상황에서 기인한 것으로 보인다. 네 가지 기본 구성 요소의 존재 여부를 중심으로 타입 1과 이외의 타입(2, 3, 4)을 나눈다. 그리고 기본 구성 요소를 정책별로 어떻게 명시되었는가에 따라 타입 2와 그 외의 타입(3,4), 마지막으로 매니페스토에 정책이 망라되었는가, 집중되었는가로 타입 4와 집중형의 타입(2, 3)으로 놔눈다.

그렇다면 각각의 유형의 특징을 간단히 살펴보자.

첫째, 타입 1은 기본 네 요소 중 일부만이 기재되어 있다. 기술된 공약에 재원이 명시되지 않거나 수치 목표나 로드맵의 일부분만이 구체화되어 있다. 이 유형은 사실상 매니페스토적 공약으로 판단하기가 어렵다.

둘째, 타입 2는 정책별로 네 가지의 전 요소가 망라되어 있다. 정책 분야별로 목표, 수치, 기한, 로드맵이 거의 명시되고 있다. 재원의 경우에는 지자체가 가진 한정된 예산의 범위 내에서 수치 목표를 제시하기도 한다. 이 유형에 속하는 로컬 매니페스토는 다른 타입보다도 가장 구체적인 수치를 나타낸다. 이를 위해서는 미리 해당 자치체의 재정 상황이나 예산 편성에 관한 지식 등이 필요로 한다.

셋째, 타입 3은 기본 요소는 갖추고 있으나 정책별 기재내용이 애매한 것들이 많다. 이는 현실적으로 지자체가 자유롭게 사용 가능한 범위 내에서 구체적인 수치 목표를 나타내려 하기 때문에 정책별로 재원을 명시하지 않는다.[6] 따라서 로컬 매니페스토를 실행하기 위해서는 재원을 일괄적으로 확보하여 구체적인 정책을 중점적으로 실시하는 방안을 찾고 있다. 따라서 정책별 항목수가 제한되어 있다. 이 유형은 로컬 매니페스토의 표준형이 될 것으로 UFJ는 평가하고 있다.

넷째, 타입 4는 네 요소 모두를 갖추고 있으며 정책 전반에 걸쳐 망라적으로 제시한다. 수치 목표, 로드맵, 재원 등은 제시 가능한 범위 내에서 기재되고 있다. 기간은 4년을 중심으로 이루어지며 많은 정책이 포괄적으로 구성되어 있어서 정책 내용은 드래프트 수준에 그치기도 한다. 이러한 유형은 현실 행정에 정통한 현직 후보가 아니면 작성하기 어려우며 일본 지자체의 행정 방향을 제시하는 종합 계획으로 생각하면 이해하기 쉬울 것이다.

매니페스토의 구성과 분류 요건에 대하여 다른 분류법을 제시하기도 한다.[7]

앞으로 매니페스토가 진화될수록 구성요소와 분류법 등은 더욱 세련화 되어질 전망이다.

---

6 일본의 지방세입은 국가 보조금이나 지방교부세 교부금이 점하는 비율이 높기 때문에 지방이 재량적으로 사용처를 결정하는 범위가 한정되기 때문이다.
7 중앙대학의 이소자키교수는 매니페스토의 기본유형으로 ① 종합형과 중점형 ② 이상형과 현실형 ③ 수치형과 이야기형 등으로 구분하였다.

【표 8】UFJ 종합연구소의 로컬 매니페스토 유형 분류

		요소의 기재상황		
		4요소 모두 기재		
		정책별로 전 요소를 명기	정책에 따라 애매한 기재/재원은 일괄기재	일부만 기재
항목수	적다	타이프2	타이프3	
	많다		타이프4	타이프1

【표 9】각 후보자의 로컬 매니페스토 유형 분류

유형	로컬 매니페스토 제시 후보자
타이프1	● 아스카타(가나가와현, 신인): 불명확 ● 이마자토(후쿠오카현, 신인): 기한/로드맵 ● 가시와다니(아오모리현, 신인): 목표/기한 /로드맵 ○ 우에다(사이타마현, 신인): 목표/기한 ● 하마다(사이타마현, 신인): 로드맵 ○ 이즈미(도쿠시마현, 신인): 목표/기한/로드맵 ○ 하시모토(고우치현, 현직): 기한/로드맵
타이프2	○ 마츠자와(가나가와현, 신인): 목표/기한/재원/로드맵 ● 미즈타니(미에현, 신인): 목표/기한/재원/로드맵 ● 다카키(후쿠이현, 신인): 목표/기한/재원/로드맵
타이프3	○ 마스다(이와테현, 현직): 목표/기한/재원/로드맵 ○ 후루카와(사가현, 신인): 목표/기한/재원/로드맵 ● 마키노(미야자키현, 신인): 목표/기한/재원/로드맵
타이프4	○ 아소(후쿠오카현, 현직): 목표/기한/재원/로드맵 ○ 니시카와(후쿠이현, 신인): 목표/기한/재원/로드맵 ● 마에다(나라현, 신인): 목표/기한/재원/로드맵

(○당선 ●낙선) (목표/기한/재원/로드맵 기재 유무)

2) 평가 방법

그렇다면 매니페스토 평가에 참여하고 있는 각 단체의 평가 기준과 방식을 중앙과 지방으로 나누어 살펴보도록 한다.

중앙

정당 매니페스토 평가에는 경제 단체(경제동우회, 연합), 공공이익 단체(전국지사회, 일본청년회의소), 시민단체(언론 NPO, 구상일본), 연구소(일본총연, PHP총합연구소) 등이 참여하고 있다. 이들 단체는 일정 이상의 정책 검증 평가능력을 지닌 인력과 노하우를 보유한 곳으로 평가된다. 매니페스토 검증 대회를 주최하는 21세기 임조는 검증평가대회에 참여 가능한 평가 능력 요건으로 첫째, 매니페스토 내용 둘째, 집행 체제 셋째, 설명 책임 등을 제시하였다. 세 가지 측면에서 매니페스토를 평가할 수 있는 능력을 지니지 않으면 검증대회 참가 자체를 불허하였다. 누구라도 매니페스토 평가가 가능한 것이 아니라 일정 이상의 평가 능력을 지닌 단체들만이 참가할 수 있도록 하였다.

이렇게 제시된 평가 측면에 따라 참가자들은 ① 달성도에 대한 종합평가 ② 개별 정책에 대한 달성도 평가 ③ 새로운 매니페스토의 검증 등을 평가한다. 그러나 평가 기준과 대상 그리고 방법 등은 각 단체의 입장과 시각 그리고 관심사에 따라서 달라진다.

그렇다면 각 단체들이 개별적으로 실시한 매니페스토 평가의 전반적인 특징을 살펴보자. 먼저, 달성도에 대한 종합평가는 실적, 실행 과정, 설명 책임으로 구분하여 대부분 100점 만점을 기준으로 점수를 배분한다. 세 분야는 개별적인 평가기준으로 채점하며 점수는 세 분야를 합산하여 정당별로 비교가 가능하도록 하였다. 달성도의 종합 평가는 정책별로 실시하여 얻어진 점수를 일정한 규약에 따라 계산하거나 별도로 채점하는 방식을 취한다. 즉, 거시적 평가(달성도 종합 평가)와 미시

【표 10】매니페스토 달성도에 대한 종합 평가와 개별 평가

	달성도 종합평가			개별 정책평가		
	실적	실행과정	설명책임	평가대상	평가방법	평가기준
경제 동우회	/60점	/20점 구속성 조정력	/20점 자기 검증력 투명성	중시되는 10의 개별 정책분야	5단계로 100만점으로 채점	정책효과 수치목표 법률성립 당내논의
PHP 연구소	/100점 정책분야평 (0·100)= 개별정책달 성도평균점 (0·25)*4	(평가방법 미확립)	(평가방법 미확립)	개별 정책을 7분야로 재 분류	개별정책평가(0 25)=진척도(0 25) * 난이도(0 1)	What, Why When, How Appeal 각 5점
일본총합 연구소	/40점	/30점	/30점	자민당(5)과 공명당 (4)의 개별 정책	종합평가와 동일 한 점수배분방식 으로 채점	실적 실행과정 설명책임
언론 NPO	/40점	/40점	/20점	자민당과 공명당의 각정책(20) 을 대상	종합평가와 동일 한 점수배분방식	실적 실행과정 설명책임
구상 일본	80점 (진척도를 산 출한 뒤 점수환산)	0점	20	자민당만 3부문평가	완전실행O:1점 부분실행△:0.5점, 비실행:브랭크. 산출식=(O의 수 *1+△의수*0.5) /(공약수·N/A수)	방침/계획 작성 여부, 법안/ 예산제출, 공약실현

적 평가(개별 정책 평가)를 별로로 실시하거나 아니면 계산식을 설정하여 산출한다.

둘째, 개별 정책별로 달성도를 평가한다. 평가 대상은 연립 여당인 자민당과 공명당이다. 두 정당이 제시한 개별 정책을 전부 평가하거나 아니면 특정 혹은 관심 분야를 선별하여 실시한다. 평가 기준은 추진 주체에 의해 선언된 정책이 어디까지 논의되고 있는가, 구체적인 진척 상황이 어디까지 진행되고 있는가, 정책 실현의 난이도는 어느 정도인가 등이다. 이는 정책 실시의 계획 작성, 예산 반영, 법률화 여부 등으로 기준을 삼는다. 개별 정책의 실행 여부와 그 정도를 산출식으로 계산한다.

셋째, 새로운 매니페스토의 검증 평가이다. 즉, 선거를 앞두고 각 정당의 공약이 매니페스토로서 과연 합당한가라는 것이다. 매니페스토를 문장형식과 내용으로 구분하여 평가한다. 공약 속에 목표와 기한, 공정과 재원 등이 구체적이고 명료하게 표현되어 있는가를 분석하는 것이 형식 요건 평가이다. 정책 이념과 목표가 포함되어 있는가, 특정 이념을 실천하는 구체적인 방안으로서 적합한가, 개별적 정책들이 상호 간에 모순없이 정합성을 이루는가 등이 내용적 측면에서의 검증이다. 그리고 정책 내용이 정책적 우선순위로써 올바르며, 미래에 대한 방향 제시로 타당한가도 중요한 평가 항목이다.

일본총합연구소와 언론 NPO는 형식과 내용으로 매니페스토의 문장을 분석한 반면, 경제동우회와 PHP연구소는 정책을 중심으로 매니페스토의 전체 평가와 개별 평가로 나누어 시행한다.

【표 11】 매니페스토의 평가1

	형식	내용
일본총합연구소	형식적 요건 평가 ①명확성 ②망라성	정권공약의 내용에 대한 커멘트 ①이념성 ②정합성 ③실효성
언론 NPO	1. 형식요건(40점) ○ 실현하는 정책의 이념, 목표가 제시되고 있는가, 그리고 그것들의 목표는 측정 평가 가능한가? ○ 목표실현을 향해 시책 체계가 정리되고 있는가? ○ 실현을 향해 로드맵이 있는가?	2. 타당성(60점) ○ 목표와 시책 수단의 정합성, 체계성. 수단은 목표실현을 위해 적절한가? 목표와 수단의 혼동은 없는가? ○ 실현을 향해 수상주도나 당 내각 일원적 체제 등, 실현을 모색할 담보력이 있는가? ○ 목표가 일본이 처해있는 과제로부터 적절한가?

【표 12】 매니페스토의 평가2

	전체평가	개별정책과제	기타
경제 동우회	1. 표기 충실도: 작성과정, 기본이념, 구체성, 정합성, 구속성, 연립정권으로서의 정 권 공약등을 각 5단계로 평가 2. 정책의 실현성	○ 표기 충실도 목표, 기한/ 공정, 재원 ○ 평가기준 명료성, 목표, 기한, 공정, 재원	○ 비전 비전평가(5 · 100)= what(1 · 20)+why(1 · 20)+ when (1 · 20)+how (1 · 20)+ appeal(1 · 20) ○ 구성 구성평가(2 · 100점)=명료성(1 · 50)+ appeal(1 · 50)
PHP 연구소	○ 각 개별 정책을 묶는 정책분야별 평가로 각 정당간에 비교가능함 ○ 정책분야평가(0 · 100)=개별정책 평균점(1 · 25)∗정합성 · 포괄성(0 · 1)∗ 4	○ What, Why, When, How, Appeal의 측면을 각각 5점 만점 평가 한다.	

지방 : 가나가와현을 중심으로

일본의 지자체는 장기 비전을 세우고 이에 근거한 계획적인 행정 운영을 하기 위해 종합 계획을 책정한다. 계획의 시간적 장단에 따라 기본 구상, 기본 계획, 실시 계획 등으로 나뉘며 지자체의 연도 사업은 이들 계획 가운데 위치 지워진다. 종합 계획은 행정의 지속성과 안정성을 강조하는 제도적 장치라고 할 수 있다.

이를 매니페스토와 관련지어 생각해보면, 당선자의 매니페스토가 그대로 4년간의 행정 목표로 전환되지 않는다는 걸 알 수 있다. 즉, 제시된 매니페스토가 기존의 종합 계획의 일부로 재정의 되거나 매니페스토를 토대로 한 신종합 계획이 작성되어야만 행정의 공식적인 목표로써 그 효력이 발생한다. 따라서 당선자에게는 지방 행정 관료들과의 논의, 지방의회의 승인이라는 정치 과정이 남겨져 있으며 이를 거쳐야만 비로소 매니페스토를 추진할 수 있는 환경이 정비된다. 매니페스토를 발표한 당선자들은 후보자 시절의 매니페스토를 바탕으로 종합 계획 속에 반영된 양상과 그 변화를 공표하고 있다. 이와테현의 마스다지사는 40의 정책, 가나가와의 마츠자와지사는 전략 프로젝트/주요 시책과 사업, 사가현의 후루카와 지사는 중점 실시 항목으로, 종합 계획상에서 새로워진 매니페스토의 명칭을 부르고 있다.

여기서는 이러한 정치 과정을 거친 이후 행정의 목표로서의 매니페스토를 중심으로 평가 방법을 살펴본다.

A. 위촉형 외부 평가: 매니페스토 평가위원회의 구성

자기 평가의 주관성을 배제하고 제3자에 의한 평가의 객관성을 담보하기 위해 시도된 평가가 위촉형 외부 평가이다. 이는 해당 지역 내의 일정한 평가 능력을 담보한 시민단체나 기관이 없거나 소수인 경우, 지사가 촉탁하는 형태로 구성된다. 가나가와현의 경우, 전문가 5명과 현민으로부터의 공모위원 6명으로 '마츠자와 매니페스토 진척 평가 위원회'를 구성하고 이에 위탁하는 형태로 2004년 3월부터 1년에 한차례씩 시행되고 있다. 2004년도에는 데이터의 부족, 평가 기준 설정, 평가 결과의 표현 방식에 대한 혼란, 아직 공약 결과를 평가하기에는 짧은 시간 등의 이유로 실질적인 평가 작업은 이루어지지 못하였다. 따라서 2005년도가 매니페스토를 평가하는 사실상의 첫 해이다.

위원회는 마츠자와 매니페스토의 진척도 평가를 주요 임무로 하며 운영은 위원장을 중심으로 최대한 지사의 영향력을 배제하는 방식으로 운영한다. 위원회의 심의 과정과 수집된 자료를 전면적으로 공개하며,

【표 13】 평가 작업의 수순과 주요 내용

단계	평가 수순	내용
1단계	1. 정책내용의 확인	① 제시된 정책이 지향하는 목표가 무엇인가? (방법이나 재원의 내용은 어디까지나 정책목표의 수단으로 이해한다) ② 정책목표의 성격은 무엇인가? ○ 아웃풋(결과)형인가, 아니면 아웃컴(성과)인가? ○ 지속적인 행정대응이 필요한가, 아니면 한번 달성으로 종결하는가?
2단계	2. 목표달성상황 파악	정량 정성적 측면에서 목표달성상황 파악
	3. 행정대응상황 파악	행정이 정책실현을 위해 어떤 노력을 하고 있는지파악
3단계	4. 정책별 평가1	목표 달성 정도를 5가지로 구분하여 평가
	5. 정책별 평가2	행정대응상황을 5단계롤 분류하여 평가
	6. 분야별 평가	각 정책이 속한 분야를 단위로 평가
	7. 전체평가	현재의 진행 상황에 대한 총괄적인 평가

해마다 5월에 그 보고서를 정리하여 지사에게 보고한다. 보고서는 주민들이 쉽게 이해할 수 있게 되도록 구체적이고 알기 쉬운 언어로 작성된다.

위원회의 평가 업무는 크게 3단계로 구분된다. 첫 단계는 매니페스토 내용에 대한 분석이며 두 번째는 자료 수집을 통한 현황 파악, 셋째는 이를 토대로 한 평가 단계이다.

먼저 첫 단계는 매니페스토를 통해 발표된 정책의 내용을 파악하고 확인하는 것에서부터 시작된다. 이 작업의 핵심은 첫째, 제시된 정책이 지향하는 목표가 과연 무엇인가, 둘째 정책 목표의 성격이 어떠한가를 파악하는 일이다. 정책 목표의 성격은 크게 두 가지 측면으로 구분되는데, 먼저, 주로 정책의 영향력을 중시하는 아웃컴(outcome)형인가, 아니면 결과를 중시하는 아웃풋(output)형인가 둘째, 목표 유지를 위해 계속적인 대응이 필요한 것인가 아니면 한번의 달성으로 종결되는 정책인가이다. 그리고 제도 개혁을 목표로 하는 정책을 추가하여 위원회는 모두 다섯 가지의 정책 유형을 제시한다.

다음 단계에서는 유형별로 구분된 각 정책에서의 목표를 토대로 한 목표 달성도와 이에 대한 행정의 대응 상황이라는 관점에서 자료를 수집하고 현황을 파악한다. 목표 달성도에서는 주로 성과가 중시되지만 정량 평가가 어려운 경우에는 목표 실현 상황을 정성적으로 조사한다. 행정 대응상황은 특정 정책실현을 위해 행정이 어떠한 노력을 보이고 있는가(input)를 살펴보는 것으로 사업의 연구 검토와 실시 상황 등이 주요 대상이다.

마지막으로 명확해진 정책 목표와 이를 토대로 수집된 각 종 자료를 근거로 평가를 실시한다. 평가는 자료 수집의 두 가지 관점 즉, 목표 달성 상황과 행정 대응 상황의 측면에서 정책 별, 분야별, 전체 평가 등 미시·거시적 측면에서 이루어진다. 목표 달성 상황의 관점에서는 각 정책 유형별로 다섯 가지의 달성 정도로 구분하여 평가한다. 행정 대응 상황의 관점에서는 미착수·방침결정·준비/사업화·실시 중·완료 등으로 분류하여 평가한다. 마츠자와 지사의 경우, 6분야로 구성된 총 37 정책 항목을 발표하였기 때문에 위원회의 평가도 이를 토대로 제시된 개개의 정책과 구성된 분야 그리고 전반적인 총괄 평가 순으로 이루어지고 있다.

평가 결과는 홈페이지 게재, 기자 발표 등으로 주민들에게 공표된다. 그리고 앞으로 행정에 반영시키기 위해 위원회의 제언으로 매니페스토 추진 과제 등을 기재하는 등의 연구도 행해질 예정이다.

B. 자기 평가

자기 평가란 매니페스토를 제안한 당사자가 정치가의 입장에서 지난 1년간의 성과를 스스로 반성하고 점검하는 활동이다. 제안자는 매니페스토의 목표를 달성하기 위해 필요한 노력을 기울여 왔다는 관점에서, 본인 스스로 기울인 노력을 포함한 종합적인 평가를 시행한다.

이 평가는 매니페스토의 목표 달성을 위해 지금까지 필요한 노력을

평가	몰두 상황
A	필요한 노력을 착실히 실시하고 목표달성을 향해 구체적인 성과가 나타나고 있는 것
B	필요한 노력을 대략으로 순조롭게 실시하고 일정한 성과가 나타나고 있는 것
C	목표달성을 행해 노력하고 있으나 과제가 남아 있는 것
D	구체적인 노력이 충분하지 않는 것

기울여 왔는가라는 등을 종합적으로 감안하여 평가한다. 즉, 스스로 판단하는 주관적인 평가로, 평가위원회가 실시하는 절대 평가와는 그 기준이 다르다는 점을 인식해야 한다. 그리고 평가 시점은 외부 평가 결과를 기초로 시행되므로 외부 평가 위원회가 그 결과를 공표한 뒤에 실시되는 것이 일반적이다.

C. 자발형 외부 평가: 시민단체(자치창조 콘소시엄)

해당 지자체 내부 혹은 외부의 시민단체들도 매니페스토 평가를 자발적으로 실시하고 있다. 특정 비영리 법인인 자치창조 콘소시엄의 경우, 2004년도에 로컬 매니페스토 평가연구위원회가 설치되면서 본격적인 검증 평가 작업이 시작되었다.[8]

평가위원회는 위촉된 학식자 3명과 공모를 통해 선발한 6명의 연구위원들로 구성되었다. 평가 대상은 가나가와현의 마츠자와 지사의 매니페스토를 시작으로 2005년도에는 서동경(西東京)시의 사카구치 코우지 시장의 매니페스토로 확대되었다. 평가 작업은 총5회에 걸쳐 평가 회의를 가졌고 이를 통해 최종 보고서를 정리하였다. 그리고 매니페스토 평가포럼과 매니페스토 작성 공개 워크숍 등을 통해 시민 차원에서의 매니페스토 이해 능력을 향상시키기 위해 노력하였다.

---

[8] 시민 차원에서의 매니페스토 평가의 목적은 정치가의 그것과는 다른 측면을 가진다고 판단된다. 정치가는 스스로 제시한 공약에 대한 설명을 하는데 책임을 다한다는 차원이 강한 반면 시민 차원에서는 매니페스토 평가 작업을 통해 시민의 정책 능력을 향상시키고, 적극적인 시민 참가를 통해 시민 주체의 정치·행정을 형성시켜나가는 데 그 주안점을 둔다. 즉, 정치 교육적 속성이 강하다고 할 수 있다.

평가 기준은 매니페스토 자체 평가, 매니페스토의 진척평가, 매니페스토 사이클의 평가로 구성되어 있으며 각각 20점, 60점, 20점 만점으로 배정되어 있다.[9]

먼저 매니페스토 자체평가는 유권자가 알기 쉽고 구체적으로 판단할 수 있는가(구체성), 목표 설정이 타당한가(비전, 기본 방침), 정책 간에 체계적이며 모순은 없는가(정책 일관성과 체계적), 매니페스토 책정에서 시민의 제안을 반영하는 과정이 존재하는가(시민 참가), 매니페스토의 공개적인 제공 방안은 어떠한가 등이 주요 점검 항목이다.

둘째, 매니페스토 진척 평가는 크게 추진 체계의 평가 정책 항목의 진척도 평가로 나뉜다. 추진체계 평가는 매니페스토를 실행하기 위하여 행정 계획에 어떻게 반영하며(매니페스토의 행정 계획에의 몰두 상황), 조직 형태는 어떠하며(매니페스토 실행 체제 만들기), 환경 변화에 맞게 정책 실현이 잘 이루어져가고 있는가(정책 실현을 위한 적응력), 리더로서의 의욕과 리더십을 확보하고 있는가 등을 평가하는 항목이다. 정책 항목의 진척도 평가에는 각 정책별 목표 달성 수준, 몰두 상황의 단계, 정보 공개도, 시민 참가와 협동 등을 측정한다.

셋째, 매니페스토 사이클의 평가란, 평가 활동과 그로 인한 산출물을 어떻게 반영하여 활성화시켜나가는가라는 매니지먼트적 측면의 작업이다. 즉 매니페스토 평가를 어떻게 하고 있는가, 평가된 정보를 공개하고 있는가, 평가 활동에 시민들의 참가는 가능한가, 그 결과에 기초하여 개선이 이루어지고 있는가 등이 주요 점검 요소이다.

9 구체적인 평가지표는 이노우에 논문 참조.

위원회는 이러한 평가 기준을 중심으로 점수를 채점하는 방식으로 평가를 실시하였다. 점수 채점 방식은 유권자가 판단하기 쉬우며 다른 매니페스토와 비교 가능하기 때문이다.

【표 14】 가나가와현의 로컬 매니페스토에 대한 평가 작업

평가방법	평가일시	평가형식	평가방식
제안자의 자기평가	04년 5월 31일 05년 6월	외부평가를 토대로 매니페스토를 제시한 정치가 입장에서 성과와 과제를 점검	•제시된 매니페스토의 몰두 •상황을 A B C D 등 4단계로 나누어 평가실시
위탁형 외부평가	05년 6월 6일	지사의 위촉을 받아 전문가와 주민으로 구성된 위원회가 매니페스토의 진척도를 평가	•각 정책 유형을 구분 •목표달성상황과 행정대응 •상황을 중심으로 정책별 분야별 전체평가 시행
자발적 외부평가시민단체 (자치창조 콘소시엄)	05년1월18일 (03년도 대상) 05년12월 15일 (04년도 대상)	특별 비영리 법인인 자치창조 콘소시엄이 자발적으로 특정 매니페스토에 대한 평가작업을 2차례 실시	•매니페스토 자체 평가 •매니페스토 정책의 진척평가 ① 추진체계의 평가 ② 정책항목의 진척도 평가 •매니페스토사이클의 평가
로컬매니페스토 검증대회	04년 9월 05년 11월	로컬 매니페스토 연구소가 주최하는 로컬매니페스토 검증대회에 참가하여 자기평가와 외부평가를 실시	형식요건, 실행과정과 진척도 평가자 판단

3. 평가 및 전망

일본의 선거에 매니페스토가 도입된지 3년이 흐른 현재, 매니페스토 사이클의 작동과 정착에 있어서 다음과 같은 특징들과 과제들이 노정되고 있다.

　　첫째, 중앙의 침체와 지방의 활성화 현상이다. 중앙 정치는 중의원 선거를 기점으로 매니페스토 사이클이 작동한다. 그렇다면 2003년 이후 처음 치른 2005년 9월의 중의원 선거가 고이즈미 정권에 대한 유권자들의 매니페스토형 업적평가의 첫 자리가 되어야만 하였다. 하지만 선거는 우정 민영화 실시라는 단일 이슈와 실시 여부에 대한 기대 투표로 이루어졌다. 당초 기대했던 매니페스토형 선거와는 거리가 먼 양상이었다. 특히 중의원 해산권을 갖는 의원내각제의 성격상, 수상에 의한 중의원 해산과 총선거의 실시는 특정한 정치적 의도 하에 이루어지는 경우가 많기 때문에 그때의 정치적 이슈가 선거 쟁점으로 부상하기 쉽다. 그럴 경우 매니페스토 사이클이 의도했던 공약 이행 상황에 대한 국민들의 평가와 장래 정책 우선 순위를 둘러싼 정책 논의의 장으로서의 선거는 그 의미를 잃고 표류할 가능성이 높아진다. 그리고 해마다 매니페스토 검증 대회 등을 통해 사회 각계각층이 정당의 매니페스토를 평가하나 연립여당이 상대적으로 자기 평가에 소극적인 양상이다. 매니페스토의 출발점이 야당으로부터 기원된 연유도 있으며 아직 매니페스토에 입각한 당내 의사 결정 체계가 확립되지 못한 여건도 존재한다.

　　이에 비해 지방은 매우 활발한 양상을 보인다. 이는 정치인의 적극적인 매니페스토 도입 노력과 추진 네트워크로 대변되는 전국적인 시민운동의 활성화에 기인한다. 선출직 정치인들은 약속 이행이라는 관점에서 능동적으로 업적 평가에 임하며 이를 정치적 입지 강화 전략으로 이용한다. 지역 단위로 전국을 잇는 매니페스토 네트워크는 상호 정보교류와 연대를 통해 매니페스토의 보급에 사회적 압력으로 작용한다. 그렇다고 중앙 역시 전혀 변화가 없는 것은 아니다. 자민당 내 정책 결정 과정 속에 점차 매니페스토에 근거한 정책 결정과 작성 문건들이 등장하고 있다.[10] 느리지만 조금씩 매니페스토적 사고가 착근되어가고 있는 것이다.

둘째, 매니페스토 사이클이 진행되면서 사이클을 중심축으로 한 미시적 제도들 간의 정합성이 점차 모색되고 있다. 정치 개혁은 수많은 정치 개혁의 성과들을 양산하였다. 하지만 개혁 제도들 간의 정합성을 갖지 못하면 의도된 제도적 효과는 반감이 되고 만다. 매니페스토 사이클이 등장하면서 공약과 종합 계획 간의 관계, 지방의회와 시민단체의 역할, 행정 평가 시스템의 활용 등 총체적 측면에서의 기존 관점에 대한 재정립이 시도되고 있다. 환언하면 정치 사이클을 중심으로 거시적 관점의 정치 개혁 운동이라고 할 수 있다.

셋째, 매니페스토형 공약이 점차 기존 공약을 대체할 가능성이 커지고 있다. 매니페스토라는 제도적 이식과 확산은 추상적이고 이상형적 공약에 대해 유권자들의 분별 능력을 높여왔다. 국민들에게도 점차 정책에 의한 선거라는 인식이 자리해 가고 있으며, 이를 바탕으로 한 각 후보자들의 구체적이고 명확한 청사진 제시가 당락을 가르는 필수 요인으로 받아들여지고 있다. 점차 보급되는 매니페스토형 토론회 개최가 후보자 간 준비 태세와 정책 능력을 명확히 알려줄 것이다. 도입 초기에는 지나치게 엄격한 수치, 재원, 로드맵을 요구하는 문제점도 지적되었다. 하지만 종래 선거에 대한 사회적 개선 노력 자체가 이미 진일보한

---

10 매니페스토의 저자 동경신문의 가나이 기자는 2005년 중의원 선거이후 집권당인 자민당은 첫째, 매니페스토형 운동 방침의 지시 둘째, 간사장실이 매니페스토 지침을 직접 작성하는 등 이전의 정책 결정 과정과는 차별화된 매니페스토형 사고가 점차 침투하고 있다고 언급하였다(2006년 1월 27일 인터뷰).

상황이며 앞으로 매니페스토형 공약은 더욱 정착될 전망이다.

넷째, 평가 기준의 다양성으로 인한 유권자의 혼란과 아전인수식의 해석 가능성이다. 일정한 평가 능력을 갖춘 다양한 단체들이 매니페스토 평가에 자발적으로 참여하고 있다. 이들은 자신들의 입장에서 평가 지표를 작성하고 평가를 실시한다. 따라서 매니페스토의 평가가 자신들의 정책적 입장과의 유사한가 또는 배치되는가에 따라 결과적 차이를 불러 올 가능성이 농후하다. 만일 평가 대상의 집단들이 자신들에게 유리한 결과만을 차용하게 될 경우 유권자들에게 판단 자료를 제공한다는 취지에서 이탈되어 오히려 혼란을 가중시킬 우려도 상존한다. 평가 기준에 대한 사회적 합의에 관해서는 여러 의견들이 제시되고 있으며 앞으로도 많은 논의를 통해 사회적 과정을 확립될 것으로 보인다.

첫 매니페스토 사이클의 일주는 지방의 경우 아직 진행 중이며 많은 시행착오를 겪고 있다. 그러나 매니페스토라는 제도 도입을 통해 민주주의의 근본 이념, 정치가의 책임, 시민 참여, 관료제, 지방분권 등 다양한 논점들이 제기되었고, 이러한 사회적 논의와 합의를 생산하는 과정 자체가 더욱 성숙된 민주주의를 실현하는 길이라 판단된다.

참고문헌

會根泰教. 「マニフェスト導入の波」(朝日新聞, 2003年6月15日,朝刊), 2003.

______. 「日本の地方選擧におけるマニフェスト」２００６年２月３日學術大會,ソウル, 2006.

井上良一. "日本のローカルマニフェスト推進現狀と市民運動の課題" ２００６年２月３日學術大會(ソウル), 2006.

磯崎初仁「ローカルマニフェストのつくリ方」(２００５年１１月１２日ワークショップ).

金井辰樹. 『マニフェスト』. 東京: 光文社新書, 2003.

大山礼子´藤森克彦. 『マニフェストで政治を育てる』. 東京: 雅粒双書, 2004.

UFJ総合研究所國土地域政策部. 『ローカル・マニフェストによる地方のガバナンス改革──自治体が変わる´地域も変わる』. 東京: ぎょうせい, 2004.

四日市大學地域政策研究所. 『ローカル・マニフェスト－政治への信賴回復をめざして－』. イマジン出版, 2003.

北川正恭. 『生活者起点の「行政革命」』. 東京: ぎょうせい, 2004.

松澤成文. 『實踐　ザ・ローカルマニフェスト』. 東信堂, 2005.

『第1回マニフェスト檢証大會』(2004年5月12日)

『總選擧直前マニフェスト檢証大會』(2005年8月26日)
『第1回ローカル・マニフェスト檢証大會』(2004年9月8日)
『第2回ローカル・マニフェスト檢証大會』(2005年11月19日)
岩渕公二岩手縣におけるマニフェストの推進と檢薔の報告(2005,第２回ロ:カルマニフ
ェスト檢薔大會

참고사이트

구상일본 http://www.kosonippon.org
경제 동우회 http://www.doyukai.or.jp
경단련 http://www.keidanren.or.jp/indexj.html
게이오대학 소네 야스노리교수 연구실http://www.pac.sfc.keio.ac.jp/sone lab
로컬 매니페스토 추진 네트워크 http://www.local manifesto.jp/network
로컬 매니페스토 추진 단체장연맹http://www.local manifesto.jp/headleague/index.html
로컬 매니페스토 추진 지방의원연맹http://www.local manifesto.jp/gikaigiin/index.html
마츠자와지사공식사이트 http://www.matsuzawa.com
와세다대학 매니페스토 연구소http://www.waseda.jp/prj manifesto
언론NPO http://www.genron npo.net
21세기 임조 http://www.secj.jp
이와테현 http://www.pref.iwate.jp
자치창조콘소시엄http://www.jichi.org
가나가와현 http://www.pref.kanagawa.jp

8장

한국에서 매니페스토가 갖는 의미와 도입 전략

김재용 · 게이오대 매니페스토 연구회 연구원

들어가며: '정치' 와 '운동' 의 과제를 중심으로

한국 사회에 매니페스토라는 새로운 용어와 개념이 등장했다. 정책 선거, 정책 정치의 실현이라는 명분과 가치를 갖고 언론과 시민사회 운동, 정치권, 학계, 나아가 선거관리위원회를 포함한 국가 기관까지 적극적인 관심을 보인다. 한국 특유의 빠른 현상과 5·31 지방선거라는 시기적 특수성을 감안하더라도 몇 주 만에 TV와 신문 지면을 통해 외국 사례가 소개되고 각종 토론회와 설명회가 이어지는 것은 역으로 우리 사회가 얼마나 정책 선거, 정책 중심의 정치에 목말라 했는가를 미루어 짐작할 수 있다.

그러나 도입 단계에 있는 매니페스토는 기대와 우려가 동시에 존재한다. 정책을 중심으로 한 선거를 치룸으로 해서 한국 정치를 한 단계

발전시킬 것이라는 기대와 함께 실효성이 있는가, 공정성과 합리성이 보장되는가 하는 우려의 목소리가 벌써부터 제기된다.

이 논문은 이런 우려와 함께 현재의 매니페스토에 대한 관심이 좁은 의미의 매니페스토, 즉 구체적 수치 목표, 재원 마련, 기간이 적혀 있는 공약이라는 선거 공약의 측면과 매니페스토를 작성하는 기법, 평가하는 방법 등 실무적인 선에서 다루려는 경향성에 주목하고자 한다.

2003년 매니페스토를 받아들인 일본의 경우도 이 문제가 중요한 현안이 되고 있다. 만일 이러한 경향성이 그대로 관철되는 경로를 밟는다면 매니페스토를 통해 정책 정치 실현의 시스템 구축, 즉 매니페스토 사이클의 안착이라는 본래의 위상과 의의를 상실한 채 여야 정치권에서는 '공약 잘 만들기 대회', 시민사회운동은 '유행과 같은 휘발성 운동'으로 기록될 가능성이 있다.

따라서 이 논문은 매니페스토를 도입해서 한국 사회가 진정 무엇을 얻을 것인가를 진지하게 묻고 선거 때만 되면 나타나는 무슨 무슨 운동식의 일회성 운동으로 끝날 우려에 대한 문제 의식에서 출발하고자 한다. 그리고 그렇게 되지 않기 위해서는 정치와 운동이 어떤 전략적 자세와 연대를 해나갈 것인가에 대해 실천적인 대안을 모색하고자 한다.

시민사회와 정치가 매니페스토에 대한 전략적 자세를 취하지 않은 채 다가오는 5·31 지방선거에서 말만 바뀐 낙선 운동, 정책 캠페인, 후보자 검증 운동이 되어 또다시 공정성, 합리성 문제가 제기 되고 일회성 캠페인 행사에 그친다면 정치와 시민운동을 향한 불신만 남고 성과를 남기지 못할 것이다.

1. 매니페스토 도입의 시대적 배경과 외국 사례

1) 매니페스토를 요구하는 '정치'와 '운동'의 내외적 조건

1987년 이후 한국의 민주주의는 실질적으로 '운동'이 주도한 민주주의다. 물론 형식적 민주주의 법적·제도적 구축에 정치가 일정 정도 역할을 한 것은 있지만, 그것은 사회 갈등의 요소를 정당 정치로 소화해 내는 내용적 과정이었다기보다 운동이 전체의 흐름을 이끌 때 수동적·파편적으로 참여했다고 볼 수 있다. 이러한 과정이 2000년 낙선 운동과 2003년 참여 정부 탄생, 2004년 개혁 세력의 과반수 의석 차지, 진보 진영의 원내 진출이라는 정치적 과정을 거치면서 새로운 국면을 맞게 되었다. 그것은 그동안 '운동'이 담당했던 한국 사회의 정치 개혁과 사회 개혁의 의제들이 상당 부분 정치의 영역으로 넘어갔고 실제 '정치'는 이를 제도 내에서 반영하고 투영하려는 노력을 벌임으로서 운동에게는 위기를, 정치에게는 새로운 과제를 부여한다.

'정치'는 여전히 지역주의와 이데올로기가 생명력을 발휘한다. 정당 민주화는 형식적 제도 완비와 당원 참여라는 부분에서 발전을 이루었지만 정책적·내용적 측면에서 정책 정당 체제로 가기에는 아직 갈길이 멀다. 정책 정당을 지향한다고 하지만 정책의 일관성과 추진력 부족, 정책의 정치화라는 구태에서 벗어나지 못한다.

'운동'은 앞서 밝힌 대로 내외적 위기를 감지할 수 있다. "한국 시민 운동은 1987년 이후 자신들이 성취한 민주주의로 인해 역설적으로 이전과는 다른 새로운 헤게모니 창출 능력을 시험받고 있다"(조희연

2004)는 지적이 그것을 잘 대변해준다. 이것은 국가-시민사회-시장이라는 각 주체 간의 관계 설정과 역할이 불가피해지고 있음을 뜻한다. 따라서 정치는 정치대로 운동은 운동대로 새로운 패러다임을 요구 받으며 극복 대안을 모색하고 있다.

정책 정치의 실현의 시스템구축 즉, 매니페스토 사이클의 안착의 유효한 방법론으로 세계 선진 국가에서 검증된 매니페스토 도입의 시대적 배경은 바로 이러한 한국 사회의 '운동'과 '정치'의 내외적 요구에 근거한다.

2) 외국 사례를 통해 「한국형 매니페스토」를 찾을 수 있을 것인가

영국 - 매니페스토는 최고의 걸작

매니페스토는 주지하다시피 영국이 원산지이다. 한국에 소개된 것은 1997년 영국 노동당의 블레어 총리가 매니페스토를 전면적으로 이용, 총선에서 압승했다는 단편적인 소개에 그치고 있으나 실상 의회민주주의의 오랜 역사를 갖고 있는 영국에서의 매니페스토는 오랜 기간 축적된 민주주의의 산물이다. 〈그림 1〉에서 보이듯 선거에서의 실현·검증 가능한 공약이란 좁은 의미의 해석보다는 선거-실행 체제-정책 실시-점검과 평가-선거라는 이른바 매니페스토 사이클의 선순환적 운영이라는 보다 넓은 의미로 인식된다. 국정 운영의 사이클이 매니페스토에서 비롯되고 있음을 알 수 있다. 구체적으로 보면 지역주의, 연고주의가 없는 영국에서의 매니페스토란 기본적으로 정당 매니페스토(party manifesto)이다. 이것을 명확히 국민에게 제시함으로써 정치는

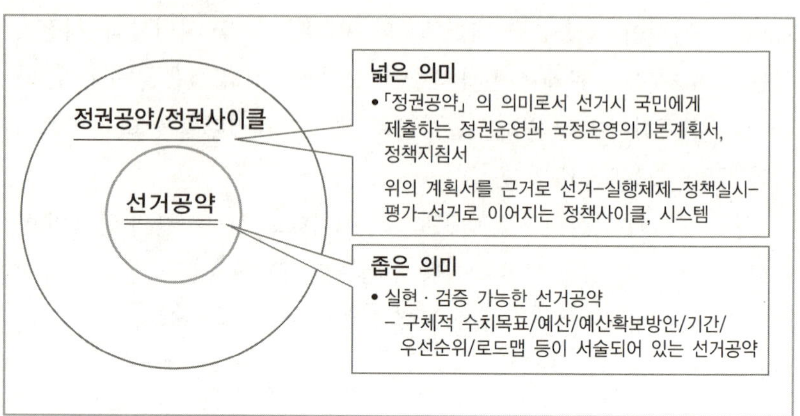

【그림1】 매니페스토(Manifesto)의 의미

정당 간 정책 대결의 장으로 작동하고 국정은 정책적 안정을 꾀하며 개혁과제를 수행하는 것이다.

영국에서 매니페스토의 위상을 단적으로 보여주는 사례가 있다. 첫째, 정당의 매니페스토 발표 직후 특히 여당의 발표 후, 증권 시장에 바로 반영되는 특징을 볼 수 있다. 둘째, 영국에서는 선거시 길거리에서 그리고 서점에서 일반 국민에게 매니페스토를 담은 책자를 판매한다. 4,000원 정도에 해당하는 이 책자는 실제 100만 부 이상 판매된다. 셋째, 얼마 전 영국 노동당의 당수로 39세의 젊은 의원 데이비드 캐머런이 당선되었다. 토니 블레어에 맞선 신선한 이미지로서의 선거 전략적인 측면도 있지만 이것은 매니페스토 사이클을 기반으로 한 정책 정당 체제가 구축되어 있지 않으면 쉽게 이루어 질 수 있는 것이 아니다.

매니페스토에 대한 신뢰성과 투명성 그리고 안정성을 보여주는 세 가지 풍경에서 보듯 영국에서 매니페스토는 일상적 정치 과정의 한 가운데 위치하며 국가-시장-시민사회의 연결망에서 신뢰 있는 정권 운영 계획서이자 정책 지침서로서의 역할을 한다.

일본 - 빛나는 창작품 '로컬 매니페스토'

일본은 2003년 매니페스토를 받아들였다. 그 해 4월 지방선거에서 시범적으로 실시된 이후 중앙 차원의 정당 매니페스토로 이어졌고 이제 매니페스토 사이클의 3/4의 순환 과정에 있다.

일본에서 매니페스토의 도입은 언론과 시민사회, 경제 주체들의 적극적인 관심 속에 빠른 속도로 정착해갔다. 실제 매니페스토에 대한 국민 인지도는 70%, 선거시 매니페스토의 효용성에 대한 평가는 40%(2005년 아사히 신문 여론 조사)로 나타났다. 주목해야 할 점은 일본 스스로 매니페스토를 정치 개혁의 수단으로 삼고 지방에서부터 매니페스토 운동이 전개되었다는 것이다. 일본은 창조적으로 로컬 매니페스토(local manifesto)라는 개념을 만들어 냈고 중앙보다 더 활발한 운동 양상을 보인다.

그러나 일본은 도입 단계에서 문제점에 대한 지적도 적지 않았다. 그것은 매니페스토를 지나치게 협의의 의미로 해석해 받아들임으로서 생기는 문제이다. 즉 과거의 빈약한 공약에 대한 반작용인지 공약의 수치 목표(예산, 정책, 진척도 등 평가 항목) 등에 지나치게 매몰되는 경향을 보임으로서 마치 수험생이 시험을 치르면서 답을 만들어내고 채점자가 채점하는 듯한 양상으로 비춰진다는 점이다.

일본의 매니페스토 전문가인 게이오대학의 소네 야스노리(曾根泰敎)교수는 이에 대해 "매니페스토의 근본 위상은 선거를 통해 전해지는 정치적 매세지이며, 일본 매니페스토의 도입 배경이었던 NPM(New

Public Management)의 '사무 사업 평가'와는 달리 '정치적 평가'"임을 지적한다. 유권자에게 정권의 모습을 알리는 것이 핵심이며 그렇게 하기위해서는 정권의 방향성이 명확해야 한다는 점, 임기 중에 실행할 정책의 우선 순위와 함께 항목 간의 정합성을 갖춰야 한다는 점을 강조한다. 숫자에 얽매이다 보면 스스로를 옭아매는 상황이 벌어짐을 지적하는 것이다.

2. 한국에서 매니페스토의 역할과 기대 효과

1) 매니페스토는 정책 정치로 가는데 유효한 도구(tool)인가?

정치는 큰 방향에서 이념과 노선에 근거해야 한다. 한국 정치는 그러한 틀로 가는 과도기적 상황이라고 할 수 있다. 정치가 정체성과 이념이 분명한 정책 정당으로 가기위한 여러 가지 이론들이 제출되지만 문제 의식만 제출될 뿐 '어떻게 갈 것인가'에 대한 방법론은 추상적이거나 정치적인 것 위주이다.

매니페스토는 이러한 현실을 극복할 자기 완결성을 갖고 있는 종합 안내자의 역할을 할 수 있다. 매니페스토는 선거 공약이 아닌 정권 공약의 의미를 갖는다. 따라서 매니페스토 내용에는 첫째, 정권 목표와 방향에 대한 구체적인 정권상 둘째, 정책 우선 순위에 따라 선거 당선 후에 바로 집행에 들어갈 수 있는 실행 체제 및 실행 환경 조성안 셋째, 수치 목표, 예산, 기간, 로드맵이 제시된 정책 운영 계획안 등이 포함된다.

따라서 매니페스토는 선거 공약집이 아닌 '정권 공약'이며 '정권 운영, 국정 운영의 정책 지침서'에 해당된다. 여당과 집권 세력에게는 이후 책임 정치를 구현하는데 있어 근거가 되는 정국 운영 기본서에 해당한다. 야당 또한 차기 집권을 위해 성실히 매니페스토를 작성하지 않을 수 없다.

한국 정치가 아직도 대화와 타협으로 정책 정치를 펼치지 못하는 것은 서로가 구체적 근거, 즉 국민과의 약속 혹은 상대에 대한 약속의 근거가 없거나 추상적인 데서 기인한다. 또한 이런 약속이나 근거가 지키지 않아도 된다는 구속성(restriction)의 문제가 약하기 때문이기도 하다.

매니페스토는 이점에 주목한다. 즉 검증 가능하고 책임있는 공약을 제출함으로서 유권자에 대한 '정치적 긴장감'을 갖게 되고 실천 여부에 따라 다음 선거에서 '패널티(penalty)'를 받게 된다는 점을 분명히 함으로서 정치의 전 과정에 책임성과 투명성을 부여한다.

결론적으로 매니페스토는 정책 선거 실시, 정책 정당 시스템 구축, 대화와 타협의 정치, 지역주의 극복, 올바른 권력 구조의 창출 등 한국 정치 개혁의 내용적 과제를 달성하는 데 있어 적확한 방법론을 찾지 못하고 있는 현실에 유효한 도구(tool)이자 시스템으로서 작동 할 수 있음을 보여준다.

2) 한국형 매니페스토 사이클의 안착 효과

한국 정치에 대한 유권자의 불신은 지역주의나 이데올로기에서 정책의 문제로 이동하고 있다. 실제 선거에서 정책은 주요 변수로 작동하기 시작했다. 한국 정치에서 '정책의 위기'는 개별적으로 좋은 정책이 없어서 생긴 문제가 아니다. 문제는 첫째, 이러한 정책이 선거 전략과 정치 대립의 도구로 지나치게 활용된다는 점 둘째, 정책의 콘텐츠가 빈약하고 관료나 엘리트 위주로 작성되어 국민의 의사 전달이 원활치 못하다는 점 셋째, 이익 단체의 반발과 조정력 부족으로 정책 결정 과정과 집행 과정에 사회적 비용이 많이 든다는 점 넷째, 정책에 있어 정치적 기능이 약하다는 점 다섯째, 정책의 실패에 대한 평가와 책임이 없다는 점 등이 복합적으로 작용한다고 볼 수 있다. 매니페스토 사이클은 이러한 문제에 유효한 방법을 제공한다.(〈그림 2〉 참조)

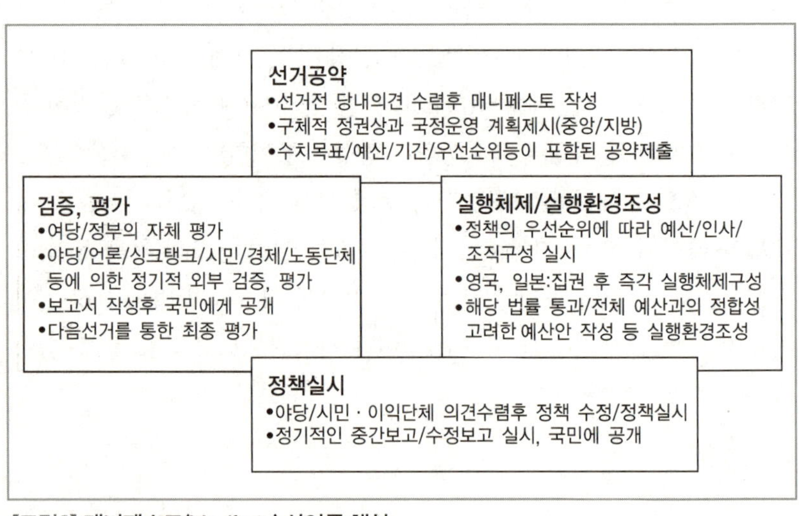

【그림2】 매니페스토(Manifesto) 사이클 해설

매니페스토사이클은 Plan Do See라든지 Plan Do Check Action(PDCA)라는 일반 경영 분야에서 사용되는 개념과 맥을 같이한다. 행정학의 '정책의 순환'이라는 정책 과정론과도 상통한다. 그러나

<그림 2>에서 보듯이 매니페스토 사이클은 일반 행정에서의 정책 결정 과정이 아니고 구체적인 정책을 근거로 이루어지는 정치 과정의 사이클이라는 점을 분명히 인식해야 한다. 매니페스토에 있어 왜 이것이 중요한 것인가에 대해서는 이 논문의 사례분석 매니페스토가 본 신행정 수도 공약에서 실증적으로 논하고자 한다.

3. 전략적 매니페스토 도입의 방법론

1) 2007년 대선과 그 이후를 생각 하는가

모든 운동과 사업이 성공하기 위해서는 목표와 방향성을 분명히 해야 한다. 지금 전개되는 매니페스토 운동의 양상에서 앞서 지적한 것처럼 지나치게 지엽적이고 좁은 의미의 매니페스토가 중심적 목표와 방향이 되어서는 일회성 운동과 유행으로 끝날 가능성이 있다. 일본 또한 이러한 구체적 수치 목표와 재원, 기간, 로드맵 등 문서에 나와 있는 공약의 검증과 평가에 치우치다보니 실제 매니페스토를 도입해서 무엇이 달라졌고 무엇을 얻고 있는가에 대한 평가가 제기되고 있다. 현재, 한국에서도 이점에 대해 학계와 시민단체에서 문제제기가 있음을 확인할 수 있다. 이것은 운동의 목표와 방향성에 대한 명확한 설정없이 무차별적으로 수용하려는 자세에도 그 원인이 있다.

다가오는 5 · 31 지방선거에서 매니페스토를 도입했다고 한국정치에 근본적 변화가 있으리라고는 예상되지는 않는다. 그러나 매니페스토가 무엇인지 국민에게 알리고 정치와 운동, 전문가 집단, 경제 주체 그리고 유권자인 국민의 역할은 무엇인가에 대한 질문에 해답을 줄 운동의 과정이 될 것이다.

관건은 2007년 대선, 2008년 국회의원 선거 이후까지 이 운동이 정연한 프로그램과 자기 동력을 갖고 지속적으로 전개될 수 있는가에 있다. 이를 위해 장단기적인 매니페스토 운동의 종합 프로그램에 대한 진지한 학습과 토론이 전제되어야 한다. 동아일보와 국회산하 의회발전연구회, 그리고 저자가 소속해있는 일본 게이오대학 매니페스토연구회[1]의 매니페스토캠페인과 그것을 위한 학습과 연구 모임은 좋은 예일 것이다. 이러한 움직임이 정치와 시민사회 운동에서도 차분히 정착될 필요성이 제기된다.

'정치' 또한 매니페스토를 하나의 이벤트로 받아들이거나 시민사회 운동의 요구에 의한 수동적 자세를 버리고 각 정당의 싱크탱크와 정책위원회가 중심이 되어 매니페스토연구회와 같은 조직을 구성하고 적극적인 주체로서의 실질적인 참여가 요구된다.

2) '운동' 만이 지는 무거운 짐을 벗어라

위와 같은 목표와 방향성에서 운동의 주체 문제는 도입 전략에 있어 관건적 요소이다. 앞서 밝혔지만 시민사회 운동과 정치는 이제 각각의 역할 규정에 대해 논의해야 한다. 결론적으로 말하면 매니페스토 운동

---

1 http//www.manifesto.mag.keio.ac.jp

에 있어서 정치와 시민운동의 전략적 연대와 건강한 긴장성을 갖는 관계 설정이 이루어져야   한다는 점이다.

정치가 시민사회의 눈치를 보고 시민사회가 일방적으로 요구하고 평가하는 식의 관계 설정은 운동을 결코 위의 목표와 방향성으로 이끌어갈 수 없다. 앞서 밝혔지만 시민사회가 가졌던 의제의 정치로의 이동과 운동의 대안 부재 현상을 국가-정치-시민사회의 협치(Governance) 시스템(정해구 2005)이란 기본 관점 속에 매니페스토를 적극 활용하는 구조를 가져야 한다. 그것은 장기적인 과제이지만 단기적으로 5·31 선거를 앞두고 최소한 정치, 사회의 영역에서만큼 역할 분담 내지는 전략적 연대가 이루어져야 한다.

일본도 도입 초기에는 매니페스토에 부정적이었던 정치영역이 국민과 시민운동, 여론의 압박 속에 마지못해 수용하는 자세를 취했지만 2003년, 야당인 민주당이 이를 전격적으로 수용하여 정당 매니페스토를 발표함으로서 새로운 전기를 맞게 되었다. 집권 여당인 자민당은 매니페스토 도입 초기 고이즈미 총리조차 공약에 대해 무시하는 발언, 즉 '공약이 지켜지지 않는 것은 큰일이 아니다' 라고 해 대국민 사과까지 했다. 그 정도로 공약에 대한 인식이 낮은 상황이었다(2006 마츠자와 가나가와현 지사의 연설문).

이런 상황에서 2003년 자민당의 젊은 의원 5명이 각자 1억 원씩 자금을 출연, 매니페스토연구회를 만들고 수 십 차례의 토론회를 거쳐 자민당의 강령·목표, 각 분야별 구체적 매니페스토를 제시함으로서 언론과 국민의 뜨거운 관심을 불러일으켰다. 민주당과 자민당의 젊은 의원들의 주체적 참여에 의해 일본의 매니페스토는 빠른 속도로 정착할 수 있었다.

한국은 '운동'의 헌신과 '정치'의 자정 노력의 결과로 여·야에 이념과 노선에 근거한 정책 경쟁에 동의하고 실천하는 정치인과 정치 세력을 보유하고 있다. 권력 내에도 시민사회 운동 출신들이 핵심을 차지하는 지금의 시점이 그러한 매니페스트 운동의 기본 틀을 만들어 낼 수 있는 좋은 환경적 기반을 제공하고 있다. 자각된 정치인과 정치 세력이 시민사회와 전략적인 연대와 건강한 상호 견제의 매니페스토 운동 틀을 만들고 이것이 운동의 중추가 되어, 점차 넓혀나가는 전략은 향후 매니페스트의 한국 연착륙의 관건이 될 것이다.

3) 정당·로컬 메니페스토의 병행 전략은 필수

정당 매니페스토의 다섯 가지 논의 과제

매니페스토적 관점에서 지난 2월 18일 실시된 집권 여당인 열린우리당의 전당대회는 한국 정당정치의 수준을 파악할 수 있는 좋은 예이다. 우선, 당대표를 선출하는 전당 대회에서 각 후보의 공약과 쟁점은 5·31 지방선거의 선거 전략에 집중되었다. 자체중심 강화론, 민주 개혁 세력 연합론, 민주당 통합론, 중도 세력 통합론 등이 그것이다.

물론 정당에서 선거 전략의 중요성은 당연히 인정되나 그것 일변도라는 것이 문제이다. 당의 노선과 이념은 불분명하고 그나마 제시된 정책은 추상적(예: 양극화 대책)이고 실현 가능한지(예: 군축을 통한 양극화 재원 마련)에 대한 검증을 할 수 없는 공약이 대부분이었다. 당원과 국민의 의사를 실제 시스템에서 반영한 공약을 찾아 볼 수 없다. 이런 내용적 빈약성은 '전당 대회를 주요 정책으로 쟁점이 형성되는 장'으로 만들지 못하고 '그들만의 리그'라는 비판을 감수해야 했다.

물론 야당 또한 이런 비판에서 자유롭지는 않다. 신행정 수도 건설과 사학법 처리 파동 등에서 보이듯 상항에 따라 당론을 바뀌는 일관성 부재, 정책의 문제에 이데올로기를 끌어들이는 구태는 여전하다. 이러한 상황은 정당 매니페스토의 정착을 더욱 필요로 한다.

우선 정치가 당장의 5·31 지방선거와 관련되어 시민사회의 요구에 수동적으로 응하는 자세를 탈피하는 것에서부터 시작되어야 한다. 마지못해 불려 다니는 식의 움직임보다는 각 정당이 갖고 있는 당 강령과 목표, 정책 콘텐츠, 정책 결정 시스템 등을 차분히 점검하면서 매니페스토에 대해 접근하는 것이 필요하다. 한국 정당체제는 과연 이러한 목표에 얼마나 부합하고 그것을 향해 갈 현실적 방안은 있는가? 이에 대해 매니페스토는 몇 가지 핵심적 논의 과제를 부여한다.

정당 매니페스트의 관점에서 중요한 논의 과제로는 다섯 가지로 요

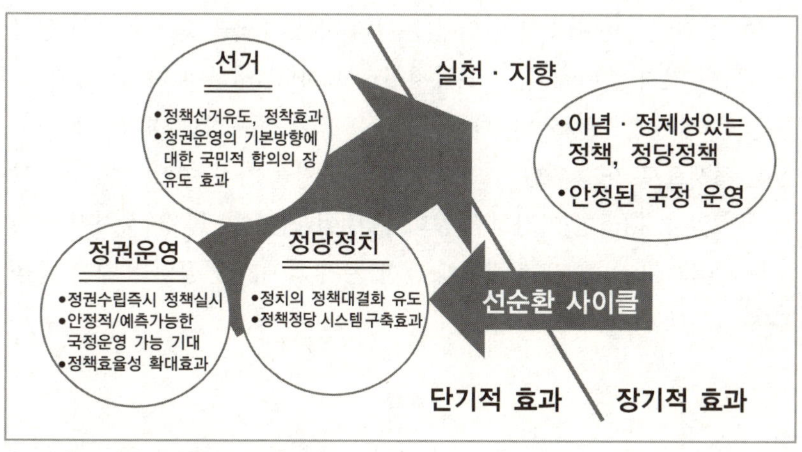

【그림3】 매니페스의 역할과 기대 효과

약할 수 있다.

첫째, 지금의 각 정당이 가지고 있는 당 강령과 목표가 두루뭉술한 선언서가 아닌 자신의 지지층과 국민의 요구에 충실한가라는 이념과 노선적 측면.

둘째, 각 정당이 선거-실행 체제-정책 실행-평가와 검증-선거라는 매니페스토 사이클에 얼마나 부합하는 정당 시스템을 구축하고 있는가라는 제도적 측면.

셋째, 정책적 불안정을 극복하기 위해 현재의 5년 단임제를 4년 중임제로 전환하는 권력 구조 개편 등을 포함한 헌법 개정의 법적 측면.

넷째, 당의 강령과 노선, 목표에 맞는 구체적 정책이 매니페스토의 관점에서 어떻게 개선되어야하는가라는 정책적 측면.

다섯째, 매니페스토의 내용을 어떻게 법적 · 제도적으로 인입시킬 것인가.

이 시점에서는 최소한 이러한 논의의 기본 과제를 갖고 여야의 정치 세력들이 자기 준비에 들어가는 것이 필요하다. 물론 매니페스토가 모든 것을 제시할 수는 없다. 매니페스토는 정치가 축적한 경험을 토대로 정책 경쟁으로 가기 위한 논의의 기준과 근거를 가질 수 있다는 점에서 장점이 있다. 최소한 이전처럼 공회전식, 이데올로기 공세, 정치적 헤게모니 싸움으로 정책 정당 체제에 대한 논의 과제가 변질되는 것은 막을 수 있다는데 그 의의가 있다.

로컬 매니페스토(local manifesto) –
모범 지역의 전국 확산 전략

로컬 매니페스토는 일본이 만들어낸 신조어이자 현실적 운동이다. 필자는 지난 2006년 2월, 일본 동경도 내에 인구 40만의 마치다(町田) 시에서 시 청년회의소(JC) 주최의 「시장 입후보 표명자 공개 토론회」에 참가한 적이 있다. 시민홀을 꽉 채운 500여 명의 시민들과 6명의 후보자는 시종 진지하면서도 구체적인 시의 장단기 정책 과제에 대해 논의했다. 마치 방송 토론회를 보는 듯한 긴장감과 현실감이 두드러진 대회였다.

일본의 로컬 메니페스토의 현장은 첫째, 매니페스토가 후보자와 시민에게 자연스럽게 받아들여진다는 점 둘째, 청년회의소 주최가 말해주듯 시민·사회 단체에 국한되지 않고 다양한 주체들이 매니페스토 과정에 참여한다는 점 셋째, 토론의 내용이 쓰레기 문제에서부터 시의 재원 문제까지 다양하지만 매우 구체성(매니페스토형 공약)을 갖고 있다는 점이 두드러진 풍경이었다. 매니페스토가 차분히 정착되고 있음을 확인할 수 있는 현장이었다.

물론 일본 또한 관료의 비대화, 지방 재정의 부족, 시민단체의 역량 부족이라는 지방의 고질적 한계는 분명히 있다. 하지만 매니페스토를 매개로 각 주체가 머리를 맞대고 문제 해결을 위한 지역 거버넌스 시스템을 만들고 있다는 점에서 시사하는 바가 있다.

한국은 5·31 지방선거를 앞두고 매니페스토를 도입하면서 로컬 매니페스토에 집중하는 양상이다. 주지하듯 중앙 정부–지방정부 사이의 양극화는 심각하다. 여기서는 지방정부 차원의 과제는 생략하고 '지역

운동'의 현황과 과제를 중심으로 논하고자 한다. 운동에 있어서도 중앙과 지역의 양극화는 현저하다. 「한국민간총람 2006년」에 따르면 전국의 시민사회 단체의 수는(민간, 지방 포함) 2만 3500개로 집계된다. 그 중 서울·수도권 시민단체는 전체의 54.7%를 차지, 두 중 한 곳은 수도권에 집중되어 있다. 수도권 중에서도 서울에 근거한 단체가 37%에 이르는 것으로 나타났다. 이 같은 집중 현상은 단순히 양적 문제에 그치는 것이 아니라 질적·내용적 면에서는 더욱 심한 편중을 드러내는 것이다. 이러한 관점에서 이번 5·31 지방선거에서의 매니페스토 운동은 또 다른 측면에서 한국 시민운동의 현주소를 드러내는 장이 될 것이다.

따라서 로컬 매니페스토에 있어 첫 번째 과제는 운동 주체의 역량 강화이다. 이 문제는 한국 사회 시민운동의 방향성과도 밀접한 관계를 맺고 있지만 다시 ① 중앙에 집중된 시민사회 운동의 역량을 얼마나 효율적인 연대와 분산으로 이루어낼 것인가, ② 지역 내 진보-보수적 단체·NPO·싱크탱크·전문가 집단이 함께 주체로 참여하는 문제를 어떻게 만들어 낼 것인가, ③ 지역의 실정에 맞는 로컬 매니페스토의 평가 모델을 창출하는 과제로 나누어 볼 수 있다. 평가 기법과 선행 연구는 일본의 많은 사례를 참조하는 것도 효율적일 것이다. 둘째는 집중과 선택이 문제이다. 운동은 자체 역량에 맞게 전개되어야 한다. 5·31 지방선거는 그런 측면에서 몇 개의 모범적 지역을 선정 집중함으로서 이러한 모범이 전국적 확산으로 이어지는 전략을 선택하는 것이 바람직한 방향이라고 본다.

셋째, 외적 변수에 대한 즉각적·탄력적 대응일 것이다. 이번 지방선거는 벌써부터 과열의 조짐이다. '지방 권력 심판론'과 '중앙 권력 심판론'을 내세우며 첨예한 대결적 양상을 보이고 있고, 더욱이 2007년

대선의 전초전이라는 정치의 인식은 위험 수위이다. 선거 전술상 매니
페스토 운동을 겉으로는 받아들이는 자세를 취할 것이나 실제로는 자신
들의 '액세서리' 쯤으로 여길 공산이 크다. 이에 대한 적극적이고 다양
한 중앙과 지역 차원의 공중전과 지상전, 즉 '압박'과 '감시 프로그램'
이 필요하다.

4. '운동'이 넘어야 할 세 가지 극복 과제

1) 5·31 선거를 앞둔 일회성·이벤트성

우리는 1990년대 초 공명 선거 감시 운동을 시작으로 정책 캠페인운
동, 2000년 낙천 낙선 운동, 후보자 추천 운동 등 선거마다 등장한 운동
을 경험했다. 물론 이들 운동이 정치권의 미미하지만 자정 노력과 함께
금권, 관권 부정 선거를 대폭 줄여나갔고 정치인의 세대 교체 등 직·간
접적 순기능을 담당했다는 점은 부인할 수 없다. 그러나 이러한 노력을
통한 성과가 축적되어 상승, 발전되는 구조를 갖지 못함으로 인해 선거
때마다 나오는 일회성, 이벤트성 행사라는 평가를 받을 수밖에 없는 점
이 있다.

5월 31일 선거를 앞두고 시민단체는 각종 토론회를 거치며 홍보와
매니페스토의 구체적 적용 프로그램을 준비하고 있다. 언론은 이에 호
응하여 적극적인 캠페인을 펼쳐나가고 있다. 정치권 또한 너도 나도 매
니페스토를 발표하겠다고 선언하고, 정당간의 협약식 등을 통해 정당도
매니페스토운동을 수용하겠다고 밝히고 있다. 이러한 흐름은 이전의 낙

천·낙선 운동에서도 보았듯이 선거 때만의 '강한 휘발성 운동'으로 그칠 가능성이 있으므로 적극 대응해야 한다.

이것을 막기 위해서는 우선 각 매니페스토 주체들의 진지한 학습과 이해가 우선되어야 한다. 이를 토대로 2007년 대선과 이후의 정치 일정까지 고려한 장기적 프로그램을 준비해야한다. 둘째, '운동'이 지고 있는 과도한 부담을 덜어야 한다. 선거가 끝나면 활동가들은 운동의 성과와 한계에 대해 평가하고 다음을 준비할 여력을 잃어버린다. 매니페스토는 일상에 정착되어야 할 정치과정이다. '운동' 스스로가 다양한 주체에게 문호를 개방하고 과도함을 분산시킴으로서 운동의 지속성과 안정성을 보장할 수 있다.

2) 언론의 단골 소재 - 공정성, 합리성 문제

벌써부터 언론은 매니페스토운동을 소개하면서 2000년 낙선운동을 예를 들며 매니페스토 운동의 공정성 문제와 합리성, 더 나아가서는 불법성의 소지 문제까지도 거론하고 있다. 낙선 운동에서 공정성 문제가 제기된 것은 기성 정당과 기득권 정치 세력의 거센 저항도 있었지만 본질적으로 이 운동이 갖고 있는 한계에서 비롯되는 측면도 있었다.

매니페스토 운동에 벌써부터 공정성과 합리성 문제가 제기되는 양상은 주로 후보자가 제시하는 공약의 평가에 쏠려 있다. 즉. 시민사회단체가 그만한 공정성과 합리성을 가지고 있는가에 대한 의구심의 표현이다. 어떻게 풀 것인가? 역시 대답은 '운동의 주체와 방향'에 있다. 모든 과정을 운동이 담당한 낙선 운동과는 달리 매니페스토 운동은 시민사회 단체가 일방적으로 추진하고 부담하는 구조를 개선해야 한다.

따라서 공약에 대한 평가 또한 '운동'이 일방적으로 부담하는 것을 벗어나 평가 주체와 내용의 다양화, 분산, 확대를 통해 평가의 질과 객관성을 높여 공정성, 합리성 시비에 대응해야 한다. 구체적으로 보면, 다음과 같다.

> 첫째, 매니페스토를 작성하는 후보자와 정당 스스로의 자체 평가
> 둘째, 후보자와 정당이 전문가 집단에 의뢰해 자체 평가를 더욱 강화하는 방법
> 셋째, 정당간·후보자 간 상호 평가와 토론의 내실적 운영
> 넷째, 언론, 시민사회 단체, 싱크탱크, 분야별, 지역별 전문가집단의 연계에 의한 평가
> 다섯째, 더 나아가 시장의 주체인 경제 단체와 노동 단체까지 참여한 평가 등으로 다양화, 구체화

선거전에 제출된 공약에 대한 평가는 매니페스토 평가 기법을 개발, 각 주체들이 서로 연계해 다양한 평가를 내놓아야 한다. 이를 토대로 선거 후에도 정기적으로 정당 차원, 지역 차원에서 매니페스토 발표회, 검증대회 등을 주관하면서 유권자에 그 결과를 공개함으로서 공정성, 합리성의 문제에 대해 대비해야 한다. 정책공약에 대한 평가는 자체가 가치 지향성을 담고 있기 때문에 객관성이라는 면에서 완벽을 기할 수는 없다. 일본 또한 평가는 각 단체별로 그 기준과 가치 판단이 다르다. 이 문제를 일본은 시간을 갖고 다양한 주체의 참여 확대와 지속적인 평가를 통한 노하우 축적에서 해답을 찾고 있다. 곧 유권자의 입장에서 주체

가 신뢰할 수 있는가, 그러한 구조와 역량을 갖추고 있는가를 지속적으로 보고 있는 것이고 평가의 주체 또한 평가를 받는 양상이 있는 것이다.

3) 책임성(accountbility) - '운동' 도 평가받는 신뢰의 구조

정치

첫째, 공약 작성의 책임성 둘째, 집행 과정의 책임성 셋째, 정보 공개와 평가의 의무 등을 가진다.

먼저 공약의 책임성은 매니페스토형 공약에 지나치게 집착한 나머지 공약(公約)이 더욱 세련된 공약(空約)이 될 가능성도 배제할 수 없다. 중앙과 지방정부의 정보 미공개 등을 핑계로 오히려 무책임한 공약을 매니페스토에 담거나 혹은 선거 이후 달성도에 대한 평가를 미리 의식, 공약의 구체적 수치 목표와 예산 등을 축소해서 발표하는 사례에 대해서도 지적하고 있다.

둘째는 집행의 책임성 문제이다. 이것은 제도적 문제와 밀접히 연관되어 있다. 의회 다수파가 집권세력이 되는 의원내각제와 달리 대통령제에서의 분점 정부(Divided Government)의 문제나 지방정부와 의회와의 불일치 문제는 향후 한국형 매니페스토가 풀어야 할 중요한 과제이다.

셋째, 당선 후 정보 공개와 평가의 의무이다. 평가에 대해서는 위에서 언급했으므로 생략하고 정보 공개는 매니페스토 운동의 연속성과 전문성 강화에 필연적인 요소로서 강조된다. 일본의 마츠자와 지사는 정보공개를 매니페스토 운동의 관건적 요소로 보기도 한다.

운동

정치 개혁 운동의 특성상 운동 주체의 책임성 문제는 본격적인 제기가 없었지만 매니페스토 운동에 있어서는 시민사회 운동 진영의 책임성 문제도 중요하게 제기된다. 앞서 밝혔지만 이 운동은 상대방을 일방적으로 평가하고 공격하는 운동이 아니라 정책이라는 공동의 주제를 놓고 공동의 주체로 참여하는 운동이기 때문이다. 따라서 선거시 공약에 대한 평가와 당선 이후 이행 과정에 대한 평가 등에 각 주체들의 책임성이 공히 적용되어야 한다는 점이다. 즉, 평가를 하는 측도 평가를 받아야한다는 것이다. 문제는 그것에 시민단체가 동의할 것인가와 누가 어떻게 할 것인가의 문제가 남는다. 매니페스토 운동의 신뢰성과 지속성, 전문성 강화 그리고 안정적 안착이라는 측면에서 이 문제 의식은 적극 고려해볼 만 하다. 과거 낙선 운동을 포함한 시민사회 운동에 유권자는 많은 성원을 보냈지만 유권자의 인식 변화와 수준 향상에 따라 새로운 신뢰를 심어주지 않으면 운동의 동력을 유지해나가기 힘들 것이다. 어떻게 할 것인가의 부분은 각 주체들의 연대 수준과 운동의 양상에 따라 달라질 것이다. 현 단계에서는 이것에 대한 동의와 논의 틀을 준비하는 것이 필요하다.

5. 사례 분석 : 매니페스토가 본 신행정 수도

1) 왜 행정 수도 이전 공약인가

매니페스토의 도입과 관련하여 선거 공약의 구체화된 의미로서의 매니페스토보다 그것을 포함한 매니페스토 사이클의 중요성에 대해 언급했다. 그렇다면 실제 매니페스토가 본 실제 사례의 모습은 어떨까? 그리고 왜 매니페스토 사이클에 대한 이해가 중요한가에 대해 사례 분석을 시도한다. 사례는 2002년 대통령 선거에서 가장 쟁점이 되었고 실제 투표 행위에 영향을 미쳤다고 판단되는 신행정 수도 이전 공약을 선정했다.

선거 전략상의 탁월한 선택이라는 평가를 받은 신행정 수도 이전 공약을 사례로서 분석하는 의미는 노무현 대통령이 "정권의 명운을 걸고 관철시키겠다"고 밝힌 핵심 공약 사항이 선거를 통해 국민의 선택을 받았고 공약 실천 권한의 위임을 받았음에도 불구하고 왜 공약의 집행이 이행되지 못하고 헌법재판소에 의해 정책이 좌절, 엄청난 국론 분열과 정책, 사회 비용 지출의 결과를 초래했는가를 살펴봄으로서(2002년 선거 - 2004년 10월 헌법재판소 위헌 판결 시점), 한국 정치의 선거-실행 체제-정책 실시-점검과 평가-선거의 순환 과정과 매니페스토가 제시하는 순환 과정을 대비, 대입하여 문제를 도출하고 그 해결 과제를 모색하는 데 의의가 있다.

2) 행정 수도 이전 공약의 경과 및 흐름

경과

○ 1단계 선거 공약 작성과 선거

- 1988년 노무현 당시 국회의원 중심으로 지방자치연구소 설립 이후, 지역 균등 발전과 지역주의 해소는 정치인 노무현의 주요 정책 과제로 설정됨.
- 2002.9.30 민주당 노무현 후보가 선거 공약으로 수도권 집중 억제와 낙후된 지역 경제 해결을 위해 청와대와 정부 부처를 충청권으로 옮기겠다는 수도 이전 공약 발표
- 2002.10.11 신행정 수도 건설 세미나
- 2002.12.8 신행정 수도 건설 후보 특별 기자 회견
- 2002.12.19 노무현 후보 16대 대통령 당선

○ 2단계 실행 체제 구성과 실행 환경 조성

- 2003.4.17 신행정수도건설추진기획단 등의 운영에 관한 규정(대통령령) 제정
  신행정수도건설추진기획단, 신행정수도건설추진지원단 발족
  – 정책 입안, 후보 지역 조사 등 정책 추진
- 2003.7.21 정부, 신행정 수도의 건설을 위한 특별 조치법 입법 예고
- 2003.7.22 공청회 개최
- 2003.10.21 국회 제출
- 2003.12.17 국회 본회의 통과 (투표의원 194인중 찬성 167, 반대 13, 기권14)
- 2004.1.16 신행정 수도 건설을 위한 특별조치법 공포(2004.4.17 시행)
- 2004.4.15 제 17대국회의원 선거(우리당 과반수 획득152, 한나라당121)

○ 3단계 법통과 이후의 실질적 정책 집행 과정

- 2004.4.30 수도이전반대국민포럼이 국회에 위법의 폐지를 청원
- 2004.5.21 신행정수도건설추진위원회 발족(위원장 국무총리 외 1명)
- 2004.6.8 신행정수도건설추진위원회가 이전 대상 국가 기관, 이전 시기, 방법에 대한 잠정안 발표
- 2004.6.15 신행정 수도 복수 후보지 선정
- 2004.7.12 서울 시민 등 169인이 신행정 수도의 건설을 위한 특별 조치법 위헌 확인을 구하는 헌법소원심판 청구(위 법률의 제정시 헌법 72조 소정의 국민투표를 거치지 않은 것은 헌법에 위반되며 청구인의 국민투표권을 침해한 것이라는 등의 주장)
- 2004.7.21 주요 국가 기관 중 중앙행정기관 18부4처3청(73개 기관)을 신행정 수도로 이전하고 국회 등 헌법 기관은 이전 요청이 있을 때 국회의 동의를 구하기로 심의 의결
- 2004.8.11 신행정 수도 입지로 충청남도 연기 · 공주 지역 선정

○ 4단계 헌법재판소 위헌에 의한 정책 좌절과 후속 대책

- 2004.10.21 헌법재판소 위헌 판결
- 2004.11. 신행정수도대책위원회 구성
- 2005.2.5 행정중심복합도시건설 특별법 발의
- 2005.2.22 국회건설교통위원회 공청회
- 2005.3.2 행정중심복합도시건설특별법 국회본회의 통과
- 2005.3.18 법률안 공포
- 2005. 6. 수도이전반대국민연합 헌법 소원
- 2005.11.24 합헌 결정
- 20006.1 행정복합도시건설청 발족, 토지 보상 사업 등 사업 진행 중

전체 흐름 요약

선거 공약 – 당선 – 집행 체제 구축 – 야당의 사실상 동의 하에 법안 통과 – 정부와 여당 의 공약 내용 변경 – 야당의 태도 변화 – 시민단체 반발 – 헌법재판소에 의한 사법 판단, 공약 실현 좌절 – 재수정 법안(1차 제출 법안과 내용적 변화 없음) 발의 – 야당, 시민단체의 반대 – 재차 헌법 소원 – 헌법 소원 각하 결정 – 정책 추진 단계

3) 매니페스토가 본 신행정 수도 공약

평가 방법

정당 매니페스토에 대한 평가 방법은 싱크탱크, 시민단체, 경제계, 노동계 등 평가 기관에 따라 상이하다. 여기서는 새로운일본을만드는모

【표 1】 매니페스토 종합 평가

항목	점수(100점)	기준(정책 진행도에 대한 평가이지 정책 내용의 시비에 대한 평가는 반영하지 않음)
실적	60점	주요 정책의 개별 평가를 종합 감안해 0점~60점의 범위에서 채점(5점 단위)
실행 과정	20점	O 평가의 관점 1) 구속성 : 당 소속 의원에 대한 구속성 2) 조정력 : 정부와 여당의 의견 일치는 되고 있나
설명 책임	20점	O 평가의 관점 1) 자기 검증력 : 정권 공약의 달성도가 알기 쉽게 제시되는가. 그 방법은 타당한가. 진척이 늦어진 분야도 착실히 설명하고 있는가 2) 투명성 : 정권 공약의 실현을 향한 논의, 조정의 과정이 국민의 눈에 알기 쉽게 공개되고 있다.

[표 2] 매니페스토 개별 평가

항목		기준(정책 진행도에 대한 평가만 실시, 정책 내용의 시비 평가는 반영하지 않음)
전체평가	작성 과정	당내 충분한 시간을 갖고 논의 후 작성했는가
	기본 이념	국가의 비전, 방향이 명확히 제시되었는가
	구체성	정책의 달성 목표, 시기, 공정, 재원, 정책의 우선 순위가 명확한가
	정합성	구체적 정책 과제는 전체로서 정합성이 확보되어 있는가 특히 재정면에서 전체와 정합성이 있는가
	구속성	선거 때에 당 내의 구속성이 있는가
정책실현성	정책 효과	달성도와 진척 상황에 비추어 효과적인가
	수치 목표	공약이 구체적인 수치 목표를 담고 있는가
		담지 못하는 공약에 대한 보완책은 무엇인가
	법률 성립	법률의 통과 지점과 양상은 어떠한가
	당내 논의	당 내에서 일치해서 책정됐나. 논의·조정중인 정책은 실적 평가에서 낮은 점수
표기의 충실도	명료함	일반 국민에게 될 수 있는 한 이해하기 쉽게 구체적인 시책을 제시하는가
	목표	객관적인 설계 가능한 수치 목표를 내 걸었는가
	기한	달성 목표의 기한을 명시하는가 달성 기한이 4년을 넘는 경우 근거를 제시하는가
	공정	목표 달성의 공정을 제시하는가 시계열과 연차로 달성 수준을 명시하는가
	재원	목표 달성에 필요한 재원을 명시하는가 재원의 확보는 현실적인가

임(21세기 임조, www.secj.jp)에 속해 있는 일본경제동우회가 자민당, 민주당, 공명당 등 일본의 각 정당을 대상으로 2005년 8월 26일 시행했던 평가 방법과 기준으로 실시한다. 단 다음과 같은 상이함이 있음을 밝혀둔다.

【표 3】역대 지방선거 실시 상황

단계	매니페스토 사이클	내용
1단계	선거 과정 선거 공약	선거전 당 내 여론 수렵과 논의의 충실도 매니페스토 선거 공약의 충실도
2단계	실행 체제 구성 실행 환경 조성	우선 순위에 따라 정책 집행의 준비 정도가 어느 정도 이루어졌는지를 파악
3단계	정책 실행 과정	실제 집행 과정에 대한 점검
4단계	검증, 평가	투명성과 설명의 책임을 지고 있는가

▲ 평가 방법에서 세부적 채점 기준은 생략함

▲ 일본이 의원내각제인 관계로 한국 상황에 맞게 수정, 보완함

▲ 경제동우회는 종합 평가와 개별 평가를 따로 실시했으나 여기서는 통합 평가함

위의 항목과 평가 기준에 따른 매니페스토 사이클인 4단계로 나누어 진행한다

② 매니페스토 사이틀에 따른 신행정수도 공약 평가

위의 종합 평가와 개별 평가의 항목과 기준에 근거해서 평가표를 작성하면 다음과 같다. 단, 항목과 기준은 한국 상황에 맞게 부분적으로 수정, 보완하였고 분석은 엄밀한 분석 과정을 거친 것이라기보다 저자의 개인적인 주관을 근거로 한 것임을 밝혀둔다

[표 4] 역대 지방선거 실시 상황

매니페스토	평가 내용	여부	신행정 수도의 경우
선거 과정, 공약 내용	작성 과정에서 당내의 논의	X	공약 발표 전 사전 논의 없었음.
	목표: 객관적/설계 가능한 수치 목표를 내걸었는가	△	수도권 과밀 해소와 지방 발전이라는 추상적 목표만 제시
	명료함: 일반 국민이 알기 쉬운가 구체적인 시책을 쉽게 제시했는가 주)명료함에 대한 경제동우회의 기준이 구체적이지 않아 주관적 분석을 시도	X	구체적인 시책이 나오지 않아 평가할 수 없음
	기한: 목표 달성 기한의 명시도 기한이 임기를 초월할 경우 그 근거를 제시하고 있는가	X	건설하겠다는 것만 제시.
	공정: 달성 목표에의 공정을 제시하고 있는가, 시계열과 연차로 달성 수준을 명시하고 있나	X	공약 내용에는 적시되지 않음. 대략적인 공정은 2003년 4월 발표, 2003년 기본구상, 2004년 신행정 수도 예정지 지정, 2006년 환경 평가 포함한 기본 계획 수립, 2007년 하반기 착공, 2010년 입주 시작
	재원: 목표 달성에 필요한 재원은 구체적으로 제시되어 있나, 재원 확보는 현실적인가	△	공약 발표시는 없었고 이후 선거 과정에서 제출, 6조원 소요 예상했으나 2003년 4월에는 30조 예산 소요 발표.

○ 실행 체제 법률 성립	실행 체제는 즉시 구성되었나	X	2003년 신행정 수도 기획단 설치되었지만 실질적 권한 없음. 실질적 집행 체제는 2004년 5월 21일 신행정수도건설추진위원회 (위원장 국무총리외 1명)
○ 실행 환경 조성	법률성립: 통과 지점은 언제이고 과정에서 구속성과 책임성을 가졌는가	X	2003년 신행정수도특별조치법이 국회 통과했으나 헌법재판소의 위헌 판결로 공약 발표 후 2년 6개월 만인 2005년 3월 통과
정책 실행 과정	구속성: 정책 실시에 있어 여야의 구속력은 작동했는가	X	여 당내의 구속력은 있었으나 야당은 2002년 대선, 2003 국회 통과, 헌법 소원, 2005년 국회 통과까지 자신의 입장을 번복, 구속성과 책임성에 문제 노출
	조정력: 당정의 의견이 일치했는가 야당과의 조정은 원만했는가	△	정부와 여당은 일치, 야당과의 조율은 극단적 양상을 띠며 대립
검증, 평가	설명 책임: 자기 검증력: 공약 달성도를 알기 쉽게 제시하고 있는가 진척의 늦어짐에 대해 설명하고 있는가	X	자기 검증 시스템 작동하지 않음, 진척의 늦어짐에 대한 정기적, 공개적 설명 부재, 시민단체나 언론, 싱크탱크 등의 민간에 의한 정기적 종합적 평가 부재
	투명성: 공약 집행의 논의, 조정 과정이 국민에게 알기 쉽게 공개되고 있는가	△	언론을 통한 간접적 발표는 있었지만 정기적 공개 대회나 자료집 발간 등 공식적인 차원에서는 이루어지지 않음, 국민 인지도 낮음
선거	2008년 대선		실시 전

* 경제동우회는 채점 방식을 채택했으나 여기서는 ○△X 여부로 표시. ○ : 제시된 항목과 기준에 충실도를 보이거나 근거가 명확한 경 △ : 제시된 항목과 기준에 충실도를 보였으나 내용적으로 빈약한 경우 X: 제시된 항목과 기준에 충실도, 근거, 내용면서 지켜지지 않은 경우

분석 결과에 대한 총평

위의 결과에서 신행정 수도 공약은 전체적으로 개별 평가를 감안한 실적 부분에서는 낮은 진척도를 보인다. 먼저 선거와 공약내용에서 항목에 충실한 사항은 없었으며 특히 예산·공정·기한의 표기가 불충분함이 드러났다. 또한 야당의 반발과 여론 수렴과정(실행 과정에서의 구속성과 조정력 평가 참조)의 미비함으로 헌법재판소에 헌법 소원이 두 차례나 이루어지면서 실행 체제·실행 환경 조성의 단계에서 2년의 시간을 소요함으로서 정책의 진척도가 현저히 낮은 평가를 보인다. 또한 공약에서 제시한 예산소요 비용 6조 원이 선거 이듬해 30조 원 이상으로 늘어난 점 또한 매니페스토의 관점에서는 낮은 점수를 받는 요인으로 작용했다.

검증·평가·설명책임은 정책이 집행되는 상황이기 때문에 종합적인 평가를 내리기는 힘들지만 정부와 여당이 정책의 진행이 늦어지는데 대한 설명과 집행 과정에 대한 공식적인 설명의 부족은 평가를 통해 알 수 있다. 이상 분석을 마감하며 이러한 시도가 한국에 맞는 매니페스토 사이클의 정착과 함께 평가와 분석의 항목과 기준에 대한 연구가 진행되어야 함을 보여준다.

마치며

이상에서 한국에서의 매니페스토 도입의 의미와 전략 그리고 사례 분석을 시도했다. 한국에서의 매니페스토 도입은 실현·검증 가능한 선거 공약이라는 좁은 의미를 넘어 '매니페스토 사이클 안착을 통한 정책 정치의 시스템 구축'이라는 본래의 위상이 한국의 상황에서는 더욱 중요한 의의라는 점을 알 수 있었다.

'정치'와 '운동'은 2007년 대선 이후까지 이 운동이 위의 목표와 방향성을 상실하지 않은 채 장단기 프로그램과 자기 동력을 잘 갖추는 것이 필요하다. 이를 위해서는 '운동'이 일방적으로 주도하는 도입 과정이 아닌 '정치,' 즉 정책 정치를 지향하는 정치세력인 동시에 주체가 되는 전략성을 가지는 것이 관건임을 서술했다. 이런 관점에서 다가오는 5·31 지방선거에 대비해 운동이 진행되지만 정당 매니페스토 또한 동시 병행하는 것이 필요하다. 이를 위해 매니페스토 운동이 일회성, 공정성 시비, 책임성 문제 등에 대해 지혜롭게 대처하는 것이 요구되며 긴 안목을 갖고 다양한 사회 주체가 연구회, 토론회, 실사 등의 과정을 거쳐 한국형 매니페스토의 모델을 창출하는 시도를 시작해야 한다.

사례 분석을 위해 신행정 수도 공약을 분석했다. 후보의 핵심 공약이 실현, 검증 가능 한 형태를 띠지 않았으며 선거라는 대국민 약속 사항이 정책 실현을 거치기도 전에 정치의 무능한과 무책임에 의해 굴절되어 정책의 문제가 헌법재판소에 의해 좌절되는 초유의 사태를 맞았음을 확인했다. 그리고 정부도 여당도 야당도 시민단체도 그 누구도 책임지는 모습을 보이지 않고 언제 그랬냐는 듯이 다시 정책이 실시되고 있다. 과정에서 소요된 엄청난 사회적 비용은 누구의 몫인가? 그것은 고스란히 세금을 내는 유권자인 국민에게 그 피해가 돌아가고 있음을 확인할 수 있다.

　이상에서 매니페스토의 의미와 도입 전략을 '정치' 와 '운동' 의 과제를 중심으로 살펴보았다. 매니페스토가 모든 것을 해결할 수 있다고는 할 수 없다. 또한 매니페스토의 일방적 수용은 혼란만 줄 뿐이다. 그러나 최소한 매니페스토는 선거에서 시작되는 정치 과정과 국정 운영, 지방 자치에 있어 이념과 정체성에 근거한 정책 정당 정치 제체로 가는 길에 친절한 안내자가 될 수 있을 것이다. '정치' 와 '운동' 이 매니페스토에 어떻게 전략적으로 대응하느냐에 따라 한국 정치는 그 향배를 달리할 것이다.

참고문헌

강현수. "신행정수도 건설과제와 방향." 제27회 기자포럼 발제문, 2003.

박세일 · 장훈. 정치개혁의 성공조건: 권력투쟁에서 정책경쟁으로. 서울: 나남, 2003.

박원순. 「박원순변호사의 일본사회 기행」아르케, (2005)프레시안,오마이뉴스 인터뷰, 2001.

송호근. 한국, 어떤 미래를 선택할 것인가. 서울: 21세기 북스, 2005.

유팔무 · 김호기. 시민사회와 시민운동(2). 서울: 한울, 2000.

정해구. "지속가능한 진보를 위한 정치패러다임." 좋은 정책포럼 세미나 발제문, 2006.

조희연. 「비정상에 대한 정상에서 정상에 대한 저항으로」아르케, 2004.

최장집. "민주주의, 여전히 희망의 언어인가? : 한국사회의 위기 진단과 희망찾기." 민주주의와 사회운동연구소 포럼 발표문, 2006.

최장집. 민주화 이후의 민주주의: 한국민주주의의 보수적 기원과 위기. 서울: 후마니타스, 2002.

한국시민의 신문. 2006. 한국 민간단체 총람, 2006.

새천년민주당. 제16대 대통령선거 백서, 2003.

노무현후보미디어자문위원회. 노무현 브리핑, 2002.

531 스마트 매니페스토 정책 선거 추진본부(2006) 출범 자료집

曾根泰教. 「マニフェスト導入の波」朝日新聞, 2003.

金井辰樹. 「マニフェスト・新しい政治の潮流」. 東京: 光文社新書, 2003.

藤本祐司외 7명. 「ローカル・マニフェストによる地方のガバナンス改革」東京: ぎょ
　　　　　　　うせい, 2004.

大山礼子藤森克彦. 「マニフェストで政治を育てる」. 東京: 雅粒双書, 2004.

社団法人経済同友會. 「政權公約達成度と新政權公約の評価」, 2005.

「第2回ローカル・マニフェスト檢証大會」(2005.11.19)

神奈川縣(2004)「神奈川力構想・百書」

참고사이트

게이오대학 매니페스토 연구회 www.manifesto.mag.keio.ac.jp

새로운 일본을 만드는 모임(21세기 임조) www.seji.jp

책을 마치며

이현출 · 국회도서관 입법정보 연구관

매니페스토는 단순한 선거공약의 구체화만을 의미하는 것은 아니다. 필자는 유권자의 목소리에 반응하지 않는 정치, 정치인들만의 정치, 비전이 없는 정치를 반복하는 한국정치의 문제점을 극복하고, 한국정치의 경쟁 룰(rule)을 변화시켜 그 체질을 새롭게 하기 위한 도구로서 매니페스토(manifesto)의 도입을 주장한다. "구체적인 목표가 확실한 정치", "명확한 평가가 가능한 정치", "구체적인 정책집행을 담보하는 정치"를 실행하기 위한 도구로서 매니페스토의 도입을 강조하는 것이다.

매니페스토는 정당과 정치인의 입장에서는 정권을 획득하거나 당선된 후에 꼭 실천에 옮길 정책의 청사진이다. 유권자의 입장에서는 지금까지의 지연, 혈연, 학연이나 금권, 관권이 아닌 정책을 보고 정권을 맡기고 그 실천을 감시하고 평가하는 시스템을 갖추자는 운동이다. 지금까지의 애매모호한 공약을 보고 정권을 선택하는 것은 마치 행선지가 분명치 않은 승선권을 사서 망망대해(茫茫大海)에 나서는 것과 다름없었다. 그러나 이제는 매니페스토가 도입됨으로써 어디까지 어떻게 갈 것인지를 분명히 한 가운데 정권을 맡기게 됨으로써 우리 민주주의의 안정성이 한 차원 높아지게 될 것이다.

문제는 어떻게 실천을 담보해 낼 것인가에 있다. 먼저 정당과 후보자의 결단이 필요하다. 매니페스토, 즉 갖춘 공약을 제시하는 것은 매우 어려운 일이다. 무엇보다 매니페스토 작성의 주체인 정당과 후보자의 어려움이 클 것이다. 특히 조직과 자금에 의존해온 후보일수록 또 하나의 큰 짐이 생긴 셈이다. 그러나 나라와 고장을 위해 봉사하겠다는 정치인은 스스로의 비전도 없이 유권자 앞에 나설 수는 없다. 이제 선거에 출마하려는 후보자는 조직을 동원하고, 선거자금을 모으는 일도 중요하겠지만 나라와 지역의 발전을 위한 자신의 비전과 이를 정책으로 구체화하는 노력을 기울여야 한다. 그리하여 우리 지역을 위해 어떤 후보가 더 훌륭한 정책을 제시하는지를 두고 유권자들의 심판을 받아야 한다.

제도적으로 뒷받침되어야 할 사항들도 있을 것이다. 우선 매니페스토 작성과정에 겪게 되는 어려움의 하나가 행정정보의 문제이다. 자신의 비전을 구체화하기 위해서는 다양한 행정정보가 뒷받침되어야 할 것이다. 특히 현직후보자가 아닌 신인의 경우에는 행정정보의 극심한 불균형으로 좋은 매니페스토 요건(SMART)을 충족하는 정책을 개발하는 데 어려움을 겪을 것이다. 따라서 행정정보를 제도적으로 접근이 용이하게 만드는 것도 매니페스토 도입을 앞당기는 길일 것이다. 다음으로 잘 만든 공약을 유권자들에게 제공하는 다양한 통로를 만들어 주는 것도 매니페스토 선거를 정착시키는 데 기여할 것이다. 지금과 같이 제한된 '선거공보'나 '법정홍보물'의 지면을 통해서 차별화된 매니페스토를 제공할 수 있을지 생각해볼 필요가 있다. 또한 각급 선거에서의 토론회를 활성화하여 매니페스토를 두고 진지하게 경쟁할 수 있는 무대를 만들어 주는 것도 좋은 정책 개발을 위한 자극이 될 것이다.

다음으로 매스미디어의 역할을 강조하고자 한다. 영국의 경우는 말할 것도 없이, 일본의 경우에도 2003년에 매니페스토가 도입된 이래 단기간에 일본 정치를 변화시키는 도구로 정착하게 된 데에는 언론기관의 역할이 지대했다고 평가할 수 있다. 지연, 혈연, 학연에 기초한 선거, 금권과 관권이 아직도 사라지지 않은 우리 선거풍토를 바꾸기 위한 중대한 책무가 언론의 어깨에 부여되어 있다고 해도 과언이 아니다. 기존의 경마식 선거보도에 익숙해 진 신문과 방송이 앞으로 어떻게 유권자들이 알기 쉽게 매니페스토 정보를 비교평가하고 전달할 것인지, 당선자 정책수행상황을 중단 없이 검증해 나갈 것인지, 후보자나 정당이 매니페스토를 작성하는 과정에 유권자의 목소리를 어떻게 전달할 수 있을지 지속적으로 고민해 나가야 할 것이다.

매니페스토의 확산과 지속에는 시민단체의 역할 또한 지대하다고 할 것이다. 매니페스토의 정착은 정당과 후보자의 노력에만 기댈 수 없는 어려운 과제이다. 일본의 경험을 통해서 살펴본 바와 같이 민간 NPO들의 네트워크인 ‘로컬 메니페스토 추진 네트워크’ 는 정치인들에게는 매니페스토를 보급하고 확산하는데 주력하고, 또한 좋은 정책을 개발하여 후보자들에게 수용하도록 하여 주민들이 희망하는 지역발전으로 연결되도록 힘을 모으고 있다. 아울러 지역단위에서 기초단체장, 광역단체장 후보를 대상으로 한 매니페스토 검증을 위한 공개토론회를 열어 유권자에게 선택을 위한 정보를 제공하고 있기도 하다. 뿐만 아니라 민간 싱크탱크와 언론기관 등과 힘을 합쳐 당선된 단체장과 의원의 매니페스토 실천상황을 검증하고 평가하는 데에도 주력하여 하나의 매니페스토 사이클이 일본 지방정치에 뿌리내릴 수 있도록 전력을 기울이는 것은 좋은 예가 될 것이다.

다음으로 유권자의 의식변화가 절실하다고 할 것이다. 매니페스토의 성격은 다양하게 규정할 수 있겠지만 제작과 실천에 대한 책임은 정치적 책임일 것이며, 그 최종 평가자는 바로 유권자이다. 매니페스토 운동은 지금까지의 정치가 정치인 그들만의 정치였다면 이제 정치개혁의 고삐를 유권자가 쥐고 가자는 운동이다. '좋은 정책 만들기' 경쟁을 시켜, 그 중에서 가장 훌륭한 정책을 제시한 후보자와 정당에게 정권을 맡기고, 그 약속이 제대로 지켜지는지 유권자가 직접 평가하여 잘하면 다시 기회를 주고 잘 못하면 제재를 가하여 대의민주주의의 기본 원리인 책임성(accountability)을 확보하자는 운동이다. 연고주의에 얽매여 투표하고, 임기 내내 정치를 비판하고 혐오하는 악순환의 고리를 끊어야 한다. 그 고리가 매니페스토가 될 것이며, 그 주체가 바로 유권자 개개인인 것이다.

민주화 이후 많은 제도개혁에도 불구하고 여전히 우리 정치는 불신과 혐오의 대상이 되고 있음은 부인할 수 없는 현실이다. 그 불신과 혐오의 자리에 희망과 신뢰의 새살이 돋아나게 하고자 하는 운동이 매니페스토 운동이다. 그 불길을 지방에서부터 당기자는 것이다. 매니페스토가 확산됨으로써 사회의 모든 영역이 정당과 정치인의 정책에 관심을 갖고, 이를 검증하고 평가해 나갈 때 선정(善政)경쟁은 계속될 것이다. 매니페스토 운동은 선거와 함께 끝나는 것이 아니다. 실행의 검증과 평가를 통해 우리 정치를 바꾸는 원동력으로 계속되어야 한다. 5·31 지방선거는 한국 정치의 패러다임을 바꾸는 새로운 시작이며, 매니페스토 운동이 그 중심이 되어야 할 것이다.

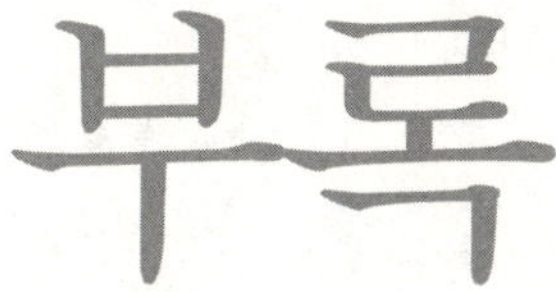

부록

1 ::
마츠자와 매니페스토 자기평가

마츠자와 매니페스토 제 2회 자기평가

지사취임 2년을 돌아본 성과와 과제

[매니페스토 자기평가 경위]

○ 저는 지사취임 첫 해에 매니페스토를 토대로 한 종합계획 「가나가와의 힘 구상·프로젝트 51」을 책정하였고, 이를 이용하여 2년째가 되는 2004년을 「개혁실행 원년」으로 규정하여 구체적인 정책의 실현, 개혁의 실행을 실시해 왔습니다.

○ 이번 년도는 지사취임 3년째의 전환점이 됩니다만 작년에 이어 매니페스토의 진척상황에 대한 평가를 실시하였습니다.

○ 매니페스토 평가는 작년과 마찬가지로 중립적인 입장에서 객관적인 평가를 부탁하고 있는 「마츠자와 매니페스토 진척평가위원회」(학자 및 현민위원으로 구성)에 의한 「제3자 평가」와 저 자신에 의한 「자기평가」의 2종류가 있습니다.

○ 평가위원회에 의한 제3자 평가는 이미 6월 6일에 발표되었습니

다만, 저 자신의 자기평가는 제3자 평가의 내용을 바탕으로 매니페스토를 제시한 정치가의 입장에서 2년째의 성과와 과제를 스스로 점검해 현민 여러분께 보고 드리고자 하는 것입니다.

[자기평가의 기준]

○ 매니페스토의 목표 달성을 향해, 1기 4년의 기간 중 제2차 년도에서 필요한 노력을 해왔는가라는 관점에서 제가 쏟은 노력을 포함한 종합적 평가를 실시하였습니다.

○ 또한 평가위원회에 의한 제3자 평가는 최종목표와 실제 달성현황과의 대비에 의한 절대평가를 실시하고 있는 점 등, 저의 자기평가와는 기준이 다르다는 점에 유의해 주시길 바랍니다.

[전체평가결과]

○ 매니페스토로 제시한 37가지 정책 중에서 28가지 정책에 대해서는 매니페스토 목표 달성을 향한 일정이상의 성과를 보이고 있거나 대체로 순조롭게 사업이 실시되고 있다고 평가합니다(작년은 25가지 정책). 한편, 목표달성을 향한 과제가 남아있거나 구체적인 노력이 지연되고 있는 정책은 9가지가 있다고 평가합니다(작년은 12가지 정책). 또한 작년보다도 노력과 성과가 나아진 것은 8가지가 있으며 한편으로 작년에 비해 노력이 늦어진다고 생각

되는 것은 4가지가 있습니다. 2차년까지의 종합적 성과는 75%가 이루어졌다고 평가하고 있습니다.

○ 앞으로 외부로부터의 평가도 겸허하게 받아들여 3년째에 해당하는 2005년도는 「개혁전진의 해」로 자리매김해 한층 더 노력해 나가겠습니다.

○ 또한 매니페스토에 의한 정책중심, 유권자 본위의 선거·정치를 실현하기 위한 국민운동이 확대되었습니다. 2월 4일에는 저도 참가하고 있는 「로컬 메니페스토 추진 수장 연맹」이 결성되어 6월 2일에는 「가나가와 로컬 메니페스토 추진 네트워크」가 결성됩니다.

평가	노력 현황
A	필요한 노력을 착실하게 실행해 목표달성을 향한 구체적인 성과가 나타나 있는 것
B	필요한 노력을 대체로 순조롭게 실행해, 일정의 성과가 나타나 있는것
C	목표달성을 향해 노력하고 있으나 과제가 남아있는 것
D	구체적인 노력이 충분하지 못한 것

정책별 평가의 개요

※ ( )는 전년도 수치

평가	건수	구성비
A(구체적 성과)	7(5)	18.9%(13.5%)
B(대체로 순조로움)	21(20)	56.8%(54.1%)
C(과제 있음)	7(11)	18.9%(29.7%)
D(불충분)	2(1)	5.4%(2.7%)
계	37	100.0%

매니페스토 37항목 정책별 평가 제 2회

정책	평가(전년도)	노력 현황과 과제
Ⅰ. 지역주권		
1. 세재원 이양	B(B)	지사회로서 통일요구, 정부·여당합의로 18년도까지 3조엔 이양으로. 추진법 제정도 요구함.
2. 수도권연합	B(B)	수도권연합협의회(공동사무국) 설치. 구체적인 연계시책으로서 동경만 bay tourism 검토 개시.
3. 道州제	↑B(C)	가나가와현의 제안에 근거해 지사회 회장 직속 연구회에서 검토 시작. 현에도 연구회 설치.
Ⅱ. 현정개혁		
4. 정보공개	↑B(C)	지사교제비의 정보공개. 정보공개도 전국 5위로. 타운미팅과 이동지사실의 전개.
5. 자치기본조례	↓D(C)	실현을 위한 선진 자치체 조사, 학자의견 청취, 중요 조례이며 앞으로 충분한 논의 필요.
6. NPO 지원	B(B)	인구비 법인수는 배증을 달성. 노력 강화로 전국순위 높이기. 17년도는 협동추진실 설치.
7. NPO 협동	↑A(B)	협동지침을 책정, 정책제안은 협동사업 11가지. NPO에 의한 사업평가도 시행. 나아가 확충을 지향한다.
8. 챌린지 시정촌	C(C)	시청촌과의 협의회가 중간 보고서를 발표, 나아가 시정촌과 협의를 거듭해 조정을 진행할 필요가 있음.
9. 민영화 등	↑B(C)	출장 및 외출 기관을 10% 감소. 제3섹터 자립화촉진. 지정관리자제도에 의한 민영화를 추진.
10. 인건비 해소등	A(A)	17년도 당초까지 인건비 572억엔 억제(15년도 당초비). 능력급 도입, 수당 등의 검토에 착수.
11. 현청 워크 쉐어	A(A)	비상근직원 등 합계 219인 고용 실현. 17년도는 행정보조원으로서 더욱 확장.
12. 현청 벤처	A(A)	15년도의 9사업에 이어, 4사업 직원제안 채택. 1건당 사업비도 증가(상한 2천엔으로).
13. 입찰개혁	C(C)	새로운 입찰제도 「가나가와 방식」 도입을 향해 검토 중. 18년도 실시를 위해 조정 필요.
14. 민간인 등용	B(B)	산업기술연구·관광·현산목재·병원 등의 분야에서 민간인에서 과장급이상 5인을 등용.

15. 교우하마 임해부	↓B(A)	가나가와 구상협의회를 통해 나리타 공항 재확장을 향한 대응을 협의 중. 종사자수 의존이 어렵다.
16. 신산업육성	↑A(B)	산업집적촉진방책 인베스트 가나가와에 의한 10개 기업이 촉진·투자에 참가. 앞으로 지역으로 효과 파급.
17. 시민기업	↑B(C)	신규구인수가 목표 27만인을 넘는다. 커뮤니티 비즈니스 창출의 구체화로.
18. tourism	B(B)	관광친선대사의 임명과 캠페인 전개. 해외로부터의 관광객유치에 top sales도 전개.

Ⅳ. 교육재생

19. 학교개혁	C(C)	자원봉사활동 체험의 기회확충. 한편, 등교거부 아동·학생 증가 멈춰지지 않음. 노력필요.
20. 현립고교 개혁	B(B)	학교구를 철폐. 단위제등 새로운 타입의 고교의 확충. 민간인학교 공모를 실시, 앞으로 확장.
21. 커뮤니티 college	D(D)	내부검토에서 17년도에는 유직자에 의한 개설검토위원회 설치로. 한층 노력이 필요.
22. 영어학습	B(B)	현립고교에서 국제·영어거점교, 소학교에서 모델교의 지정, 네이티브스피커의 현립고교로의 배치.

Ⅴ. 환경을 지킨다

23. 수원의 삼림	↓C(B)	수원림 확보 추진원에 의한 노력. 소중학교에서의 산림활동 촉진. 목표달성에 더 나은 노력 필요.
24. 도시의 자원	B(B)	도시공원 정비는 39.7평방키로미터에서 대체로 순조. 다자연형 하천 정비와 사람과 가까운 삼림 만들기 모델 사업도 추진.
25. 삼림 환경세	↓C(B)	수원환경보전·재생기본계획을 검토. 신세를 2월 의회에서 제안했으나, 재제안을 전제로 취하.
26. 리사이클	B(B)	NPO와 연계한 불법폐기방지 대책 실시. 리사이클률의 개선, 처리의 광역화는 조정이 과제.

27. 보육소 정비	↑ B(C)	차세대육성지원플랜을 책정. 시설정비지원으로 정원증가를 도모하고 대기자수 개선은 노력필요.
28. 아동학대	C(C)	아동상담소의 체제정비와 학대방지 네트워크 촉진. 사회환경은 여전히 미숙하고 한층 노력 필요.
29. 고령자 개호	B(B)	노인요양원의 정비촉진, 재가방문개호 등의 거택서비스를 확충. 대기자수 개선에 더욱 노력.
30. 의료인재	B(B)	현립간호전문학교의 재편. 현립보건복지대학의 의료 · 복지 등의 인재양성을 촉진.
31. 간급의료	B(B)	긴급구명사에 의한 구명처치 등 prehospital care의 충실을 도모, 긴급의료체제를 정비.
32. 남녀공동	B(B)	NPO와의 협동 등에 의해 DV피해자 지원을 추진. 남녀공동참여플랜의 실시현황도 공표.
33. 주거 근간 (바탕)망	B(B)	정보 세큐리티 강화를 위한 시정촌 직원연수, 긴급시 대응훈련, 외부감독 등의 대책을 실시.
34. 지진재해 방지	B(B)	광역재해방지활동비축거점의 정비. 시정촌 재해방지대책 지원 계속. 니가타 지진으로의 광역지원 실시.
35. 범죄대책	↑ A(B)	안전 · 안심 마을 만들기 조례 제정, 17년 4월 시행. 형법범 검거율도 19.2%에서 25.4%로 개선.
36. 폭주족 조례	A(A)	폭주족 등의 추방 촉진에 관한 조례 16년 4월 시행. 중점구역과 모델 지구를 지정하고 대책 본격화.
37. 기지축소	C(C)	외무대신, 미국방성과 기지축소 등으로 직접회담. 재편 사전보고를 대신이 각변. 정세예측 허락하지 않음.

2::
마츠자와 매니페스토 진척 평가결과 보고서

마츠자와 매니페스토 진척 평가결과 보고서

2003 · 2004

목차

2005년 6월 6일

마츠자와 매니페스토 진척평가위원회

머리말

마츠자와 매니페스토 진척평가위원회(이하 「위원회」라고 함)는, 가나가와 현 마츠자와 지사가 2003년 4월 지사선거 시에 내걸은 매니페스토(정책선언)에 대해, 당선 후 진척상황을 점검·평가함으로서 앞으로의 지사의 역할에 반영함과 동시에 점검·평가 결과와 그것을 기초로 한 정보를 공개함으로서 현민 자신의 평가와 참가를 서포트하는 것을 목적으로 설치한 것입니다. 이 위원회는 2004년 3월에 마츠자와 지사의 위촉을 받은 위원 및 현민위원이 구성원이 되어 발족했습니다. 위원회 운영은 위원이 자주적으로 실시하는 것으로 하고 「제3자 평가(외부평가)」의 하나로 하는 평가작성을 실시해 왔습니다. 또한, 마츠자와 지사 자신도 위원회의 평가결과를 바탕으로 하여 「자기평가」를 실시하기로 하고 있습니다.

위원회에서는 작년 실시한 2003년도 진척평가에 이어 2003년도 및 2004년도 2년간의 매니페스토의 진척상황에 대해 점검·평가를 실시하였으므로 그 결과를 지사에게 보고함과 동시에 현민 여러분께 공표하겠습니다.

점검·평가는 작년과 거의 동일한 방법으로 실시하였습니다. 작년도는 첫해이며 평가의 기초가 되는 정보(데이터)를 어떻게 수집하는가, 평가의 기준을 어떻게 설정하는가, 평가결과를 어떻게 표현하는가 등 많은 과제가 있었습니다. 올해도 우선 작년 방법에 대해 검토가 필요한가 어떤가를 검토하였습니다만, 평가결과의 변화 등을 비교할 수 있는 것 등의 이유에서 기본적으로 동일한 방법으로 실시하기로 하였습니다. 다만 작년은 충분한 데이터가 없기 때문에 평가가 어려운 점이 많았습니다만, 올해는 필요한 데이터를 거의 갖추었습니다. 따라서 본격적인 매니페스토 평가는 올해가 처음이라고 말할 수 있다고 생각합니다.

물론 올해의 평가방법과 결과에 대해서도 다양한 비평과 반론이 있을 수 있다고 생각합니다. 위원회로서는 그러한 비평과 반론에 겸허하게 귀 기울여 내년부터 활용해가고자 합니다. 동시에 현민각위에 있어서도 위원회가 수집하고 「정책별 점검 평가표」등으로 정리한 정보를 활용하여 각각의 시점과 방법으로 점검·평가를 해 주시길 바랍니다. 당 위원회는 마츠자와 매니페스토의 ·진척표·평가를 임무로 하고 있습니다만, 예를 들어 매니페스토의 유효성과 사회적 영향, 추진체제 등에 대해서도 다양한 관점에서 평가가 이루어지면 좋을 것으로 생각합니다.

앞으로도 현민 여러분과 NPO등 다양한 기관이 매니페스토 평가에 관심을 가져주시고 지방자치의 방식과 정책선거를 둘러싼 활발한 논의가 이루어지기를 기대하겠습니다.

2005년 6월 6일
마츠자와 매니페스토 진척평가위원회
위원장 小池 治

1. 점검평가 방법

○ 위원회의 점검평가는 다음 「목표달성현황」과 「행정대응현황」의 2가지 축으로 실시했다. 이하 각각에 대해 설명해 두겠다.
① 목표달성현황 평가 : 매니페스토 각 정책(37가지)의 목표를 어디까지 달성할 수 있었는가, 「성과」에 착목해 객관적으로 평가.
② 행정대응현황 평가 : 목표달성을 향해 현이 어디까지 대응하고 있는지, 5단계 구분에서 어느 단계에 있는지를 평가.

(1) 「목표달성현황」평가

○ 매니페스토의 의의는 수치목표 등으로 일정 성과(결과)의 실천을 약속하는 점에 있다. 목표가 객관적인 지표로 나타내기 때문에 실제로 실현되었는지, 어디까지 실현되었는지를 검증할 수 있는 점(검증가능성)에 매니페스토의 의미가 있다고 생각된다.

그렇다면 매니페스토의 진척도는 지사와 행정조직이 어떻게 대응하고 노력했는지에 관계없이 우선 목표가 실현되었는지, 결과가 어떻게 되었는지를 물어야만 한다고 생각된다. 이것이 「목표달성현황」평가이며 이것이 매니페스토 진척평가의 기본이 된다.

○ 이 「목표달성현황」평가에 대해서는 A~D 5단계로 평가하기로 했다. 대체로 목표를 80%이상 달성하면 「A」, 50%이상 80%미만이라면 「B」, 20%이상 50%미만이면「C」, 20%미만이면「D」라고 했다. 또한 데이터가 미집계되어 목표 달성 현황을 평가할 수 없는

경우에는 「NA」라고 했다 (이상에 대해서는 표1 [참고표]를 참조).

○ 목표달성현황 평가에 관해서는 특히 다음과 같은 점에 유의해 주기를 바란다.
① 매니페스토의 「목표」는 원칙으로서 4년간 실현해야하는 것이므로 순조롭게 진척되었다고 하더라도 도중 단계에서는 「B」나「C」의 평가가 되는 점
② 이번 평가는 지사가 현민과 약속한 매니페스토 진척평가이므로 현이 검토한 결과, 종합계획 등에 있어 매니페스토와 다른 목표와 수법을 정하고 있는 경우라도 어디까지나 매니페스토 목표에 비추어 평가하고 있는 점
③ 매니페스토 정책에서는 복수의 목표를 내건 경우도 많기 때문에 평가에 있어서는 복수의 목표 달성 현황을 종합해서 평가하거나, 「주된 목표」를 설정해 그 달성현황을 평가하는 대응을 실시하고 있는 점

(2) 「행정대응현황」평가

○ 한편, 「행정대응현황」평가는, 현이 목표를 달성하기 위해서 어떠한 대응을 해왔는지를 평가하는 것이다. 그 기준은 몇 가지가 생각되어지나 객관적인 판단을 실시하기 위해 당 위원회는 정책 추진 프로세스를 5단계로 나누어 현시점에서 어느 단계에 있는지를 평가하는 방식을 채용하기로 하였다(대응단계구분방식). 물론 실제로는 정책에 따라 추진 프로세스도 다양하지만 정책 간 평가를 가능도록 하기 위해 공통의 단계구분을 설정해서 평가하기로

한 것이다.

○ 행정대응현황의 평가에 관해서는 특히 다음과 같은 점에 유의해
주기를 바란다.
① 「행정대응」으로서는 목표실현에 효과가 생기는 대응을 중시하고
실제로 사업을 실시하거나, 예상화한 것을 평가하기로 한 것(종
합계획에 넣거나 방침을 결정한 것만으로는 충분하지 않다고 생
각하는 것)
② 「신규 도입 정책」과 「기존 노력을 확충하는 정책」의 어디에 해당
하느냐에 따라 같은 5단계 구분이라도 내용이 다르다는 점
③ 각 정책에 있어 복수의 목표를 내걸고 있는 경우에는 그것들을
달성하기 위한 대응을 종합적으로 보고 평가한 점

(3) 평가결과의 점수화에 대해서

○ 올해에도 평가에서는 우선 37가지 정책마다 점검평가를 실시하
고(정책별 점검평가), 다음으로 매니페스토의 6가지 분야마다 그
것을 집계 · 분석하여(분야별 점검평가), 마지막으로 전체를 집
계 · 분석 하는 방식을 취했다. 또한 올해는 매니페스토 전체의
진척상황을 알기 쉽게 기술하는 방식에 대해서도 검토를 실시하
여, 정책별 점검평가의 결과(단계구분)를 수치화하여, 그것을 집
계하여 점수화하는 방법에 대해서도 검토를 하였다. 하지만, 종
합적평가가 그것으로 얻어졌다고 하더라도 그것이 어디까지 매
니페스토의 진척도를 설명하는 것인가에 대해서는, 유감스럽게
도 작업의 합리성에 대한 의문을 불식하지 못하였다. 오히려 전

체 평점이 앞서 나가 정책마다의 달성도와 대응현황을 평가한 의의가 약해져버린 것은 아닌가라는 의견이 강했다. 이러한 검토 결과, 올해의 평가에 있어서는 전과 마찬가지로 전체적인 평가에 대한 정성적인 기술로 하지만, 그 때에는 분야별 상황과 작년과의 변화를 강화하고 가능한 한 전체적인 상황을 알 수 있도록 신경을 썼다.

[참고] 점검평가표를 보는 방식 (기제요강)

1) 분야별 점검 평가표에 대해

○ 본표는 어느 칸이든 위원회로서 기재한 것.
○ 「1. 정책별 점검 평가의 결과」는 정책별 점검평가 결과의 요점을 일람표로 정리한 것.
○ 「2. 목표달성 현황」 및 「3. 대응 현황」은 각각의 평가결과를 건수로 기재함과 동시에 [평가]에서는 해당분야의 특징, 과제 등을 문장으로 기재.
○ 「4. 종합적인 소견」은 해당분야의 추진상황에 대해서 정리된 코멘트를 기재.

2) 정책별 점검 평가표에 대해

○ 본 표는, 매니페스토의 내용에서 현의 대응현황까지의 「사실관계」를 정비함과 동시에, 위원회로서의 점검평가 결과를 기재하는 것이다. 이 1장에 해당정책에 관한 정보를 집약해서 정리하고 있으며, 점검평가의 작업기록으로서의 역할도 가지고 있다. 1에서 4까지는 대체로 시간적인 흐름에 따라 분류했다.

○ 「1. 매니페스토의 내용(개요)」는 매니페스토의 중심부분을 그대로 인용하고 있다.

○ 「2. 현의 방침과 목표 등의 변동」은 해당정책에 관해 종합계획 등에 정해진 규정을 추출함과 동시에 매니페스토의 내용과 무엇이 다른가를 정리한 것이다. 매니페스토를 행정조직으로서의 현이 어떻게 받아들이고 있는가를 제시하고 있다. 기입은 현 담당부국의 협력을 얻어 사무국에서 실시하였다.

○ 「3. 목표달성과 대응현황」은, 목표달성의 현황과 행정대응 현황에 대해 각각의 진척상황(사무관계)을 기재하는 것이다. 「목표달성 현황」은, 현 담당부국의 협력을 얻어 위원회 측에서 기입했다. 「현의 대응 현황」은 현의 담당부국으로부터의 정보제공(자료제공, 청문 조사)에 근거해 위원회 측에서 기입했다.

○ 「4. 점검ㆍ평가결과」는 전적으로 위원회의 책임 하에서 기재하는 것이며(현측은 전혀 관여하고 있지 않다), 담당위원을 중심으로 검토해서 기입했다. 「정책 타입과 목표의 명확화」는 평가에 우선하여 목표 등의 내용과 성격을 명확히 하는 것이며, 이것에 의해

평가방법 등에서 차이가 생기는 것이다. 「종합적인 소견」은 평가 결과와는 직접 관계없으나, 필요에 의해 현이 유의할 점과 앞으로의 과제에 대해 기입하는 것이다.

2. 전체 점검평가결과 (2003년도 - 2004년도)

(1) 목표달성 현황

○ 2004년도 말의 목표달성 현황을 보면 표1에 제시한 대로, A평가가 5건(현청 벤처, 민간인 등용, 중소기업·시민기업지원, 지진재해방지, 폭주족 조례), B평가가 9건(정보공개, NPO지원, 파트너십, 직원 감소, 인건비 감소, 도시 자연 만들기, 의료인재 달성, 남녀공동참여사회, 주민 기본 네트워크 검토)이며, 합계하면 목표를 대체로 50%이상 달성한 정책이 14건(37.8%)이다. 이것은 지사 취임 후 2년간이며 37정책 가운데 40% 가까이가 목표를 달성 혹은 어느 정도 달성한 것을 나타내고 있다. 특히 작년부터 1년간 A평가가 2건, B평가가 7건 증가한 것은 이 1년간 목표달성을 향해 착실히 노력해 왔다고 판단해도 될 것이다. 다만, 목표의 일부 밖에 달성하지 못한 C평가가 10건(27.0%)인 점, 또한 대체로 성과가 나타나 있지 않다고 하는 D평가도 작년과 마찬가지로 12건(32.4%)인 점도 지적해야만 한다. 이것은 작년은 데이터가 없기 때문에 NA로 분류되었던 많은 부분이 C 또는 D 단계에 멈춰있는 것을 의미한다. 이것들 중에는 최신 데이터가 모이지 않

았기 때문에 이러한 평점이 부여된 것도 볼 수 있으나, 2년간의 전환점에 있어서도 C, D 평가가 60% 가깝게 차지하고 있다고 하는 현황은 주의를 요한다고 여겨진다.

○ 달성현황을 분야별로 보면 전체적으로 달성도가 올라간 것은 「현정개혁」, 「환경을 지킨다」 및 「생활을 지킨다」의 분야이다. 한편에서는 「지역주권」, 「경제재생」, 및 「교육재생」 분야에서는 「중소기업·시민사업지원」을 제외하고 C 또는 D 평가에 멈춰 있다. 그 가운데 「지역주권」의 정책은 지방자치제도의 개혁을 요구하는 것이며 목표달성에는 타 자치체와의 적극적인 연계가 필요하다. 「경제재생」과 「교육재생」에 대해서는, 성과목표 달성이 좀처럼 용이하지 않다고 판단되는 경우에는 담당부국만이 아니라 전 청이 연계한 추진체계를 정비하는 등, 2006년도 말까지의 기한을 염두에 두고 한층 진척된 노력을 기대한다.

[표 1] 목표달성 현황

평가	건수(구성비)	작년도
A	5(13.5%)	3건(8.1%)
B	9(24.3%)	2건(5.4%)
C	10(27.0%)	11건(29.7%)
D	12(32.4%)	12건(32.4%)
NA	1(2.7%)	9건(24.3%)
계	37(100.0%)	

[표 2] 목표달성현황 기준

목표달성구분	달성정도
A	목표달성 또는 거의 달성(대체로 80% 이상)
B	목표를 어느 정도의 비율 달성 (대체로 50~80% 미만)
C	목표 일부 달성 (대체로 20% ~ 50% 미만)
D	거의 성과가 보이지 않음(대체로 20% 미만)
NA	평가가 불가능 또는 곤란한 경우(데이타 미수집 등)

○ 이상의 고찰에서 전체적인 매니페스토의 진척도(목표달성도)는, 2년간을 통해 「대체로 순조롭다」라고 말할 수 있으나 또한 주의해야 할 정책도 적지 않다고 말 할 수 있다.

(2) 행정대응 현황

○ 현의 대응현황에 대해서는 작년과 마찬가지로 5단계구분으로 평가를 실시했다. 그 결과를 보면 「미착수 · 미개선」의 제1단계는 「커뮤니티 college」의 1건뿐이며, 제2단계의 「방침결정 · 검토」도 4건(수도권연합, 도주제, 폐기물의 리사이클, 의료인재의 달성)에 불과했다. 한편으로 제4단계의 「실시 중」에 해당하는 것이 21건(56.8%)으로 증가하여 작년보다도 행정대응이 큰 폭으로 진행된 것을 알 수 있다. 이 점은 높이 평가해도 좋을 것이다.

○ 제 5단계에 도달한 것은 2건(민간인 등용, 폭주족 조례)에 그쳤다. 또한 제4단계라고 해도 구체적으로 보면 다양한 단계가 있으며, 또한 목표달성까지의 길이 멀다고 생각되는 것도 적지 않다.

이것들에 대해서는 사업의 규모와 방법을 지금 다시 한번 검토하는 등의 노력이 요구된다. 또한 정책별 평가표와 분야별 평가표에는「종합적인 소견」등의 란에 당위원회로서 느낀 점 등을 기재했으므로 참고해 주시길 바랍니다.

○ 이상의 참고로부터 전체적으로는 매니페스토의 목표달성을 향한 행정의 대응현황은 양호하다고 평가할 수 있다.
○ 또한 정책별로 목표달성현황과 행정대응현황의 평가결과를 추출하면 표 2와 같다.

【표 3】 행정대응 현황

구분	건수(비율)	작년도
제 1단계	1건(2.7%)	2건(5.4%)
제 2단계	4건(10.8%)	12건(32.4%)
제 3단계	9건(24.3%)	12건(32.4%)
제 4단계	21건(56.8%)	10건(27.0%)
제 5단계	2건(5.4%)	1건(2.7%)
계	37건(100.0%)	

【표 4】 행정대응현황 기준

행정대응구분	신규 착수의 경우	기존 사업 확충의 경우
제 1단계 (미착수 · 미개선)	미착수	기존에 계속(미확충)
제 2단계 (방침결정 · 검토)	방침결정, 제도 · 사업의 검토	확충 검토
제 3단계 (준비 · 사업화)	제도화 · 사업화의 작업	확충 준비(예산화 등)
제 4단계 (실시중)	제도결정, 사업실시	확충후의 사업실시
제 5단계 (완료)	조례실행, 사업완료	사업완료

3. 매니페스토 추진상의 과제

○ 마지막으로 2년간의 점검평가 작업을 돌아보고, 매니페스토 추
진상의 과제에 대한 위원회의 견해를 기록해 두겠다.

○ 첫째로, 현청의 각 부분은 매니페스토의 목표달성을 향해 노력하
고 있다고 평가할 수 있으나, 기간 내에 목표달성이 어렵다고 판
단되는 경우에는 정책목표의 실현을 위한 수법을 확실히 검토하
는 것도 생각해야 할 것이다. 그 때에는 현청 내의 연계협력을 적
극적으로 도모함과 동시에 외부의 의견을 적극적으로 도입하는
유연성 또한 중요하다고 생각한다.

○ 둘째로, 첫 해와 비교하면 매니페스토의 목표달성 현황과 행정의
대응현황을 측정하기 위한 데이터와 자료는 꽤 입수할 수 있었으
나 유감스럽게도 아직 충분하다고 말할 수 없다. 현은 매니페스
토의 추진에 책임을 가지고 있기 때문에 달성현황을 측정하기 위
한 지표 개발과 데이터 수집을 위해 노력해 주길 바란다.

○ 셋째로, 당위원회의 매니페스토 진척평가에도 불구하고 현에는
매니페스토 정책을 포함한 중요시책에 대한 점검평가를 루틴하
게 실시하고, 그 평가결과를 홈페이지 등에서 적극적으로 공표하
는 것을 요구하고 싶다. 그렇게 하면, 매니페스토의 목표달성을
위한 다양한 제안과 의견이 현에 모여들 것이다. 중요한 것은 매

【표 5】 정책별 점검평가결과(일람)

I 지역주권			II 현정개혁			III 경제재생		
1 세재원 이양	C	3	4 정보공개	B	4	15 쿄우하마임해부	C	3
2 수도권 연합	C	2	5 자치기본조례	D	3	16 신산업육성	C	4
3 도주제	C	2	6 NPO 지원	B	4	17 중소기업 등	A	4
			7 파트너십	B	4	18 tourism	D	4
			8 챌린지 시정촌	D	3			
			9 직원 · 출장, 외출	B	4			
			10 인건비감소등	B	4			
			11 현청워크쉐어	C	4			
			12 현청 벤처	A	4			
			13 입찰개혁	D	3			
			14 민간인등용	A	5			
A0, B0, C3, D0, NA0			A2. B5, C1, D3, NA0			A1, B0, C2, D1, NA0		
①0, ②2, ③1, ④0, ⑤0			①0, ②0, ③3, ④7, ⑤1			①0, ②0, ③1, ④, ⑤0		

니페스토의 매니지먼트 사이클을 기능시키는 것이며, 그렇게
하기 위해 매니페스토의 진척상황을 현민에게 알기 쉽게 설명
하기 위한 자료 작성 및 제공방법에 대한 더 많은 개선의 노력
을 부탁하고 싶다.

○ 마지막으로 현의 대응이 거의 모여진 것으로 앞으로는 드디어
  행동의 성과가 여물어가는 단계에 들어간다. 거기에서는 인
  풋 · 아웃컴 만이 아니라, 얼마만큼의 성과를 지역사회로 이끌
  어냈는가라고 하는 아웃컴에 대한 평가도 요구된다. 그 때에는

IV 교육재생			V 환경을 지킨다			VI 생활을 지킨다		
19 학교개혁	D	3	23 수원 삼림	C	3	27 자녀양육지원	D	4
21 현립고교개혁	C	4	24 도시의 자연	B	4	28 아동학대	NA	4
22 community college	D	1	25 삼림환경세	D	3	29 고령자개호	D	4
23 영어학습	D	4	26 리사이클	D	2	30 의료인재	B	2
						31 긴급체제	D	3
						32 남녀공동	B	4
						33 주거바탕 망	B	4
						34 지진재해방지	A	4
						35 범죄대책	C	4
						36 폭주족 조례	A	5
						37 기지축소	C	4
A0, B0, C1, D3, NA0			A0, B1, C1, D2, NA0			A2, B3, C2, D3, NA1		
①1, ②0, ③1, ④2, ⑤0			①0, ②1, ③2, ④1, ⑤0			①0, ②1, ③1, ④8, ⑤1		

당위원회가 채용해 온 진척평가의 수법에 대해서도 과감한 검토가 필요하게 될지도 모른다. 보다 정확하고 신뢰받는 검정평가수법의 확립을 지향해, 지금까지 이상으로 현민 여러분, 보도기관, 현직원 등 많은 분들로부터 적극적인 의견, 비평, 제안을 얻었으면 하는 바램이다.

[표 6] 마츠자와 매니페스토 분야별 점검 평가표 (PART 1 일본을 바꾼다)

1. 정책별 점수 평가의 결과		
정책	목표달성현황	행정대응현황
정책1 국가에서 도도부현으로 5.5조엔의 세재원의 이양을 취득해 현세수의 1,400억엔 증수를 도모한다.	C [작년도 : C]	제 3단계 [작년도 : 제 2단계]
정책2 「수도권연합」의 설치를 제안하고, 수도권전역을 대상으로 하는 광역정책을 추진한다.	C [작년도 : C]	제 2단계 [작년도 : 제 2단계]
정책3 현행의 「도도부현제」에서「도주제」로의 전환을 제안하고, 분권형의 지역주권국가의 실현을 도모한다.	C [작년도 : NA]	제 2단계 [작년도 : 제 1단계]

<table>
<tr><td>

2. 목표달성 현황
</td><td>

3. 행정대응 현황
</td></tr>
</table>

목표달성구분	행정대응구분

<table>
<tr><td>

A 0건
B 0건
C 3건 (세원이양, 수도권연합, 도주제)
D 0건
NA 0건

[평가]
- 삼위일체 개혁의 세원이양에 마츠자와 지사가 타 지사와 연계해 노력하고 17년도 당초예산에 있어 826억엔의 세원증가를 보인 것은 평가할 수 있다.
- 수도권연합도 부분적이긴 하나 구체적인 구상단계에 들어갔다.
- 도주제에 대해 본격적인 검토에 착수한 것도 평가할 수 있다.
</td><td>

제5단계 0건
제4단계 0건
제3단계 1건(세원이양)
제2단계 2건(수도권연합, 도주제)
제1단계 0건

[평가]
- 세원이양에 대해서는 전국지사회에 「삼위일체개혁법안을 제출하는 등의 적극적인 노력, 전국지사회에 (가칭) 삼위일체개혁추진법 요강시안」을 제출한 것을 평가.
- 수도권연합구상의 구체화에 대해서는 가나가와현이 적극적인 구상을 제시하고 관계 자치체의 이해와 협력을 얻을 필요가 있다.
- 도주제에 대해서는 국가의 지방제도조사회에서도 심의가 본격화되고 있으며, 가나가와현도 도주제에 대한 명확한 자세를 내놓아야한다.
</td></tr>
</table>

4. 종합적 소견

세원이양과 현(켄)세수입의 증수실현을 위해서는 전국지사회에 있어 가나가와현이 더 나아간 강한 리더십을 발휘하는 것이 바람직하다. 수도권연합에 있어서도, 구체적인 제안을 시시하고, 구체적인 액션에 연결되는 것이 요구된다. 도주제에 대해서도 현은 자세를 명확히 할 필요가 있다.

【표 7】 마츠자와 매니페스토 정책별 점검 평가표(1-1)

1. 매니페스토의 내용(개요)	2. 현의 방침과 목표 변동
[정책] 국가에서 도도부현으로 5.5조엔의 세재원의 이양을 취해, 현세수의 1,400억엔 증수를 도모한다. [목표] ● 현행 6:4로 배분된 국세:지방세의 비율이, 5:5가 되도록, 국세 가운데 5.5조엔 정도의 세원(소득세에서 3.0조엔, 소비세에서 2.5조엔)을 지방으로 이양하는 등, 세제개혁을 위해 노력한다. ● 그렇게 하여, 가나가와현의 세수는 약 1,400억엔이 증가 된다.(5.5조엔을 1999년의 전지방세 수입 3.5조엔에 점하는 현세수의 비율로 나눔) [방법] ● 수장유지에서 연계함과 동시에, 정당 활동을 통해 현민? 국민의 이해를 요구하여 국가에 세제개혁을 요구한다.	(1) 현의 방침 (지역주권실현을 위한 중기방침상의 규정) IV-6 세재원의 이양실현을 향한 노력 현민생활에서 본 바람직한 지방세재정제도 방식에 대해 논의하고, 세원배분 검토의 필요성에 대한 현민의 이해를 높이고, 타 자치체와도 연계하면서 다양한 장을 통해 국가에 대한 강한 활동을 실시해 가겠다. (2) 목표 등의 변동 ● 변경없음 ● (오기입 등) 본문 :국가에서 도도부현 → 국가에서 지방 본문:현세수 → 현세수(시정촌교부금을 포함) 목표 :가나가와현의 세수→가나가와현의 세수 (시정촌교부금을 포함) 　목표 :전지방세 수입 　　　　3.5조엔 →3.5조엔 　그림 1-2: 지방교부세 등 　　　　115,549백만엔 → 155,549백만엔 (3) 담당부서 총무부 세무과

<table>
<tr><th>3. 목표달성과 대응 현황</th><th>4. 점검 · 평가 결과</th></tr>
</table>

(1)목표달성 현황 • 2004년 8월 전체 지사회에서 정부에 제출한 삼위일체 개혁안 중에서, 8조엔 정도의 제원이양을 요구. 8도현시 수뇌회에 공동 어필을 제출. 정부는 평성 18년도까지 대체로 3조엔 규모를 목표로 소득세에서 개인주민세에 세원이양을 실시하는 것으로 여당과 합의(H16.11) • 삼위일체개혁(평성17년도 당초까지의 개혁)에 의해, 가나가와현에서는 세원이양예정 특례교부금 379억엔 및 소득 증여세 447억엔의 합계 826억엔의 세원증가(일반재원화)가 되었다.	**(1) 정책 타입과 목표 명확화** • 제5타입(제도개혁 B형) • 기존의 노력 확충 · 발전 • 방침 변경이 아닌 틀린 점 정정
(2)대응현황 **[타단체와 협조한 노력]** • 8도현시에서「삼위일체개혁을 통한 지방재정기반 강화에 관한 어필」(H15.12),「삼위일체개혁에 관한 긴급의견」(H15.12)을 발표. • 지방육단체가 8조엔 정도의 제원이양을 요구하는 「국고보조부담금 등에 관한 개혁안」을 제출(H16.8) • 8도현시에서 법정수탁사무에 포함해, 중대한 각오를 가지고 대응하는「삼위일체 개혁」에 관한 의견을 표명(H16.11)	**(2)목표달성현황 평가** • 달성도 C [작년도 C] 삼위일체 개혁의 세원이양에 마츠자와지사가 전국지사회에서 적극적으로 노력, 일정 성과를 얻은 것은 평가할 수 있다.
[현독자의 노력] • 세원이양을 포함한 삼위일체개혁의 조기실현에 대해 국가에 요망(H15.7, H16.7) • 가나가와현 지방세제 등 연구회의 하부조직으로서 「세와 생활을 생각하는 전문부회」를 설치(H15.9). 이 검토를 거쳐 가나가와현 지방세제 등 연구회가 「지방세 재정제도방식에 관한 보고서」를 지사에게 제출(H16.11). 나아가 남은 과제를 검토하기 위한 제2기 전문부회를 설치했다. • 청내에 실무레벨의 프로젝트 팀을 설치하고 「삼위일체개혁추진법안」을 작성(H16.12). 전문지사회에 「(가칭)삼위일체개혁추진법요강시안」을 제출하여, 전국지사회의 점토가 개시(H17.1).	**(3)대응현황 평가** • 제3단계[작년도 제2단계] • 세원이양에 대해서는 전국지사회에 「삼위일체 개혁 법안」을 제출하는 등 적극적으로 노력한다. 그 결과, 17년도 당초 예산에 대해 826억엔의 세원이 증가되었다. **(4)종합적인 소견** 세원이양에 의한 현세수 증가목표달성에는 전국지사회 등에 가나가와현이 나아가 강한 리더십을 발휘하는 것이 요망된다.

[표 8] 마츠자와 매니페스토 정책별 점검 평가표(1-2)

1. 매니페스토의 내용(개요)	2. 현의 방침과 목표 변동
[정책] 생활권, 경제권의 확충에 따른 행정과제의 광역화에 대응해, 새로운 광역정부 「수도권연합」의 설치를 제안하고 수도권전역을 대상으로 하는 광역정책을 추진한다. [목표] ① motorization(자동차교통의 발달)등에 따라 시민의 생활권과 경제권이 확대하는 가운데, 수도권전체에서 대응해야할 광역적인 과제가 증대하고 있다. EU(유럽연합)가 국가의 벽을 넘어 만들어졌듯이 가나가와, 동경, 치바, 사이타마 등이 참가하는 새로운 광역정부(바치 시스템)로서 「수도권연합」설립을 가나가와에서 제안한다. ② 수도권연합은 각 도현의 권한은 물론 국가의 권한을 이양 받아, 교통·환경·산업·재해방지 등의 수도권정책을 계획적으로 전개한다. [방법] ① 「수도권연합」은 지방자치법상 「광역연합」의 하나로서 설치한다. ※ 광역연합은 시정촌이 개호보험사업을 목적으로 설치한 예는 많으나 도도부현끼리 결성한 예는 없다. ② 수도권연합에는 각 지사(또한 주민) 선거에 의해 「연합장」을 또 각 회의(또는 주민)선거에 의한 위원으로 구성되는「연합회의」를 설치 ③ 수도권연합에서는 현재 국가가 책정하고 있는 수도권정비계획을 대신해 연합독자의 「수도권광역계획」을 책정하고 상기 정책추진을 도모한다.	(1) 현의 방침 (지역주권실현을 위한 중기방침상의 규정) IV-8 현역을 넘은 광역행정과제의 대응을 향한 자치체 연계의 강화 환경문제, 방범, 재해대책, 관광 등, 현역을 넘은 광역행정 과제의 증가에 적절히 대처하기 위한, 8도현시와 후지하코네이세교류권 자치체의 새로운 연계강화를 향한 노력과 시스템 만들기 등, 이웃 자치체와의 협동·연계를 강화한다. (2) 목표등의 변동 ● 변경 없음 ● 현재는 구체적인 수도권 자치체의 새로운 연계강화 방식과 시스템 만들기를 추진 (3) 담당부서 기획부 　　광역행정과

<table>
<tr><td>3. 목표달성과 대응 현황</td><td>4. 점검·평가 결과</td></tr>
</table>

3. 목표달성과 대응 현황

(1) 목표달성 현황
● 지사의 제안에 근거해, 수뇌회의에서 결정한 과제에 대해 집중해서 검토를 실시하는 사무국(수도권연합협의회)의 설치에 대한 합의(H16.5)

(2) 대응현황
● 「21세기 헌정을 생각하는 모임」(통칭, 경영전략회의)를 설치(H15.6)해서 수도권연계의 강화를 향한 검토를 실시. 경영전략회의 아래 「광역정책검토부회」(카나자와부회장)를 설치(H15.7)하여, 수도권이 안고 있는 광역적 과제등에 수도권 연합에 대한 논의의 토대를 작성.
● 지사가 잡지 「VOICE」에 「수도권연합이 일본을 바꾼다」를 발표(H15.12). 아사히신문에 투고(H15.12)
● 4도현지사회에서 지사로부터 국가가 책정하고 있는 수도권정비계획을 「수도권재생계획」으로 변경하여 1도3현이 책정할 수 있게 권한을 위양하도록 제안)(H15.2)
● 8도현시 수뇌회의에서 결정된 과제에 대해 집중해서 검토를 실시하는 사무국(수도권 연합협의회)의 설치에 대해 설명하고, 국가가 국토계획체계의 검토 안에서 수도권정비계획을 대신해 책정을 검토하고 있는「광역블록계획」의 가능성과 과제연구, 그리고 수도권이 지향해야할 장래상의 검토 등을 제안하고 합의(H16.5)
● 8도현시 수뇌회에서 지사로부터 광역연계시책으로서 「TOKYO BAY TOURISM의 추진」 연구에 대해 제안하고 합의. 이것을 받아 「수도권 tourism 연구회」를 설치 (H16.11)

4. 점검·평가 결과

(1) 정책 타입과 목표 명확화
● 제5타입(제도개혁B형)
● 신규노력

(2) 목표달성현황 평가
● 달성도 C[작년도 C]
● 수도권연합도 부분적이긴 하나 구체적인 구상단계로 들어감.

(3) 대응현황 평가
● 제2단계[작년도 제2단계]
수도권연합구상의 구체화에는 가나가와현이 적극적으로 구상을 제시하여 관계 자치체의 이해와 협력을 얻는 것이 필요하다.

(4) 종합적인 소견
수도권연합에 대해서는 나아가 구체적인 제안을 실시해, 구체적인 액션에 연결해 가는 것이 요구된다.

3::
한국형 매니페스토의 평가방안 및 추진일정 계획[1]

스마트 – 셀프평가지표개발위원회

1. 몇 가지 전제들

1. 평가방안과 지표, 추진일정 등을 출마자들에게 사전에 공지하여 준비할 수 있는 시간을 주어야 한다.
2. 주민들의 관심과 참여를 기본으로 매니페스토 운동이 진행되어야 한다.
 - 정책개발 이전 단계부터 주민들의 정책제안운동을 활성화하고 이 활동들을 지역단체들이 조직하고 지원해 주어야 한다. 지역 네트워크 구축과 활동이 전제되어야만 지역별 평가사업을 진행할 수 있다.
 - 지역의 미래에 대한 비전과 정책, 사업들을 주민들이 적극적으로 제안하고 이의 수용과 정책화 과정을 지역단체들이 지원하도록 한다.
 - 주민들이 쉽게 참여하고 평가할 수 있는 정책평가 틀과 방식이 마련되어야 한다.
3. 모든 후보들이 수용할 수 있는 공정한 방식과 투명한 평가결과를 만들어 나가야 한다.
 - 정책공약 평가단에 후보자 추천위원이 함께 참여할 수 있도록 하고 매 단계 진행과정들을 언론을 통해(최소한 인터넷 홈페이지를 통해서) 주민들에게 전달하여야 한다.

---

1 스마트 매니페스토 정책선거 추진본부에서 개발 중인 매니페스토 평가방안 초안을 소개한다. 평가방안은 향후 수정과 보완을 통해 다양한 지표가 개발될 것이다.

- 개인들의 고립적 평가과정이 아닌 토론과 협의를 통한 개방적 평가과정으로 진행한다. 단 최종 평가단계에서는 일정 시간(하루정도) 평가단 내부 회의와 협의를 진행하여 최종 평가결과를 도출해내야 한다.
4. 언론의 협력으로 후보자들의 참여를 견인하고 주민들에게 지속적 홍보수단을 확보해야 한다.
5. 중앙선거관리위원회와의 협력과 지원으로 모든 과정이 공정, 중립적으로 진행되어야 한다.

2. 평가방안

평가지표

- 평가지표는 분야별 정책공약 평가의 경우에는 SMART지표로 5점 척도를 활용하고 종합적 정책 평가는 SELF지표를 지표 당 100점 만점으로 평가한다.

{S(Specific, 구체적이고), M(Measurable, 측정가능하며), A(Achievable, 달성할 수 있으며), R(Relevant, 정책이 타당해야 하며), T(Timed, 시간계획이 포함됨)와 SELF(Sustainability(지속가능성), Empowerment(자치역량강화), Locality(지역성), Follow-up(이행평가) 지표 활용}

- 스마트 지표는 가치중립적이며 영국의 매니페스토의 기본요소로 활용
  되고 있으며 셀프지표는 우리사회가 지향해 나갈 방향과 지방자치의 목
  표를 담고 있는 한국형 매니페스토운동의 특성을 나타내고 있다.
- 스마트 평가지표의 구성예시
- 셀프평가지표의 구성예시

평가단 구성

- 평가단은 지역에 따라 30명에서 50명으로 구성한다.
- 후보자별 추천 평가위원 2~3명, 추진본부 추천 전문 평가위원 10
  여명, 공개모집을 통한 주민 위원 5명(신청자가 많을 경우 추첨
  으로 결정), 인위적으로 선정된 일반 주민위원 15명 등으로 구
  성한다.

3. SELF 지표 평가방안

S (지속가능성) : 후보자들이 제안하는 정책들의 실현결과로 지역의
지속성이 강화되느냐, 혹은 악화되는가를 다음 기준들을 적용하여
평가함.

- 급격한 생태환경용량의 감소로 인하여 지속성이 회복할 수 없는
  상태로 악화됨 : 0~20점
- 생태환경용량이 감소되나 부분적으로 지속성 강화를 위한 정책이

제시됨 : 21~40점

- 생태환경용량이 감소되나 여러 보완정책들의 추진으로 지속성을
유지할 수 있음 : 41~60점
- 생태환경용량을 확대하여 지속성을 강화시킬 수 있음 :
61점~80점
- 정책들의 추진으로 지역의 환경용량을 대폭 확대하여 지속성을 현
저하게 강화시킬 수 있음 : 81점~100점

E (자치역량강화) : 주민자치역량을 성숙시키고 지자체 역량, 협치
역량을 얼마나 강화할 수 있는가를 다음 기준들을 적용하여 평가함.

- 역량강화를 위한 정책내용이 없음 : 0~20점
- 자치역량 강화를 위한 정책이 있으나 실효성이 없음 : 21~40점
- 자치역량강화를 위한 정책이 있으며 부분적인 성과가 있을 것으로
평가됨 : 41~60점
- 자치역량강화를 위한 정책들이 제시되고 있으며 많은 성과들이 기
대됨 : 61~80점
- 주민자치영역, 지방행정 영역, 협치영역 등에 다양한 정책들이 제
시되고 많은 성과들이 기대됨 : 81~100점

L (지역성) : 각 분야별로 제시된 정책들이 얼마나 지역적 특성을 살
리고 있으며 지역특화발전 정책이 얼마나 풍부하게 제시되고 있는가를
평가함.

- 지역 특성을 반영하지 못하고 일반적인 내용으로 정책이 제시됨 : 0~20점
- 지역 특성을 일부 반영하고 있으나 대부분의 정책들이 지역현실과 동떨어져 있음 : 21~40점
- 대부분의 정책들이 지역적 특성을 반영하고 있으나 지역 특화발전 정책이 없음 : 41~60점
- 모든 정책들이 지역적 특성을 잘 반영하고 있고 지역특화발전 정책이 있음 : 61~80점
- 모든 정책들이 지역적 특성을 잘 반영하고 있고 지역특화발전 정책이 풍부하게 제시되어 있음 : 81~100점

F (이행평가) : 약속한 정책이행과정에 대한 주민들의 평가계획이 얼마나 실효성 있게 제시되고 있는가를 평가함.

- 이행평가에 대한 언급이 없음 : 0~20점
- 이행평가 계획이 있으나 추상적으로 제시되어 있음 : 21~40점
- 이행평가에 대한 구체적인 계획이나 정책이 제시되어 있으나 실효성이 적을 것으로 판단됨 : 40~61점
- 이행평가에 대한 구체적인 계획과 정책, 수단이 제시되어 있으며 주민들의 참여를 제안하고 있음 : 61~80점
- 평가계획이 구체적이며 필요한 재원과 수단, 정책들이 잘 나타나 있고 주민들의 참여를 적극 강화하려함 : 81~100점

【표 1】 스마트 평가 방안

	0점	1점	2점
S	관련분야 정책이 없거나 비전이나 목표만을 표현하고 있음.	정책내용이 추상적 내용으로만 표현되어 있음.	구체적 정책 내용이 있으나 대부분(70%) 이상 추상적 내용이 많음.
M	정책 내용의 이행 과정 을 전혀 측정할 수 없음.	정책들의 이행을 시민들이 알 수 없고 일부만 전문적 방식으로 확인·검증 할 수 있음.	대부분(70%이상) 정책들의 이행을 시민들이 측정·확인할 수 없으나 전문적 방식으로 확인·검증할 수 있음.
A	모든 정책들이 추상적으로 제시되어 판단할 수 없음.	달성될 수 있는 정책이 전혀 없음. 정책 달성을 위한 재원·제도·추진계획들에 대한 언급이 전혀 없음.	일부 (30%이내) 정책의 달성이 가능함.
R	지역현실을 전혀 고려하지 않음. 지역 현안에 대한 정책이 전혀 없음.	지역 현실에 대해 일부 정책이 제시됨.	지역 현실에 적합하거나 지역현안들에 대한 정책이 일부 제시됨.
T	전혀 언급되어 있지 않음.	일부 정책에 대한 기간이 명시되어 있음.	70%이상의 정책들에 달성도에 대한 기간이 명시되어 있지 않음.

	3점	4점	5점
S	구체적 정책 내용과 추상적 내용이 반반정도임.	제시된 정책 내용들이 구체적이나(70%이상) 추상적 내용이 일부 있음.	제시된 정책 내용들이 매우 구체적임. 추상적인 표현이 없음.
M	50% 이상의 정책들의 이행을 시민들이 측정·확인 할 수 있음.	대부분의 정책(70%)들의 이행을 시민들이 쉽게 측정·확인 할 수 있음.	모든 정책들의 이행과 달성과정을 시민들이 쉽게 측정·확인 할 수 있음.
A	정책 달성을 위한 재원·조달계획·제도적 정비·추진계획들에 대한 언급이 있음.	70%이상의 정책들이 달성 가능함. 정책 달성을 위한 재원·제도·추진계획들이 50%이상 제시되어 있음.	모든 정책들이 달성 가능함. 정책달성을 위한 재원·제도·추진 계획들이 충분하게 제시되어 있음.
R	70% 이상의 정책이 지역 실정에 적합하나 지역현안들에 대한 정책이 미약함.	지역실정에는 적합하나 지역 현안들에 대한 정책들이 충분치 못함.	지역실정에 매우 적합하고 시급한 현안들에 대한 정책들이 제시됨.
T	50% 이상의 정책들에 달성도에 대한 기간이 명시되어 있음.	70%이상의 정책들에 달성도에 대한 기간이 명시되어 있음.	모든 정책들에 달성도에 대한 기간이 명시되어 있음.

[표 2] 스마트 평가지표 적용예시

후보명	A		B
정책목표	• 문화관광 산업을 고부가 가치화 시키겠습니다.		• 월드컵 분위기를 이어 나가겠습니다. • 신명나는 생활문화를 만들겠습니다.
세부정책	• 00예술센터, 문화재단 설립 및 특급호텔 유치 • 전자박물관과 향토박물관 건립, 도심공항터미널 유치 • 00역-향교-00문-00문 연계, 관광네트워크 구축		• 월드컵으로 한껏 고양된 선진 질서의식이 월드컵 이후에도 지속될 수 있도록 행정력을 집중할 것이며, 글로벌 시대를 앞서가는 세련된 시민들의 도시로 발전시켜 가겠습니다. • 전통과 현대문화의 조화 속에 00문화제, 국제연극제를 세계적 축제로 승화시키고, 민속촌형 전통 생활박물관을 유치하겠습니다.
평가결과	S	2	1
	M	2	1
	A	2	1
	R	2	1
	T	0	0
	합계	8	4

스마트 평가지표 적용예시

후보명	C		D(531 매니페스토 후보)
정책목표	• 관광하드웨어 개발과 관리 • 관광소프트웨어 개발 • 주변 관광지와 연계한 테마관광		• 품격 높은 문화시민, 자랑스러운 관광도시세부 정책
세부정책	• 세계문화유산 등과 연계한 문화관광상품 개발 • 깨끗한 물로 차별화된 생태관광 도시 조성 • 물공원, OOO 거리, 테마 박물관 등 관광상품 개발 • OO대왕 능행차 등 체험관광상품 개발 • 국제음악제, 국제연극제 등 축제 문화육성 • OO갈비, OO 등 현대적 마케팅 전략 추진 • OO민속촌, OO랜드 연계 관광상품 • 서OO권 농업, 생태 관광 벨트 조성 • 민속예술과 지역문화 체험 상품 개발		• 문화관광 상품 개발과 판매이익금 20억 달성(2년 내 5억 이상 달성) • 문화재단 설립 및 특급호텔 임기 내 유치 • 국제음악제, 국제OO연극제 등 축제문화 육성으로 내국인 관광객 20%이상, 외국인 관광객 15%이상 증가 확보 • 물테마 공원 건립(임기 내 건립계획수립 완료 및 시민 평가 실시와 결과 발표) • OOO 거리 조성(2년 내 조성계획 수립, 임기 내 조성 완료)
평가결과	S	4	5
	M	2	5
	A	3	3
	R	4	4
	T	0	5
	합계	13	22

4::
좋은 정책 추천

531 스마트 매니페스토 정책선거 추진본부는 지방선거를 앞두고 좋은 정책개발에 착수하였다. 추진본부는 25개 분야 정책들의 초안을 작성하여 검토 중에 있다. 향후 각 정당과 후보들에게 좋은 정책을 전달하여 실행에 옮겨갈 수 있도록 노력할 예정이다. 여기에서는 복지분야 아젠다와 지속가능한 발전을 위한 지방의제21 정책아젠다를 소개하고자 한다. 지방선거에 출마하고자 하는 후보자들에게 좋은 참고가 되기를 바란다.

이인재 · 한신대 교수

복지분야 아젠다 예시

아젠다 1 : 사회적 약자들의 기본생활 보장

"사회적 약자들의 기본생활 보장을 통해 살기 좋은 지역을 만들자"

1. 제안 배경

한 지역이 지역주민들의 생활공동체로서 역할을 하기 위해서는 지역사회의 정치, 경제적 역할도 중요하지만 기본적인 삶의 질을 보장하는 복지공동체로서 역할이 요구되고 있음. 지방자치제의 도입 이전의 지역복지는 중앙정부의 복지정책을 지역차원에서 적용하는 단순한 전달체계로서의 역할에 한정되어 있었음. 근대화 이후 지속된 정부의 '선성장 후분배' 정책기조는 복지문제를 언제나 후순위로 고려하였으며, 지역차원에서도 이러한 정책기조는 그대로 적용되었음. 더욱이나 지역주민들의 삶의 질과 밀접한 관련을 갖는 복지문제를 다루면서도 지역주민들의 욕구를 고려하거나 주민들의 주체적 참여를 반영한 경우는 거의 없음. 압축적 근대화의 흔적이 복지 분야에도 그대로 나타나고 있는 것임. 그 결과 지역주민들과 함께 복지지역 복지정책 수립의 필요성이 증가하고 있다 하겠음.

요람에서 무덤까지 국민의 기본 생활을 보장한다는 복지국가의 슬로건이 무너진지 오래되었음. 효율 극대화, 이윤 극대화를 추구하는 자본주의 세계화의 대세에 케인저식 처방에 기반한 복지국가 패러다임의 유효성은 근본적으로 도전받고 있음. 자본주의의 세계화는 80:20 사회로 대변되는 빈부간의 격차를 가져왔고, 이러한 신빈곤의 시대에 사회복지 서비스를 주축으로 하는 기존의 사회복지체제로는 국민들의 기초생활을 보장하기에는 역부족의 시대가 도래한 것임. 이러한 현실에서 서구 선진복지국가들이 채택한 대안이 '일을 통한 복지' 즉 '사회적 일자리제도(workfare, welfare to work)' 임.

2. 현황 및 문제점

우리나라도 20세기 말의 대규모 경제위기 이후 대량 실업, 장기 실업의 여파로 서구에서 나타난 신빈곤 현상이 나타나고 있으며, 이에 대한 대비책으로 한국식 사회적 일자리정책으로 자활사업이 도입되었음. 새롭게 제기된 대량실업과 빈곤은 지역복지서비스와 환경분야에서 '사회적 일자리'를 창출하기 위한 다양한 시민사회 단체들 간의 연대와 협력 확대의 이슈를 제기하였음. 자활사업을 통해 간병 등의 무급봉사활동, 가난한 사람들의 집수리사업, 컴퓨터 등 폐자원 재활용사업, 음식물

재활용, 음식나누기 그리고 소년소녀가장 돕기 등 실업빈민들에 의한 다양한 서비스들이 제공되었음. 자활후견기관의 지원과 함께 자활수급자들은 간병 등의 보호, 재활용, 환경보호 등의 새로운 기술을 획득하였음. 그들은 사회적으로 유용한 서비스(공익형 서비스)를 제공할 뿐만 아니라 지역사회 내 사회적 일자리를 창출하였음. 지역의 복지미래상은 일차적으로 사회적 약자들의 기본생활보장에서 시작되며, 이는 상당부분 사회적 일자리의 활성화에 달려 있음.

지역주민들의 기본적 생활보장의 필요성에도 불구하고, 기초생활보장제도 등 제도적 지원책은 여전히 미흡한 수준임.

3. 아젠다 제안 내용

1) 사회적 약자들의 기본 생활 보장과 주민 참여

복지재정의 분권화, 복지전달체계의 개편 등 복지의 지방화가 본격화되고 있는 현 시점에서 지방정부 사회복지의 일차적 과제는 기초생활보호대상자, 저소득 노인, 저소득 장애인, 요보호 아동 등 기존의 사회적 약자들에 대한 기본적 생계보장은 물론이고 사회적 양극화로 인해 고통 받고 있는 근로빈곤층에 대한 기본적 보장책을 제시하는 일임. 즉 지방자치단체의 가장 긴급한 과제의 하나가 바로 사회적 약자들에 대한 기본적 생계보장인 것임.

사회적 약자보호의 일차적 과제는 사회적 약자들의 기본 생활보장이며, 이는 중앙정부의 책임영역임. 지방자치단체 차원에서는 기초생활

보장 대상자 뿐만 아니라 차상위 근로빈곤층에게도 점진적으로 기초생
활보장 혜택을 확대하여 모든 지역주민들의 기본 생활을 보장할 수 있
어야 할 것임.

복지정책과정에 사회적 약자를 포함한 지역주민 참여의 구체적 방
안을 고려해야 함.

2) 사회적 약자들의 탈빈곤을 위해 사회적 일자리사업을 활성화

사회적 약자들의 탈빈곤을 위한 과제로 사회적 일자리사업의 확대가
필요하며, 이의 실현을 위해서는 세 가지 과제가 필요함.

첫째, 사회적 일자리 프로그램에 대한 사회적 인식이 바뀌어야 함.
사회적 취약계층을 대상으로 일자리를 제공하는 것은 시장을 통한 일자
리 제공과는 다르며, 일정 정도의 공적 지원이 필요한 일자리의 성격을
가짐. 그래서 서구에서는 이것을 '사회적 일자리(social job)'라고 부르
며, 일정 정도의 경쟁력을 갖출 때까지 국가를 비롯한 공공과 지역사회
의 지원이 필수적으로 요구됨. 단기간의 성과에 집착하거나 시경제제의
잣대만으로 사회적 일자리 프로그램을 보게 되면 사회적 취약계층의 자
활자립은 불가능하게 됨.

둘째, 사회적 일자리 프로그램이 제대로 작동하기 위해서는 기초단
위의 사회적 인프라가 마련되어야 함. 현재 자활사업의 경우 기초자치
단체 단위로 230여개의 자활후견기관을 중심으로 자활사업을 추진하
고 있으며, 반면에 노인에게 사회적 일자리를 제공하기 위한 기초단위
의 인프라는 대단히 미약함. 현재의 제도적 인프라를 가지고는 우리 사
회가 요구하는 사회적 일자리 프로그램의 원활한 작동을 기대하기는 어
려움. 프로그램 이용자들과 대면접촉을 하면서 사회적 일자리를 제공하

는 기초단위 조직을 중심으로 사회적 인프라의 시급한 보완이 요구됨.

셋째, 지역을 중심으로 민간단체의 적극적 참여가 이루어져야 함. 사회적 일자리 프로그램의 경우 재원은 국가를 비롯한 공공재원이 주를 이루지만, 프로그램 운영의 대부분은 지역 민간단체를 통해 이루어지고 있음. 특히 국가가 프로그램 이용자를 직접 관리하는 공공형 사회적 일자리 프로그램을 제외한 사회참여형이나 시장지향형 프로그램의 경우 지역사회의 적극적 참여에 의해 프로그램이 운영되고 있음. 사회적 일자리를 위한 공공의 지원인프라의 확대와 더불어 민간의 적극적 동참이 요구됨.

아젠다 2 : 자활사업 활성화와 지원체계 구축

"자활사업 참여자 확대와 초기 상담과정 강화, 자활실무자 역량강화 등 지원체계를 구축하자"

1. 제안 배경

1997년 경제위기 이후 정부 빈곤정책의 변화의 핵심은 1999년 8월 국민기초생활보장법의 제정이다. 기초법의 특성은 연령과 근로능력에 상관없이 해당 가구의 소득인정액이 최저 생계비 이하인 경우 누구나 수급자가 될 수 있다는 점이며, 기초법의 여러 급여 중 자활급여는 근로

능력이 있다고 판정이 나는 경우 가구별 자활계획에 따라 다양한 관련 급여를 제공하는 것임. 이러한 자활 프로그램들을 지원하기 위해 설립된 기관이 자활후견기관임.

자활사업은 정부의 인건비 지원에 의존하면서 장차 경제적 자립을 도모하는 자활근로와 곧 바로 경제적 자립을 추구하는 자활공동체로 구분할 수 있으며, 2004년 12월 현재 242개의 자활후견기관, 230개의 자활공동체와 1,245개의 자활근로사업단 그리고 53,000 여명의 사업참여자를 확보하고 있음. 2004년부터는 개별 후견기관을 넘어 광역네트워크를 통해 기술교육과 정보공유, 경영노하우 전파 등을 도모하기 위해 광역단위 통합조직인 광역자활지원센타 3개소(대구시, 인천시, 경기도)가 4월에 설치되어 시범사업에 들어갔음. 2005년부터는 자활후견기관에 대해 획일적 지원제도가 개편되어 자활사업 참여자와 자활사업단 수 등을 고려한 '규모별 지원제도'가 도입, 시행됨. 즉, 참여인원 등을 기준으로 '확대형, 표준형, 기본형'의 3단계와 농어촌·쪽방 밀집지역 등을 중심으로 특화·소규모형(신규기관)으로 구분하여 지원됨.

2. 현황 및 문제점

자활사업의 중요한 과제 중의 하나는 참여자 확대임. 조건부수급자를 중심으로 일반수급자와 차상위계층 등 52,000여 명이 각종 자활사업에 참여하고 있는 중임. 정부도 차상위계응의 참여확대를 위해 여러 가지 정책을 시행하고 있지만, 큰 폭의 확대는 아직 이루어지지 않고 있음.

초기상담 및 전문직업상담의 부실이 문제가 됨. 자활사업 참여자의 가구여건과 소득수준을 파악하는 초기상담과 직업능력을 판정하는 전문직업상담이 부실하여, 실질적인 자활지원계획 수립이 곤란함.

자활후견기관의 사업수행역량과 지원체계의 문제를 들 수 있음. 현재의 지원체계와 지원비용으로 전문적인 창업지원역량을 갖춘 인력을 고용하기 어려우며, 실무자의 사례관리 능력과 창업지원역량을 강화할 수 있는 교육·훈련체계 또한 미비함.

3. 아젠다 제안내용

1) 자활사업 참여 대상자의 확대 및 초기 상담과정 강화

공공부조 제도의 적용을 받지 못하는 많은 장기실직자, 공공근로사업 장기종사자 등은 자활지원을 가장 필요로 하는 집단이지만, 사실상 방치되어 있음. 극히 일부만이 자활후견기관 사업 등에 참여하고 있을 뿐임. 따라서 이들을 자활지원대상자로 포함함으로써 빈곤심화를 방지하고 안정적 소득기회를 확충해야 될 필요성이 높아지고 있음. 결국 자활사업이 근로빈곤층의 탈빈곤정책으로 자리매김하기 위해서는 우선 비수급빈곤층을 자활사업의 대상으로 확대해야 하며, 그럴 경우 자활대상자들의 근로능력을 고려한 자활의 다양한 경로와 목표를 설정해야 함.

자활 성공요인 중 하나는 초기 상담 및 관리과정을 체계화하는 것임. 자활전담공무원의 배치를 통해 사례관리를 강화하고, 취업과 비취업 대상자 구분을 폐지하며, 단계적인 지원절차를 확립해야 함.

2) 자활지원 실무 인력의 역량강화와 자활후견기관 기능 강화

자활지원대상자에 대한 지원과 관리체계를 내실화하기 위해 전담인력을 확충하고, 이들에 대한 교육훈련 프로그램을 강화함. 먼저 자활지원제도 개선안의 효과적인 집행을 보장하기 위해 '자활전담공무원' 및 '직업상담인력'을 확충하며, 기초자치단체는 수급자 중 근로능력자 규모를 고려하여 시군구에 전담공무원을 배치하며, 시행 초기에는 기존 사회복지전담공무원 중 자활업무 전담자, 신규 사회복지전담공무원 충원인력을 우선 활용함. 그리고 직업능력판정 업무의 증가를 고려하여 고용안정센터의 지원인력을 확대함.

자활대상자 판정과 분류 그리고 적절한 프로그램 제공과 같은 전문화된 기능을 수행할 수 있도록 자활사업 지원인력에 대한 교육기능을 강화함. 이를 위해 자활전담공무원, 직업상담원, 사회복지전담공무원 등 공공부문 지원인력에 대한 교육과정을 설치/운영하며, 민간부문 자활지원인력(자활후견기관 및 사회복지관 실무자)에 대한 교육을 강화함.

자활후견기관은 기존 '경제적 자립 유인 · 매개자 역할' 중심에서 다원화된 역할로의 변화가 요청됨. 즉, 자활공동체 창업 지원을 통해 자립을 유도하는 단일 자활경로에서 다면적이고 다원화된 자활경로를 설정하고 이를 반영한 기관 역할 정립이 필요함. 자활후견기관은 수급자 개개인의 삶에 대한 새로운 의미와 활력을 부여하는 기능, 인간개발을 도모하기 위해 집합적 단위체(집단, 조직체, 지역사회 등)를 활용한 개개인의 역량강화 기능, 기관 자체를 활용한 사회적 지지망의 기능, 다양한 유형의 취업 · 창업 유인 및 사후지원의 기능, 지역사회 내 다양한 물적·인적 자원의 개발, 조직 및 연계의 기능을 담당함.

아젠다 3 : 지역차원 사회서비스 혁신체계 구축

"지역차원의 통합적 사회복지 전달체계 개편으로 사회서비스 혁신체계를 구
축하자"

1. 제안 배경

인구 고령화의 급속한 증가, 이혼율의 증가에 따른 가족관련 복지수
요의 증가, 1997년 경제위기 이후로 근로빈곤층, 노숙자 등 사회적 취
약계층의 복지수요의 확대에도 불구하고 이를 대처할 수 있는 사회복지
행정체계의 변화가 미흡함.

사회적 취약계층은 물론이고 대다수 수요자의 입장에서는 복지, 보
건, 고용 등 통합적 서비스의 제공이 요구되나, 현재는 보건복지부, 노
동부, 국가보훈처 등으로 분산되어 제공되고 있음.

사회복지통합 전산망, 지식관리체계의 도입, 사이버 복지행정체계
수립 등 정보화시스템의 도입이 시도되고 있으나, 복지행정체계의 변화
는 미흡함.

2. 현황 및 문제점

인구 고령화 등 인구구조의 변화와 비정규직 증가 등 취약계층의 확
대에 따른 사회복지 수요의 집중화가 예상되는데 비해, 가족기능의 약
화 등 이에 대비할 수 있는 민간의 역량이 축소되어 국가의 사회복지행
정의 확대 개편이 요구되나, 부분적인 개편에 그치고 있어 급격하게 증
가하는 수요자들의 복지 수요를 충족시켜 주지 못하고 있음.

또한 사회복지 행정업무는 보건복지부, 노동부, 국가보훈처 등으로
분산되어 다루어지고 있어, 사회복지 이슈가 정책 우선순위로 다루어질
가능성이 없으며, 복지수요의 확대에도 효과적으로 대응하지 못하고
있음.

수요자의 입장에서는 복지, 보건은 물론 고용서비스의 통합적 제공
이 필수적이나, 이 또한 분산된 행정체계로 인해 적절한 서비스의 제공
에 어려움을 보이고 있음.

사회복지행정체계의 개편이 정보화의 변화를 반영하지 못하고 있
어, 수요자에게 효율적인 서비스를 제공해 주지 못하고 있음.

3. 아젠다 제안 내용

1) 통합적 사회복지전달체계 구축

사회복지 행정체계 구축의 기본은 '수요자 중심 조직체계 구축' 이
며 첫째 과제는 보건, 복지, 고용 등 관련 서비스 제공기관의 연계 및 통

합체계를 구축하는 것임. 이를 위해서는 통합과 연계에 기반한 중앙-지방 사회복지조직의 구축이 요구됨.

급격한 복지수요의 증대에 대응할 수 있는 사회복지행정체계의 확대 개편이 요구됨. 확대 개편되는 복지서비스 기능은 보건서비스와의 연계는 물론이고 고용과 연계된 생산적 복지기능을 수행하기 위한 체제로 개편되어야 함.

효율적인 사회복지행정 실현과 이용자 중심의 행정 실현을 위해서는 사회복지 행정의 정보화가 구축되어야 함. 정보화 체계의 구축과 동시에 이를 실행하기 위한 행정체계의 보완이 필요함.

2) 지역사회차원 사회서비스혁신체계 구축

통합적 사회정책 서비스의 원활한 제공을 위해서는 중앙정부 차원의 사회적 파트너십 구축뿐만 아니라, 사회정책 통합서비스가 지역사회에서 수요자에게 원활하게 전달되도록 서비스 전달체계가 개선되어야 한다. 통합적 사회정책이 실현되는 실천의 장은 지역사회이며, 지역사회에서 사회서비스분야 혁신체계가 구축되어야 한다.

첫째, 수요자중심의 통합서비스 제공체계로의 전환이 필요하다. 공공과 민간영역의 서비스가 공급자중심으로 제공되고 있고, 서비스 안내 책자를 제작·배포하는 곳도 전무한 상태여서 서비스의 실질적 수요자인 주민들은 필요한 소득지원과 다양한 서비스를 제공받기 위해 개별기관이나 부서를 직접 방문해야 하는 실정임. 공급자중심으로 제공되고 있는 서비스를 수요자중심으로 통합 제공하여 주민의 편의를 제고해야 함.

둘째, 지역혁신체계(RIS) 구축을 통한 지역의 변화를 유도해야 함.

국가균형발전과 지방분권정책을 통한 생산영역의 혁신체제 구축으로 지역의 생존과 발전을 도모하던 정책방향이 지역의 복지화를 통한 소비영역 즉 주민의 일상생활영역의 지역혁신체제 구축으로 이동되고 있는 추세를 반영하여 지역의 변화를 이끌어야 함.

셋째, 지역서비스혁신체계의 핵심은 지역사회서비스의 지방분권 실현에 있음. 지역 시민사회 내부의 주체적 참여에 기반한 지역주민 서비스정책의 수립과 집행, 지역사회 구성원에 의한 지방정부예산 참여와 평가 그리고 감시운동을 통해 지역사회서비스의 지방분권을 실현하는 것이 지역서비스혁신체계의 핵심임.

넷째, 서비스 제공 범위가 확대되어야 함. 현재 사회복지사무소 시범사업과 지역사회복지협의체 운영을 통해 서비스 제공의 다각화와 실질적인 참여기제 마련을 시도하고 있으나 보건복지업무에 한정되어 있어 서비스 제공범위에 대한 검토가 필요함. 서비스의 지방화와 관련된 최근의 변화는 보건과 복지의 연계·조정에 한정되어 있음. 통합서비스를 제공하기 위해서는 범위를 고용과 교육, 문화, 생활체육, 육아 등으로 확대해야 함.

아젠다 4 : 사회복지서비스 제공에 민간 참여 활성화

"지역차원의 민·관·학 협력체계 구축과 복지서비스 제공시 민간의 창의성 실험을 통해 사회복지서비스 수준을 제고하자"

1. 제안 배경

민간이란 민간 사회복지시설과 자원봉사와 후원 등 인적, 물적 서비스 지원을 의미함. 민간이 제공하는 서비스는 서비스의 진보성을 확보하고 서비스의 민간성과 전문성을 제고하는 기반이 되며, 공공 서비스의 견제 기능을 수행함. 민간참여의 활성화는 주민의 사회복지에 대한 참여기회를 높이는 기반이 되며 결과적으로 주민의 참여는 지역의 연대감을 강화하는 효과를 갖게 됨.

민간사회복지기관들의 위상 및 역할 제고를 통해 지역사회 중심의 복지서비스 제공의 '열린 거버넌스'를 실현할 수 있음. 기부문화 활성화를 통한 민간복지자원 확충, 공동모금제도의 강화, 지역 시민재단의 설립, 기업 사회공헌활동 확대, 자원봉사활동 체계화, 종교계의 다양한 사회복지활동을 조직화 등이 요구되고 있음.

2. 현황 및 문제점

지역사회 민간복지 자원이 취약함. 지역사회에서 민간복지의 주체는 민간사회복지기관과 종교 · 시민단체로 집약되나, 아직 자원총량이 부족하고 그나마 지역간 편차가 심하여 민관의 협력을 통한 자원활용에 문제가 됨. 특히 군부의 경우는 민간복지이용시설이 하나도 없는 지역이 거의 절반정도(44.9%)에 이름(2003년 보건복지부 자료).

민간복지이용시설의 지역사회 활동도 미흡함. 이용시설간 기능(서비스 · 프로그램)의 차별성이 없고, 지역사회 활동보다는 정부지원금에 의존한 사업 운영에 역점을 두고 있음. 2004년 1월 현재 1,500여개의 사회복지 이용시설(복지관, 노인 · 장애인복지관련)에 16,000여명이 종사하고 있으나 지역사회 활동은 미비함.

3. 아젠다 제안 내용

1) 지역차원의 민 · 관 · 학 협력체계 구축

복지제공에서 공공과 민간의 다양한 파트너십을 활용함. 복지제공의 지역혁신체계의 한 축으로 지역 대학 등 학계 역할 제고함.

첫째, 공공 · 민간 병행모형. 공공과 민간이 각각 재원조달과 급여를 제공하는 모형으로 공공이 급여제공의 주된 역할을 담당하지만, 민간의 경우 공공급여의 사각지대를 담당하는 모형으로 대상자 선정과정 시 협력이 필요함.

둘째, 공공·민간 협동 모형. 공공이 재원조달의 책임을 맡고, 민간은 급여를 담당하는 역할분담이 이루어지며, 민간의 자율성의 정도에 따라 대리모형(공공의 지시, 감독)과 동반모형(공공과 민간의 거버넌스)이 가능함. 재원배분과정에서 협력이 요구됨.

공공복지서비스 민간위탁 절차를 제고함. 재원배분의 투명성 확보와 특정 민간조직과의 유착을 피하기 위해서는 다양한 주체들이 참여하는 자원배분 위원회를 독립 비상설 기구로 설치할 필요가 있음. 이 위원회는 공공조직과 민간조직의 압력을 예방하기 위하여 독립적이어야 하며, 전체 지역주민을 대표할 수 있도록 배분위원을 무작위로 선정하여 배분이 필요한 시점에서만 한시적으로 운영하는 것이 바람직함.

2) 복지서비스 제공시 민간의 창의성 실험

지역에서 복지서비스 제공을 위한 민간의 창의적 활동을 다음과 같이 제안할 수 있음.

첫째, 복지서비스의 프랜차이징을 활용함. 프랜차이즈 경영이란 생산성과 질을 높이기 위해 그리고 사회복지 프로그램에 대한 대중적 지지를 개선하기 위해 사회복지 프로그램을 브랜드화, 체인화하자는 것으로 공동의 브랜드, 일정 수준 이상의 표준화된 방법론과 서비스의 질 유지, 공동 홍보, 아이디어와 자료의 공동 활용 등을 고려할 수 있음.

둘째, 가상사회복지기관 운영. 사이버공간상에 존재하는 복지기관을 의미함. 복지서비스 제공의 핵심이 전문가의 대면접촉에 있는 만큼, 실제 공간의 위상을 축소하고 전문가와 전문적 대인관계에 초점을 둔 기관운영을 의미함(성공회대 늘푸른복지관).

셋째, 복지상품 유통사업(외부 프로그램 조달). 개별기관 차원에서

기관의 핵심가치와 위상을 명료화하여, 특성화된 프로그램에 핵심역량을 집중시켜 전문화할 경우, 외부의 전문 프로그램들을 중개해주는 조달자의 역할이 필요함. 이는 사회복지계 안밖에서 좋은 프로그램을 찾아내고 가공하여 복지기관에 공급, 교육, 사후서비스까지 해주는 역할을 의미함.

3) 민간 자율적 참여 확대

첫째, 민간부문의 권한이 강화되어야 함. 직접(대민)서비스 체감도를 높이기 위한 민간부문의 권한 강화가 요구되는 것임. 직접서비스 체감도는 제공주체인 민간기관, 단체, 개인 자원들이 수동적 상태에 있을 경우 이루어지지 않음. 민간 서비스 공급자원이 급격히 늘어나는 추세를 반영하여 민간의 권한을 높이는 협력체계를 구축해야함.

셋째, 민간부문의 실질적 협의회 가동을 통한 민간기관간 연계가 필요함. 이를 위해 민간자원 결집을 위한 새로운 틀을 모색해야 함. 기존의 정부주도 방식의 협의회로는 자율성을 중요시하는 민간자원을 결집시키는데 한계가 있음. 또한 민간위탁기관·단체에 국한되었던 참여단체의 제한으로 인해 다양한 서비스 제공주체인 수많은 기관·단체·기업들의 참여는 미미함. 현재 구축중인 지역복지협의체 역시 보건과 복지분야 간 네트워크로 한정되어 보건과 복지, 문화, 생활체육, 고용, 평생교육, 주거복지 등 다양한 서비스 간 통합적 요구를 담지 못하고 있어 연계 범위를 확장할 필요가 있는 것임.

아젠다 5 : 지역사회 공공과 민간 협력체계 구축

"지역차원의 공공과 민간의 협력체계 구축을 통한 사회복지서비스 수준을
제고하자"

1. 제안 배경

지역사회의 복지역량은 공공-민간의 협력을 통하여 더욱 확대될 수
있음. 그럼에도 불구하고 공공과 민간의 협력을 위한 기제들은 원활하
게 작동하고 있지 못함. 지역사회 주민의 복지와 관련하여 대표적인 공
공과 민간의 협력 기제는 기초자치단체 수준의 사회복지위원회 등 여러
위원회가 있으나 그 운영은 매우 미흡한 실정임.

기존 공공과 민간의 협력은 매우 미흡한 상태에 있으며 결국 공공과
민간의 협력 부족으로 서비스의 누락, 중복문제가 발생하고, 지역사회
에 기초한 자체적인 서비스 개발 등이 어려운 실정에 있음. 향후 지역사
회단위의 복지에 대한 기획 및 집행을 위해 필요한 지역의 역량을 높이
기 위해서는 보다 실질적인 협력 기제가 마련되어야 함. 그리고 2003년
사회복지사업법의 개정을 통하여 시 · 군 · 구 단위의 사회복지위원회를
2005년 7월부터 지역사회복지협의체의 구성으로 대체됨.

2. 현황 및 문제점

　지역사회중심 복지체계 구축의 핵심 기제가 지역사회복지협의체의
구축으로 종전에 시 · 군 · 구에 설치되었던 사회복지위원회를 폐지하고
이에 갈음하여 협의체를 설치한 것임. 협의체 시범사업은 2001년 10월
부터 2002년 11월까지 전국의 15개 시 · 군 · 구에서 시행되었음. 협의
체는 복지관련 서비스 제공자를 중심으로 연계 · 협력을 도모하여 효율
적인 복지자원의 활용과 서비스의 양과 질을 제고하는데 목적이 있음.
협의체를 통해 공공과 민간은 물론이고 사회복지서비스와 보건의료서
비스의 연계와 협력이 강화되도록 시도한 것임. 협의체의 주요 기능은
지역사회복지계획의 수립, 복지서비스 연계기반 마련, 복지자원의 개
발, 지역의 복지 발전을 위한 의견 수렴 및 건의 등임. 지역사회복지계
획을 수립할 경우에는 협의체의 심의를 거쳐 지역보건의료계획과 연계
하여 만들도록 되어 있음.

　2005년 7월부터 지역사회복지협의체가 구성됨. 지역사회의 복지서
비스를 체계화하고 연계기반을 마련하기 위해 지역사회복지협의체를
지역특성에 맞게 구성. 동 협의체를 통하여 지역사회복지에 관한 체계
적인 의견수렴과 협의를 바탕으로 지역사회복지 개선방안을 마련하고,
지역복지서비스의 연계 및 조정 역할, 그리고 지역의 사회복지자원 개
발과 효율적 활용 등 추진함.

3. 아젠다 제안 내용

1) 지역사회복지협의체의 조기 정착 지원

제도화된 지역복지협의체가 조기에 정착될 수 있도록 중앙정부는 물론이고 지역차원에서 다각적인 지원책 강구. 복지부장관 혹은 광역지방자치단체장이 주재하는 지역별 우수 협의체 운영사례 보고대회를 정례화하여 단체장의 관심 유도. 협의체 운영에 필요한 사업비(상근유급직원)를 초기에 지원. 바람직한 지역모델을 발굴하여 전파(지역특성별 협의체 모델 백서발간). 유사 위원회의 근거법령을 '지역사회복지협의체'로 통합, 협의체의 지역복지자원 조정에 대한 심의 및 의결 기능 강화 등 제도보완을 적극적으로 고려함.

이밖에 지자체 차원에서 복지협의체 운영이 활성화 될 수 있도록 다음과 같은 대책을 마련. 지방이양사업 중 시·군·구 특정 수요사업 요구시 협의체 심의를 의무화함. 사회복지사업법 제43조에 의한 사회복지시설 평가시 복지시설의 협의체 참여도를 평가지표에 반영. 참여복지 5개년계획, 지역사회복지계획 등의 평가시 협의체 참여 등 운영상황 반영 및 우수 지자체에 대한 포상. 국공립 복지시설 운영 등 국가 및 지자체 사업의 민간위탁시 우선 위탁대상자로 선정 등 참여활성화를 위한 다양한 인센티브 부여방안을 강구해야 함.

지속가능한 발전을 위한 지방의제21 정책아젠다[1]

지방의제21전국협의회

아젠다 1 : 주민참여 통로 마련을 위한 자치입법화

"주민들의 참여역량을 증진시키기 위해 주민참여제도를 자치입법화 합시다."

1. 제안배경

다양한 구성원들 간의 '파트너십 원리'는 지방의제21이 추구하는 중요한 원칙의 하나로 이는 지방자치를 구성하는 핵심원리인 주민들의 참여에 의한 '주민자치'의 원리와 크게 다르지 않음. 주민 스스로 자신

---

1 지방의제21전국협의회에서 지난 2005년 5월부터 진행한 '지속가능한 지역발전을 위한 2006 정책아젠다 개발사업'의 결과로 작성된 정책아젠다임. 향후 정당과의 전달식, 지역 출마자와의 전달식을 통해 후보자들이 공약으로 채택하고 관련 매니페스토를 작성하도록 할 계획임. 5?31 선거 이후에는 당선자와의 실천협약식을 추진하여 정책아젠다를 실현해 나갈 계획임.

의 문제를 결정할 수 있는 통로 마련과 협력체계 구축의 필요성이 제기
되는 이유가 여기에 있음.

　주민참여를 통해 행정을 투명하게 하고 책임성을 강화시킬 수 있으
며 그럼으로써 정책실패의 가능성이 줄어들고 투명한 예산집행을 이끌
어낼 수 있음. 이는 주민감시의 기능뿐만 아니라 민간의 자원과 활력이
투입됨으로써 행정의 효율성을 극대화할 수 있기 때문임. 주민참여는
무엇보다도 주민 개개인의 삶의 질을 향상시킨다는 점에서 행정부의 시
혜가 아니라 주민의 당연한 권리라고 할 수 있음.

2. 현황 및 문제점

　법체계 속에 주민참여의 정의를 처음으로 시도한 청주의 '시민참여
기본조례'는 주민참여를 '시의 의사형성 단계에서부터 집행 단계까지
시민의 의사를 반영하고 시와 시민이 협동하는 것'이라고 정의함으로
써 지방자치를 운영하는 주요 동력으로 참여의 원리를 제시하고 있음.

　기초자치단체로 내려갈수록 주민이 자치단체장과 행정을 감시하고
다양한 정책과정에 참여할 수 있는 통로가 아직도 매우 제한되어 있는
실정임. 또한 지역사회의 요구들이 갈수록 복잡하고 다양해지고 있어서
이에 대응해가기 위해서는 주민의 욕구와 의사를 반영할 수 있는 주민
참여제도를 입법화할 필요가 있음.

3. 아젠다 제안내용

1) 행정의 공개와 투명성 확보를 위한 제도 마련

정보공개는 주민들의 관심을 유발하고 합리적 토론을 이끌어낼 수 있는 주민참여의 기본전제로 헌법이 보장하는 국민의 알권리이기도 함.

이를 위해 '적극적인 정보공표제도'가 모든 분야에 도입되어야 함. 열람수수료 폐지, 공익성 정보공개의 수수료 감면 등의 혜택을 주도록 함. 또한 각종위원회 위원은 필요한 당연직을 제외하고는 공개모집 절차를 도입하는 것을 원칙으로 해야 함.

주민이 참여하고 행정과 독립된 시민감사제도와 각종 공사 입찰과정의 투명성을 제고하기 위해 시민옴부즈맨 제도를 도입할 필요가 있음.

주민의 복지와 가장 밀접하게 운영되는 공공시설의 투명성과 민주성 확보를 위해 위탁·운영과정에 주민들의 참여를 보장해야 하며 위탁선정 위원회의 개선, 주민의견조사 실시, 장기발전계획 수립 등이 필요함.

2) 의사결정과정의 주민참여 확대

지방자치단체가 추진하는 정책은 주민에게 직·간접적인 영향을 미칠 수밖에 없으므로 입안과 결정과정에 주민참여가 보장되어야 함.

형식적인 공청회, 토론회 등을 보완하기 위한 제도적 장치가 필요하며, 주민참여활성화를 위해 참여민주주의제도를 완화·보완할 청주, 안산의 주민참여기본조례와 같이 주민참여의 보편적 가치와 구체적 실천 수단을 담고 있는 주민참여 기본조례를 제정하도록 함.

지방자치단체가 추진하는 정책에 대해 일정 수의 주민들이 서명(서

명요건의 완화 필요. 50~100명 내외)하여 청구하면 공개적인 정책토론
회를 실시하는 정책토론청구제의 도입이 필요함.

3) 주민교육

지역사회 각 영역에서 주민들이 민주주의를 습득하고 체험할 수 있
는 다양한 민간사업을 지원할 필요가 있음. 이를 위해 사회단체보조금
제도의 합리적 개선을 통해 선정기준, 심사위원구성, 심사 절차의 투명
성과 합리성을 확보하도록 함.

상설적인 주민교육, 소통 프로그램, 공론의 장을 위한 다양한 프로
그램 개발과 주민참여지원센터를 설립할 필요가 있음.

아젠다 2 : 주민참여예산제 및 주민소환제의 도입

"예산과정의 시민참여와 투명한 공개행정을 위해 참여예산제를, 행정의 책
임성 강화를 위해 주민소환제를 도입합시다."

1. 제안배경

예산은 조례와 더불어 지방자치단체의 정책을 대변하는 도구임. 조
례가 추상화된 법체계라고 한다면, 예산은 이를 구체적인 수로 반영하
고 우선순위를 상정하여 배분하는 일련의 과정으로 정책의 방향을 제시

하는 구체적인 지표라고 볼 수 있음.

따라서 예산의 편성과 집행에 있어서 정책의 우선순위를 설정하고 다양한 주민의 이해를 반영시키기 위해서는 지역사회 비전과 연동하여 주민 참여를 활성화시키는 것이 필요함. 이러한 의미에서 예산의 투명성과 책임성을 확보하고 예산낭비를 사전에 예방하며 지역에 대한 주민들의 관심을 높일 수 있는 효과적인 수단으로 주민참여예산제가 제시되고 있음.

자치단체장을 비롯한 선출직 공직자는 일단 선출이 되면 4년의 임기가 보장되어 있음. 위법 사실이 드러나지 않는 한 선출직 공무원이 어떤 생각으로 무슨 일을 하든, 주민에 반하는 의사결정에 대해 견제할 수 있는 시민적 통제수단은 거의 없는 실정임. 따라서 선출직 공무원들의 부패나 독단, 전횡을 방지하는 최소한의 주민통제 장치가 반드시 필요함.

선출직 공무원의 권력남용, 전횡, 금품수수 등 비리 행위는 광역 및 기초의회로 내려갈수록 더욱 심각할 것으로 예상됨. 이런 점을 감안하면 시민적 통제수단의 도입이 시급한 실정임.

2. 예산 시스템의 현황 및 문제점

그동안 관행적으로 편성되고 집행된 예산 시스템을 분석해보면 소수의 이해당사자들만이 은밀하게 직·간접적 영향력을 행사하고 있을 뿐 주민들이 철저히 소외되어 왔다는 것을 알 수 있음.

광주광역시 북구청의 경우 각 영역에서 공모되고 추천된 인사들로 구성된 예산참여위원회가 실제로 예산편성에 주도적인 역할을 하는 '주민참여예산제운영조례'를 제정하였으며, 울산광역시 동구청도 조례를 만들어 활발하게 참여예산을 시행하고 있음. 나주시는 주민들을 대상으로 예산학교를 개최함으로써 참여예산의 기틀을 마련하고 있으며, 청주와 안산도 '참여기본조례'를 제정함으로써 참여예산제 시행을 준비하고 있음.

2005년 6월 국회를 통과한 지방재정법 39조는 "지방자치단체의 장이 지방예산편성을 함에 있어 대통령령이 정하는 바에 따라 주민이 참여할 수 있는 절차를 마련"하도록 함으로써 지방재정운용의 투명성 및 건전성을 높이려는 의지를 담고 있음.

시민사회의 요구, 개별 지방자치단체의 참여예산의 경험, 그리고 중앙정부의 의지가 참여예산을 가속화시키는 요인으로 작용할 것임. 특히 2006년 1월 시행령과 시행규칙 등 후속법령이 정비되면 지역 차원에서도 제도적 시스템을 갖출 수밖에 없을 것이므로 이에 대해 지역 스스로 합리적 모델들에 대한 토론과 시행 등 적극적 준비가 필요함.

3. 책임행정의 현황 및 문제점

주민소환제도는 선출직 공무원의 책임성 강화와 활발한 의정활동을 촉진하기 위한 주민견제의 원리로 국민적 공감대가 형성되어 있는 상황이며, 17대 총선에서는 주요 정당들이 공약으로 채택한 바 있고 참여정부의 '지방분권로드맵'에도 포함되어 있어 머지않아 도입될 전망임.

1999년 성남에서 진행된 성남시장 소환운동은 비록 법적 근거가 없는 주민소환운동이었으나 이 운동을 계기로 주민소환에 대한 법적, 제도적 장치에 대한 사회적 논쟁과 주민자치운동의 새로운 방향을 제시하였음.

2004년 4월, 광주시의회와 전남도의회가 주민소환조례를 자체적으로 제정하였음. 이 조례는 시장과 시의원을 소환의 대상으로 정하고 있고, 소환을 위한 주민서명자 수의 경우 단체장은 전체 투표권자의 10분의 1로, 지방의원은 당해 선거구 투표권자의 5분의 1로 정하고 있음. 그러나 대법원은 이 조례가 상위법에 이에 대한 규정이 없다는 이유로 무효판결을 내린 바 있음.

4. 주민참여예산제 제안내용

1) 민주적 원리에 충실한 운영

주민참여예산제는 주민의 참여기회를 보장하기 위한 정보공개시스템, 밑에서 위로 올라가는 의견수렴방식, 예산에 대한 이해도와 참여 의지를 높일 수 있는 주민교육 프로그램을 실시함으로써 주민자치를 활성화시키는 기재로 작용시킬 필요가 있음.

2) 공개모집과 투명한 참여예산시민위원회 구성

참여예산은 대의민주주의의 한계를 극복하자는 측면이 강하게 있음. 따라서 단체장이 임의로 위촉하거나 전문가 위주로 구성하는 방식을 지양하고 민주적 공모절차를 통해 다양한 주민들의 참여를 유도하며 위원회 회의 및 결과자료 등을 반드시 공개하는 것을 원칙으로 해야 함.

3) 법, 제도, 조례를 통한 참여시스템 구축

무엇보다 조례 등을 통한 제도적 참여시스템을 구축하는 것이 필요함. 기본적인 원칙과 세부적인 계획이 반영된 조례가 제정되면 참여예산제의 효과를 실질화시킬 수 있는 토대가 될 것임. 동시에 예산 관련 법·제도의 개혁이 필수적임. 중기지방재정계획 및 투·융자심사 제도, 보조금 및 기금 관련 제도 등과 연동하여 개혁할 필요가 있음.

4) 점진적 참여예산 범위의 확대

가장 논란이 되는 것이 참여예산의 범위와 대상임. 재정자립도가 낮고 가용재원은 한정되어 있는 현실에서 국·도 보조사업 등의 경직된 예산을 참여예산의 대상으로 설정할 경우 변동가능성은 거의 희박함. 따라서 초기 단계에서는 자체사업 예산이나 경상적 경비 등에 초점을 맞추고 가용재원 규모에 따라 점차 확대할 필요가 있음.

5. 주민소환제 제안내용

1) 주민소환 발의 요건의 완화

주민소환의 최대 쟁점은 다른 참여제도와 마찬가지로 발의 서명하는 주민들의 수와 관련이 있음. 전체 투표권자 중 10% 내외의 청구자 수가 합리적인 수치로 판단되며, 이에 대해서는 지역의 여건과 주민참여 활성화 정도를 감안하여 지역에 판단을 맡기는 것이 필요함. 발의 요건 상 서명하는 주민의 수를 과도하게 잡을 경우 제도의 실효성은 떨어질 것임.

2) 주민소환 대상의 확대

일반적으로 주민소환의 대상은 지방자치단체의 선출직 공무원으로 단체장, 지방의원이 그 대상임. 더 나아가 간선제를 취하고 있기는 하나 교육감과 교육위원도 선출직 공무원에 속하므로 소환대상에 포함시켜야 함.

의회 전체적인 부패나 독선, 전횡이 드러날 경우 일본의 경우와 같이 의회해산 청구제도의 도입도 고려할 필요가 있음.

3) 주민소환제도 도입에 관한 공론장 마련

현행법상 아직 상위법이 마련되지 않은 시점에서 지역 차원에서 주

---

2 2004년 7월 지병문 의원 등이 '선출직지방공직자의 주민소환에 관한 법률안'을 발의, 현재 계류 중에 있음.

민소환제를 도입하기는 어려운 실정임. 그러나 이미 주민소환제에 대한 시민적 공감대가 형성되어 있고 국회에서도 주민소환제가 발의[2] 되어 있는 점을 감안할 때, 향후 본격적인 주민소환제도의 실시에 대비해 주민소환의 요건, 절차, 결과에 따른 집행방식 등에 대해 지역 주민들의 의견을 수렴하는 공론의 장을 마련하여 지역에 적합한 주민소환조례 제정을 준비해야 함.

아젠다 3 : 주민소송제 및 주민투표제의 실효성 제고

"투명행정을 위해 주민감사청구제와 주민소송제의 실효성을 높이고, 지역의 중요한 정책에 대해서는 주민이 스스로 선택할 수 있도록 주민투표제의 실효성을 높입시다."

1. 제안배경

주민감사청구제는 주민들이 당해 단체장의 권한에 속하는 사무의 처리가 법령에 위반되거나 공익을 현저히 해한다고 인정되는 경우, 일정한 수의 서명청구를 하면 상위기관이 이에 대해 감사를 하는 제도이며, 2006년 실시 예정인 주민소송제는 감사 결과 위법한 행위나 해태 사실에 대해 단체장을 상대로 소송을 제기할 수 있는 제도임.

지방자치단체의 법령위반이나 공익과 무관한 사무처리 사례가 비일
비재한 상황에서 주민 스스로가 감시하고 통제할 수 있는 주민감사청구
제와 주민소송제의 도입을 통해 행정의 투명성을 도모하고 예산 낭비를
개선할 필요가 있음.

주민투표법은 지방자치단체의 중요한 결정사항에 대해 주민에게 의
사결정권을 부여하게 한 법으로, 지방자치법이 90년대 중반 주민투표
에 대한 근거를 제시했음에도 불구하고 남용에 대한 우려와 대의제 민
주주의의 약화라는 이유로 법률 제정이 유보되어 오다가 지난 2004년
7월 제정되어 시행에 들어갔음.

주민투표법은 주민들이 스스로 올바른 선택을 하기 위해 다양한 찬
반 논쟁을 경험하고 합리적 합의점을 찾아가는 과정을 통해 주민들의
정체성, 소속감을 강화할 수 있으며, 주민들의 의식을 변화시키고 건전
한 시민사회를 만드는데 많은 도움이 되기도 함.

2. 주민감사청구, 주민소송제의 현황 및 문제점

5년간 시행된 주민감사청구제의 문제점으로는 청구 주민수를 많이
요구함으로써 주민참여를 어렵게 만들고 있으며, 주민들이 감사 청구할
권한은 부여되었지만 감사에 참여할 수 있는 통로가 없어서 객관적인
감사가 이루어지지 않는다는 것임.

주민소송제는 아직 시행된 경험이 없지만 주민감사청구가 가지고
있는 문제점과 유사하게 주민참여와 실효성을 차단하고 있다는 비판이

높음. 따라서 지방자치단체가 지역의 특색에 맞게 제도의 내용을 선택할 수 있도록 바람직한 법령의 정비가 필요한 상황임.

3. 주민투표제의 현황 및 문제점

지난 2000년 고양시에서 55층 대형복합건물의 찬반을 묻는 자주관리 주민투표가 시행되어 43%의 높은 투표율을 보인 바 있으며, 2004년 2월 부안 방폐장 찬반을 묻는 주민투표도 자주관리 주민투표로서 한국 지방자치에 큰 획을 그었던 사례임. 일반선거와 동일한 절차와 형식으로 진행되었던 이 주민투표는 72%의 높은 투표율을 기록하였음.

2005년 7월 제주도에서 행정구역개편을 대상으로 주민투표가 실시되어 주민투표법이 전국적 이슈로 부각되었음. 그러나 현행 주민투표법은 청구 요건에 있어서 20세 이상 주민의 1/20 내지 1/5의 범위에서 서명을 받도록 하는 등 주민의 수를 과도하게 요구하고 있고, 중앙정부의 국책사업에 대한 주민들의 주민투표청구는 사실상 불가능하며, 주민의견으로서의 효과만 있을 뿐 법적 효력이 없는 실정임.

반면 현행 주민투표법은 중앙정부나 지방자치단체장의 청구요건은 매우 간소화하고 있어서 주객이 전도되었다는 비판이 제기되고 있으며, 따라서 주민투표의 본래 취지를 살려 현행법을 조속히 개정할 필요가 있고, 지방자치단체의 특성에 맞게 상당 부분 조례에 위임할 필요가 있음.

4. 주민감사청구, 주민소송제 제안내용

1) 절차의 간소화와 정보접근의 용이성

현행 지방자치법은 남소의 위험성 때문에 주민소송의 전단계로 주민감사청구를 거치도록 하고 있으나 주민의 입장에서는 제한된 정보를 가지고 소송을 수행해야 하는 어려움이 있고 어떤 직접민주주의 제도보다 공익적 효과가 크다는 점을 감안한다면 이 제도의 절차를 간소화하여 실효성을 높이는 것이 중요함. 또한 주민감사청구나 주민소송과 관련된 정보는 은밀하게 관리되거나 잘 드러나지 않기 때문에 주민들이 관련 행정정보에 쉽게 접근할 수 있도록 제도적 장치가 마련되어야 할 것임.

2) 주민 청구(소송) 수의 완화

주민 청구 수를 높게 할 경우 경직된 제도가 될 수밖에 없음. 또한 100명에서 300명의 주민이 집단 서명을 해야 하는 제도의 강제성은 신분노출을 꺼려하는 익명성 사회에서 자유로운 참여를 이끌어내기 쉽지 않음. 신분노출로 인해 청구(소송) 대상자에게 회유와 압력이 들어올 수 있으며, 동네단위에서는 묵인하는 주민이 대다수일 경우 100-300명의 서명은 거의 불가능하므로 이 제도의 본래 취지를 살리기 위해서는 청구(소송)의 수를 대폭 줄여서 1명의 주민이라도 청구(소송)를 할 수 있도록 할 필요가 있음.

---

3 서울이나 경기도의 경우 이 범위를 적용하면 주민투표청구자 수가 40만 명에 달해 거의 불가능하다고 볼 수 있음.

3) 그 외 충분한 제소기간의 보장 등

주민감사청구는 행정 사무처리 종료일로부터 2년 경과시 감사청구를 할 수 없도록 규정되어 있어서 상당한 기간이 경과된 후 외부로 드러나게 되는 지방자치단체의 위법행위나 공익에 반하는 사무처리에 면죄부를 주고 있는 실정임. 따라서 충분한 제소기간이 보장되어야 하며 그외 내부 고발자에 대한 보호와 보상을 할 필요가 있을 것임.

4) 감사기구의 독립 및 주민감사관제도의 도입

주민감사청구제도가 실효성이 없다고 지적되는 가장 큰 이유는 감사기구의 독립성과 관련이 있음. 이해당사자들의 입김이 작용되지 않도록 감사기구를 독립할 필요가 있으며, 독립된 감사기구에 주민들의 참여가 보장되어야 함.

또한 주민들이 참여하여 감사할 수 있는 '주민감사관' 제도의 도입을 고려할 필요가 있음. 이미 서울시는 시민감사운영에 관한 조례를 통해 '시민감사관' 제도를 운영하고 있음.

5. 주민투표제 제안내용

1) 주민투표 청구요건의 완화

현행법은 주민투표 청구인 수 요건이 과도하게 높아[3] 근본적으로 주민투표의 실효성을 훼손하고 있음. 또한 주민들에 의한 청구 절차가 중앙정부나 지방자치단체장보다 훨씬 어려워 주민 접근성을 떨어뜨리고

있음. 따라서 주민참여의 취지를 충분히 살려 지역에서 자율적으로 정하
되 최소한 인구비례에 따라 일정한 수를 명시하고 있는 주민발의 청구
인 수 (대략 1/40 ~ 1/50) 수준으로 청구요건을 완화할 필요가 있음.

2) 국가정책의 주민 개입

현행법은 국가정책에 관한 주민청구를 아예 막고 있고, 국가정책 수
행에 있어서 주민의 의견을 듣는 경우에도 행정에 유리한 조건과 시기에
언제든지 지방자치단체장에게 주민투표 실시를 요구할 수 있게 되어 있
음. 따라서 국가정책에 대해서도 주민 개입이 가능하도록 개정이 필요함.

3) 주민소환, 소송과 연계

주민투표제는 주민에게 과도한 부담을 줄 수 있는 개별 정책에 대해
주민에게 의견을 듣는 것이어서 완전히 주민에게 결정권을 부여하는 것
은 아님. 투표 결과가 직접적인 구속력이 없고 투표 결과의 정반대로 정
책을 수행해도 주민의 제재 방법이 없기 때문에 주민투표제는 주민소
환, 주민소송 등의 제도와 연계시키는 다양한 방안이 강구되어야 함.

4) 기타 주민투표 대상의 확대 등

현행법상 주민투표의 배제대상이 매우 포괄적으로 규정되어 행정기
구의 설치, 변경, 지방자치단체의 예산, 회계, 계약 등에 대해서는 주민
투표를 할 수 없도록 되어있음. 주민투표의 대상을 확대하고 자주관리
주민투표도 주민의견수렴 과정으로 인정할 필요가 있으며 투표연령
의 하향조정, 투표운동에 대한 까다로운 규정 항목도 시정되어야 할
사항임.

아젠다 4 : 민관협력기구 활동보고회 및 백서 발간

"민관협력기구들의 활동보고회 개최, 백서 발간을 통해 활동내용을 주민들에게 알려서 책임성을 높여나갑시다."

1. 제안배경

다양한 민관협력기구와 위원회들이 생겨나고 있으나 상호간의 원활한 소통과 효율적인 협력이 이루어지지 않고 있으며, 명확한 책임소재가 없어 활동결과에 대한 평가와 모니터링 과정이 취약한 실정임. 행정은 민간에게, 민간은 행정에게 책임을 전가하거나 유착·공생 관계 등으로 인해 합리적이고 객관적인 평가활동에 대해 소극적인 경우가 많음.

시민사회단체들도 협치 기구에 참여하면서 이 기구들의 활동에 대한 평가와 사회적 공유, 확산에는 최소한의 참여만으로 만족하여 내부 회의보고서 작성으로 끝나는 경우가 대부분임.

그러나 민관협력기구들의 활동에 투자된 예산들이 적지 않고 이들 활동에 투여 된 시민사회단체들의 활동력 또한 만만치 않은 현실에서 이들 기구들의 활동에 대한 백서 발간은 민·관의 중요한 사회적 책임이라고 할 수 있음.

2. 현황 및 문제점

지방의제21추진기구, 지역혁신협의회, 지역사회복지협의회, 자원봉사지원센터, 지역발전협의회(혹은 위원회), 지역사랑시민협의회 등 법적 근거를 둔 조직이외에도 각 지역별로 조례나 내부 규정에 근거한 민관협력기구들이 지역 내에서 개별적, 분산적으로 활동하고 있음.

각 기구들이 활동들에 대한 정보교류와 상호간의 소통의 기회가 없어 사업이 중복되거나 유사 사업들이 반복되어 추진되는 사례가 빈번히 발생하고 있음. 또한 사업성과들이 지역사회에 골고루 확산되지 못하고 상호 공유할 수 있는 매개가 없어 일부 관련자들만이 성과를 독점하거나 정보를 독식하고 있으며, 사무국 운영과 사업 활동이 제대로 이루어지지 않아 활동보고회나 백서 등을 통해 활동내용을 주민들에게 알리지 못하고 있는 실정임.

3. 아젠다 제안내용

1) 민관협력기구들의 공동 활동보고회를 통한 활동사례와 성과 교류

공동 활동보고회를 개최하여 그동안 고립, 분산적으로 추진되어 온 민관협력기구들의 활동들을 교류하고 각 기구들의 성과들을 공유하여 지역의 민관협력 활동역량을 성장시켜 나가도록 함.

2) 민관협력기구들의 평가를 통한 사업예산의 조정과 통합 추진

민관협력기구들의 초기 과정에서는 민관협력 활동 자체에 의미를 둘 수 있으나 1~2년 후에는 그동안의 사업추진 과정, 전반적인 기구운영과 활동방향에 대한 평가들이 이루어져야 하며 이에 따른 기구 활동의 확대와 조정이 진행되어야 함.

3) 민관협력기구들의 정례적인 활동백서 발간

활동의 다소, 예산의 규모에 상관없이 모든 민관협력기구의 활동에 대해서 매년 활동백서를 발간하여 주민들에게 활동상황을 알리고 활동결과에 대해 책임을 지도록 함.

지자체에서는 일정기간 이러한 백서의 발간을 주민들에게 지속적으로 공지하고 활용할 수 있게 하여 민관협력기구 관련자에게만 머물러 있는 활동의 성과를 주민들에게 확산하도록 함.

4) 민관협력기구 전반의 활동에 대한 정보 제공

백서를 발간할 여력이 없는 기구들에 대해서는 행정, 시민단체에서 2~4명의 인사를 위촉해 각 기구를 방문, 인터뷰 등을 통해 행정 및 재정 운영사항과 사업 활동내용을 정리하여 공동백서발간을 추진토록 할 필요가 있음.

지방자치단체는 지역 내 모든 민관협력기구의 활동에 대해 주민들이 쉽게 활동사항들을 파악할 수 있도록 지자체 홈페이지에 공간을 마련하여 각 기구들의 현황 및 백서 등 연간활동 내용을 알리도록 함.

아젠다 5 : 각종위원회 회의록 공개 및 위원선 정규정 마련

"각종 위원회의 회의록을 공개하고, 위원선정 규정을 마련하여 구성과정의 민주성과 투명성을 확보합시다."

1. 제안배경

지자체마다 설치되어 운영되고 있는 각종 위원회는 주민생활과 밀접한 사안들에 대해 의사결정을 하고 있어 주민들의 삶에 큰 영향을 미치고 있으나 주민들의 의견을 전달하거나 주민들이 직접 참여할 수 있는 길은 거의 없으며, 위원회의 일상 활동과 주요 결정내용 및 과정들에 대해서 주민들이 알 수 있는 통로가 없는 실정임.

위원회 및 협치 기구에는 주민들이 신뢰할 수 있는 대표성을 갖춘 인사와 관련 기구의 활동내용, 관련 분야에 전문적인 지식을 갖춘 전문가, 그리고 지역의 소수자들의 의견을 수렴하고 대변할 수 있는 인사들이 참여해야만 기구 본연의 역할을 잘 수행할 수 있음. 그러나 각종 위원회와 협치 기구의 위원 위촉 권한은 지방자치단체장이 갖고 있어 위원회와 협치 기구의 독립성과 정체성에 대해 주민들의 신뢰가 취약한 실정이며 이들 기구에서의 결정사항들도 주민들의 반대에 부딪쳐 지역 갈등을 일으키는 사례가 빈발하고 있음.

2. 현황 및 문제점

지자체마다 각종 위원회가 설치되어 있으나 어떤 위원회가 설치되어 있는지, 어떤 역할과 기능을 수행하고 있는지 그 현황조차 홈페이지에 공개되어 있지 않은 상황임.[4] 사안에 따라 위원들의 신분과 토의 내용이 공개되어서는 곤란한 경우도 있으나 기본적으로 위원회의 구성현황과 위원회별 회의소집, 논의안건, 회의결과 등이 전혀 공개되지 않고 있음.

위원회와 민관협력기구의 최종 위원 위촉권한이 단체장에게 집중되어 있으며 주요 역할은 자문기능이 대부분임. 초기 구성과정에서 단체장이 위촉권한을 갖는 경우가 대부분이며 최근 들어 위원들을 공개모집하거나 위원들의 구성비율을 규정하는 방안들이 논의되고 있으나 아직은 적극적으로 시행되고 있지 않고 있음.

여성위원들의 경우 새로운 여성지도력을 발굴하기 보다는 중복적으로 위원회에 참여하는 경우가 빈번하며, 단체장과 다른 견해와 정책을 갖는 인사들의 참여는 원천적으로 봉쇄되어 있어 다양한 의견수렴과 공정하고 합리적인 의사결정 과정이 되지 못하고 있는 실정임.

---

4 지자체 홈페이지에 각 부서별 업무분장표가 있으나 관련부서의 위원회 활동(혹은 관련부서 장이 간사로 업무를 수행하고 있는 위원회)에 대해서는 어떠한 언급도 없는 실정임.

3. 아젠다 제안내용

1) 각종 위원회 회의록의 공개

지자체 홈페이지에 부서별 담당 위원회에 대해 소개하고 활동내용에 대해 정기적으로 게시하도록 의무화하며 회의록을 주민들과 시민단체, 주민단체들에게 공개하도록 함.

2) 각종 위원회와 협치 기구의 위원선정 규정 마련

각종 위원회에 지역별, 계층별, 기능별 비율을 고려하도록 하며, 여성비율을 30%(법정비율)로 확대해 나가도록 함. 특히 위원회마다 전문가, 주민대표, 사회적 소수자, 시민단체대표 등의 선정비율을 규정하여 위원회 및 협치 기구의 활동 참여 폭을 확대하도록 함.

기초자치단체장의 정당공천제도하에서 상대 당 내지 경쟁후보자가 일정 비율의 위원들을 추천하는 방안을 마련하여 단체장과 다른 견해와 정책적 입장을 가진 인사의 참여도 적극적으로 유도할 필요가 있음.

3) 공개모집을 의무화하여 주민들의 관심과 참여를 제고

위원 선정에 있어서 일정비율을 공개모집하도록 의무화하여 주민들의 참여를 보장하여야 함. 공개모집 비율은 주민참여의 상징성을 살리기 위해서라도 최소 10%이상으로 할 필요가 있음.

주민위원들은 주민생활 속에서 피부로 느끼는 정책들을 요청하고 정책 시행과정에서 일어날 수 있는 시행착오와 문제점들에 대해 의견을

거버넌스 평가 기준

A. 대중의 접근

1. 위원회 회의는 공지되는가?
 2. 위원회 회의는 언론과 대중에 공개되는가?
 3. 위원회가 검토하는 보고서를 대중들이 볼 수 있는가?
 4. 위원회가 회의 이전에 대중들이 참조하도록 할 보고서가 있는가?
 5. 위원회 회의록을 대중들이 볼 수 있는가?
 6. 대중들이 참석할 연례 총회가 있는가?

B. 내부 거버넌스

1. 파트너십이 그 역할과 권력을 규정하는 규약이나 기타 문서를 가지고 있는가?
2. 회의에서 사업을 어떻게 수행할지를 규정하는 성문 규약이나 의사 규칙이 있는가?
3. 구성원 자격은 임기가 정해져 있는가?
4. 위원회 회의에 정족수가 적용되는가?
 5. 위원회 회의록이 문서로 생산되는가?
 6. 구성원들에게 수당이나 기타 급여가 있는가?

C. 구성원의 행동

 1. 위원회 회의에서 구성원들의 행태를 규제할 행동규약이 있는가?
 2. 규약이 있다면, 위원회 구성원들이 그 규약을 합의했는가?
 3. 위원회 구성원들이 재정과 기타 이해관계를 상세히 설명하는 기록부가 있는가?
 4. 회의에서 이해관계의 갈등을 표시할 체계가 마련되어 있는가?
 5. 이해관계의 갈등을 표시하는 구성원들이 결정에 참가할 수 없는 절차가 있는가?

D. 책무

1. 파트너십이 연례보고서를 준비해야 하는가?
2. 파트너십이 연간 예산을 준비해야 하는가?
3. 파트너십이 연간 회계를 준비해야 하는가?
4. 파트너십이 외부 회계감사를 받는가?
5. 파트너십이 외부 감사를 받는가?
6. 시민이나 서비스 이용자들에게 가용한 고충처리 과정이 있는가?
7. 파트너십이 옴부즈만이나 감사관의 관할 하에 있는가?
8. 파트너십이 어떤 다른 기관들과 합의된 목표를 충족시켜야 하는가?
9. 파트너십이 (회원 조직을 포함하여) 다른 기관들에게 공식적인 보고를 하는가?
10. 구성원들이 임명된 기관에 소환될 수 있는가?

제시함으로써 주민생활과 유리된 정책결정이 되지 않도록 필요한 역할
을 수행할 수 있을 것임.

아젠다 6 : 지자체 조례 및 주요 기본계획의 통합성 제고

"지속가능한 지역발전을 위해 일관성이 없거나 상호 모순되는 지자체 조례
의 제정 및 개정을 통해 통합성을 제고합시다."

1. 제안배경

조례는 지역 자치단체의 정책방향과 정책의 우선순위, 그리고 지역
구성원의 관심과 정책에 대한 적극성 정도를 나타냄. 또한 시대적 상황
의 변화와 지역의 요구에 따라 정책의 우선순위와 중요성에 대한 가치
변화를 반영할 수 있도록 조례를 지속적으로 개정하고 새롭게 제정할
필요가 증대하고 있음.

조례는 지자체의 정책 방향을 규정하는 중요한 법률로 지자체마다
그 지역의 필요와 특성에 맞는 조례를 제정하고 있으나 지자체장과 지
방의회가 주민들의 의사를 수렴하는 데 부족한 점이 많아 어떤 경우는
주민의 의사에 반하거나 매우 형식적이고 부실한 조례를 제정하는 사례
도 발생하고 있음. 반면에 지방자치의 주체가 되어야 할 주민은 자발적

논의를 통해 형성한 정책을 직접 제안하거나 발의하기 어려운 상태임.

2. 현황 및 문제점

지역의 비전과 계획이 부재한 현실에서 제정된 조례들이 수시로 개정되거나 형식화되어 조례간, 조례와 법간 불균형이 초래되고 사회적 비용이 발생하고 있음.

지방분권에 따라 지방자치단체의 조례제정의 범위와 권한이 확대될 것이나 현재 조례제정과 개정, 발의와 심의 등 과정에 주민의 참여와 의사를 반영할 수 있는 폭이 제한적임.

3. 아젠다 제안내용

1) 지속가능한 지역발전을 위해 필요한 조례의 제정 및 개정

지자체별로 제정되어있는 각종 조례들을 지속가능성의 관점에서 개정, 제정 필요성을 검토하고 지속가능한 지역발전을 위한 다양한 조례를 제안하여 심의할 수 있는 제도와 통로를 마련하는 것이 필요함.

도시, 생활환경 분야

- 자연형하천 조성, 습지보전, 생태지역보전 관련 조례 (제정 필요)
- 폐기물감량, 재활용촉진 조례 (청주, 의정부, 안양, 남양주, 시흥,

군포, 하남)
- 수질보전, 소음 및 진동, 악취방지, 도시경관 조례 (강원, 제천, 인
  천, 광주)
- 녹화추진 및 가로수에 관한 조례 (안산)
- 아름다운 마을 만들기 조례 (광주 북구)
- 에너지 기본 조례 (제주, 서울, 경기)
- 태양에너지 도시 조례 (광주)
- 녹색상품구매 관련 조례 (서울, 경기)

도시교통 분야
- 보행권 보행환경개선 관련 조례 (광주, 대전, 청주, 제천, 수원, 청
  주, 하남, 군산)
- 교통정책위원회 조례 (강원, 경북, 전남, 목포, 경주, 김천, 안동,
  충주, 전주, 성남)
- 대중교통지원 조례 (경북, 충북, 부산)
- 공영차고지운영 조례 (대전, 울산, 하남)
- 자전거이용 활성화 조례 (부천, 안산, 안양, 구리, 시흥, 과천)
- 자전거주차장 설치에 대한 조례 (과천)

주민자치 및 지역갈등 관련 분야
- 시민참여 기본 조례 (청주, 안산),
- 주민투표 조례 (안산)
- 주민참여예산운영 조례 (광주 북구, 울산 동구)

- 주민평가단운영 조례 (안산)
- 주민소환조례 (광주, 전남)
- 옴부즈만운영 조례 (부천)
- 주민제안제도운영에 대한 조례 (군포, 광주 북구)
- 환경분쟁조정에 관한 조례 (부산, 경남, 경기, 서울)
- 환경보전기금 설치 및 운용 조례 (부산, 경남, 경기)
- 주민의견수렴절차이행에 관한 규정 (군포)
- 장기발전계획 수립 및 정책평가에 관한 조례 (부천)

아젠다 7 : 지방의회와의 협력체계 구축과 협력 강화

"시민사회, 지방의제21과 지방의회 간의 효율적인 협력체계를 구축하고 지속적으로 협력을 강화합시다."

1. 제안배경

주민의 대표로 지방자치단체를 감시, 견제하고 지역발전의 주요한 역할을 수행하고 있는 지방의회가 의정활동에서 주민의 의견을 지속적으로 수렴하고 이를 지역발전에 반영하기 위해서는 시민사회와의 협력이 매우 중요하며, 특히 지방의제21과의 협력 필요성이 요구되고 있음.

지역사회 내에서 여러 협력 기구들이 설치되어 다양한 활동들을 추

진하여 왔으나 이러한 협력기구들의 주된 파트너는 집행부인 지방자치
단체에 집중되어 있어서 지방의회와는 별다른 협력활동이 없는 실정이
며 일상적인 협력 체계들이 없어서 불필요한 갈등과 대립들이 발생하기
도 하였음.

지역발전의 방향과 가치를 지속가능한 지역발전에 두고 이를 실현
해가기 위해서는 지방의회와 시민사회, 지방의제21과의 긴밀한 협력 체
계가 구축되어야 함.

2. 현황 및 문제점

지역주민의 의견을 대변하고 정책에 반영하려는 활동 속에서 지방
의회와 시민사회, 지방의제21 사이에 대립과 갈등의 소지가 존재하고
있음. 대부분의 지역에서 지방의원들이 운영위원으로 지방의제21 사업
에 적극 참여하고 있으나 의원의 교체, 또는 지역 현안에 대한 견해 차
이 등으로 협력이 중단되거나 갈등이 발생하는 사례도 있음.

시민사회가 지방의회 의정활동에 대한 모니터링과 평가활동들을 진
행하면서 협력이 잘 되는 지역도 있으나 대부분의 지역에서는 대립과
갈등이 발생하고 있음.

지방의원의 경우 지역구 주민들과의 관계에 주로 관심을 두는 반면
지역 전체의 발전을 위한 정책을 개발하고 주민 다수의 이익을 추구하기
위한 시민사회, 지방의제21과의 협력관계는 상대적으로 소홀한 실정임.

3. 아젠다 제안내용

1) 지방의회와 공동으로 지역지속가능발전협의회 구성, 운영

지역의 지속가능발전정책을 지방의회와 일상적으로 협의하고 지자체 예산과 정책의 지속성을 평가, 심의, 자문하기 위한 지역지속가능발전협의회를 구성, 운영할 필요가 있음.

협의회는 정책자문, 자료제공, 공익적 주민의견 전달, 예산과 정책의 지속성 평가 등의 활동을 통해 의원들의 활동을 지원하고, 각종 정책과 예산, 결산에 대해 협의, 자문하며 공동의 의정활동 평가지표를 마련하여 지방의회 내의 자발적 평가활동을 진행함으로써 지방의회 활동을 한 단계 더 발전시켜나가도록 함.

협의회는 지방의회 각 상임위별 2~3인(상임위 구성이 안 되는 지역은 의회 의장단이 참여), 시민사회단체와 지방의제21 임원 5~7명, 지속가능발전과 관련된 전문가 3~4명 등 총 20여명으로 구성하고, 협의회 활동의 활성화를 위해 지방의원 1인과 지방의제21 1인으로 공동 사무국을 구성하여 운영하도록 함.

협의회는 회기에 맞추어 상호 협력 내용들을 협의, 추진하고 회기가 끝나면 활동결과를 의회와 주민들에게 공개하도록 하며, 협의회 활동에 관한 운영 및 지원조례를 제정하여 활동의 책임성과 운영의 지속성을 확보할 수 있어야 함.

2) 지방의원과 시민사회, 지방의제21이 참여하는 공동워크숍 정례화

개별적 활동이 갖는 한계를 극복하고 지역발전을 위한 상호 협력과 서로간의 이해를 높이고 효과적인 협력방안들을 모색하는 자리를 마련할 필요가 있음.

개최 시기는 정기회기가 시작되기 전이나 연말, 연초 등 적절한 시기를 정하여 매년 정기적으로 공동워크숍을 진행하도록 하며 사전에 워크숍 추진의 구체적인 계획을 수립하여 실질적인 결실을 거둘 수 있어야 함.

아젠다 8 : 지속가능한 지역발전을 위한 사회협약 체결

"지역 내 시민사회, 지방정부, 기업이 참여하는 지속가능한 지역발전협약을 체결합시다."

1. 제안배경

대다수의 지역에서 지방자치단체장이 바뀔 때마다 새롭게 '지역 이미지'(Community Identity)를 수정하거나 변경하는 사례가 늘어나고 있으며 단체장의 시정방침과 뜻에 따라 그동안 추진되었던 장기 비전과 계획들이 대폭 수정되거나 새롭게 대체되는 등 지자체 정책의 지속성을 유지하기 어려운 상황임.

　단체장의 교체나 정치 주도세력간의 결정에 따라 지역사회가 지향해야 할 비전과 정책이 바뀌지 않도록 지역사회 각 세력들의 실질적인 합의와 협력의 토대 위에서 지속가능한 지역발전 비전과 계획을 수립하고 이를 지속적으로 추진하기 위해서 이를 사회협약을 통해 규정해 놓을 필요가 있음.

　선출된 지자체장과 지방의원들에게 지역사회에서 폭넓게 합의하는 지속가능한 지역발전비전과 계획을 수립하고 이를 충실하게 수행하게끔 위임(Mandate)하고 임기동안 이를 제대로 이행하고 있는지에 대해 체계적인 모니터링과 평가를 할 수 있도록 사회적 파트너십에 입각한 협약을 체결할 필요가 있음.

2. 현황 및 문제점

　대부분 선거기간 동안 제시한 공약이 선거후 제대로 지켜지기가 어려우며 체계적으로 공약을 제시하지도 않아서 단체장 교체시 단체장의 시정방침에 따라 (지역의 주민과 현실이 전혀 바뀌지 않았는데도) 지역사회의 비전과 도시계획이 변경되는 사례들이 빈발하고 있음.

　지자체가 수립하는 대부분의 장기 비전과 계획들은 수립하는 과정에서 주민들의 참여나 의견수렴이 취약하여 주민들의 관심이 적고 이로 인해 지역의 여러 정책을 추진해 나가는데 있어서 지역사회 구성원들의 실질적인 참여와 실천을 이끌어내기 어려우며, 단체장의 '내 재임기간

동안에'(PIMTOO), 또는 '내 앞마당에'(PIMFY)와 같은 지역개발과 성과주의 태도, 그리고 이에 따른 경직된 정책 집행으로 지역갈등이 빈번하게 발생하고 있음.

지방의원 역시 주민들의 대표로 선출되었으나 지역현안에 대해 실질적으로 주민의 의사를 반영하기 보다는 행정이나 정치적 주도세력만 참여하여 결정하는 경우들이 많음. 따라서 임기동안 주민의 의견을 제대로 수렴하고 이를 반영하려는 노력이나 제도적 장치가 확보되지 않는다면 민주주의 기제로서 제대로 작동하기 어려운 한계를 가지고 있음.

3. 아젠다 제안내용

1) 사회협약체결을 위한 사회적 공감대 형성

사회협약은 지역사회의 지속가능성의 위기상황에 대한 사회적 공감대와 합의의 토대가 형성되어 있어야 하며 주요 주체간의 사회적 파트너십에 입각한 상호 신뢰가 전제되어야 함.

민선 4기 출범과 함께 지속가능한 지역발전을 위한 사회협약을 체결하기 위해서는 선거기간을 통해 지속가능한 지역발전에 대한 정책과 구체적인 부문별 목표와 과제들이 제시되고 논의되어야 할 것임.

사회협약이 지역사회의 일관된 비전과 발전에 대한 사회적 합의로 기능하기 위해서는 광범위한 지역사회의 합의를 기반으로 '지속가능한 지역발전 비전'을 수립하도록 하여 이에 따른 부문별 주체들의 이행과 실천을 이끌어내는 것이 중요함.

사회협약은 성장과 분배, 개발과 보전 등 이해가 첨예한 계층간, 지역간 시각차와 갈등 상황을 품고 해결하기 위하여 실업, 여성, 복지, 사회적 소수자 등 협약 참여주체를 확대하고 대화가 가능한 부문에서 수평적 합의를 이끌어내고 이를 실천해 나가는 방식으로 의미가 있음.

2) 지속가능한 지역발전을 위한 지역사회협약 체결

사회협약은 지방자치단체장의 주도가 아니라 지역사회의 주요 부문간 주체들이 참여하여 사회적 파트너십 속에서 각 주체들 간의 서로에 대한 이해와 포괄적인 사회, 경제, 환경적 합의와 협력을 이끌어낼 수 있는 방식으로 추진되어야 함.

사회협약의 체결은 지방자치단체, 지방의회, 기업, 농민단체, 시민(단체), 지방의제21 등 주요 주체들의 역할과 책임을 담고 있어야 함. 주요 주체들의 참여는 민·관·기업, 또는 노·사·정이라는 도식적인 구조를 탈피하여 지역사회의 여건과 사회적, 경제적 구조에 따라 참여할 수 있는 부문별 주체가 달라져야 함.

지속가능한 지역발전비전 수립 계획은 수립과정과 체계, 내용들을 마련하고 수립과정에서 주민의 참여와 의견수렴이 충분히 될 수 있도록 하며 부문별 인적 자원을 구성하여 추진해 나가도록 함.

협약은 각 부문의 주체들이 지속가능한 지역발전이라는 일관된 정책 기조 속에 경제적 활동을 지속할 수 있도록 하는데 초점을 두어야 하며, 지속가능한 지역발전 비전이 수립되면 이를 이행해 나갈 2차 협약을 체결하고 지속적인 평가와 환류를 통해 3년마다 협약을 갱신하도록 함.

3) 지역사회협약의 제도적 근거 마련

지역사회에서 지역발전을 위한 포괄적인 사회적 합의와 협력을 보장하고 촉진할 수 있는 구체적인 수단을 제도화할 필요가 있음. 특히 분야별 공공과 민간의 협력을 보장하는 주민협정제도에 대한 필요성이 제기되고 있으나, 통합적인 지역발전을 위한 지역사회협약에 대해서는 사회적 인식이 더욱 부족한 것이 현실임.

지방의제21추진기구가 수립해온 '지방의제21' 이 지역사회협약의 성격으로 전환되기 위해서는 부문별 주체들의 참여를 실질화 하고 활동을 보장할 수 있도록 법적 제도적 근거를 마련하고 실천가능한 행동형 의제를 수립하며 실천을 위한 조직체계를 갖추는 것이 필요함.

지역사회협약이 구체적인 구속력을 갖기 위한 직접적인 근거가 아직은 마련되지 않아 협약의 내용과 정반대의 정책을 수행해도 이를 제지할 수단이 없음. 따라서 지역의 각종 정책과 계획들이 지속가능발전의 차원에서 심의, 조정될 수 있도록 '지역지속가능발전위원회' 의 설치와 '지역지속가능발전비전' 의 수립이 함께 연계되어야 할 필요가 있음.

아젠다 9 : 지속가능한 지역발전 비전 수립

"지역마다 주민의 참여를 통해 장기적이고 일관된 지속가능발전 비전을 수립합시다."

1. 제안배경

지역마다 장기비전과 계획을 수립하고 있으나 대부분 주민의 의견 수렴 없이 단체장의 시정방침에 따라 행정 위주로 수립되고 있어 광범위한 주민의 동의와 지지를 얻지 못하고 있음.

양적 성장을 추구하는 가치에서 이제는 생활환경의 쾌적성을 포함하여 사회적 형평과 경제적 정의와 같은 질적 성장을 추구하는 가치로 전환해야 하며, 이와 함께 지역주민이 지역발전의 주체가 되고 수혜자가 될 수 있도록 주민의 삶의 질 향상을 통한 지역공동체 회복에 초점을 맞추는 비전제시가 필요함.

지역의 경제, 사회, 환경적 지속가능성을 반영하는 통합적인 계획이 수립되어 있지 못하고 각종 기준과 지표들이 개발되어 있지 않아 환경과 미래세대, 사회적 약자들을 고려하지 못한 지역계획과 정책들로 인해 지역 갈등을 발생시키고 있음.

2. 현황 및 문제점

　지자체에서 수립한 장기계획들은 비전 수립을 위한 원칙과 시민적 합의에 근거하여 민주적인 의견수렴 과정을 거쳐 수립되기보다는 지자체장이 바뀔 때마다 시정방침에 따라 주요 정책과 계획들이 대폭 변경되어 지역의 일관된 장기계획과 청사진으로 정착하지 못하고 있음.

　그동안 지자체별로 수립한 '지방의제21'은 지역의 환경개선계획이나 프로그램 성격에 머물러 지역의 장기적이고 통합적인 관점의 지속가능발전 비전이나 계획으로 연계되지 못하고 있으며 부분적으로 지역계획 및 정책에 반영되고 있는 수준임.

　2004년 부천에서 제정된 '장기발전계획 수립 및 정책평가에 관한조례'는 부천시의 주요정책을 종합적으로 수립, 시행하여 시정운영의 능률성·민주성·효율성 및 일관성을 도모하기 위한 조례[5]로 지자체 정책의 기본이념과 비전을 제시하고 이를 실현하기 위한 분야별 정책 방향과 전략을 수립하도록 하는 등 지자체 장기계획 수립의 새로운 방향을 제시하였다고 평가할 수 있음.

---

5 부천시장기발전계획수립및정책평가에관한조례로 정책평가제를 통해 시정운영 성과를 평가하고, 사회지표를 통해 시민생활의 삶의 질을 평가할 수 있도록 함.

3. 아젠다 제안내용

1) 지속가능한 지역발전 비전 수립에 관한 법적 근거 마련

조례 등 법정계획으로 지속가능한 지역발전 비전과 계획을 수립하도록 하되 이를 위한 방향과 원칙, 구체적인 툴(방법, 스킬) 등 비전 수립을 위한 가이드 및 추진, 지원체계를 마련하여 합리적이고 체계적으로 비전이 수립되도록 해야 할 것임. 또한 비전의 이행계획과 평가지표의 수립이 필수적임을 명시할 필요가 있음.

2) 비전 수립과정에서의 다양한 주민의견 수렴

장기계획 수립의 주체는 단체장이 임의로 위촉하거나 전문가 위주로 구성하는 자문위원회 성격을 지양하기 위하여 사회적 파트너십에 의해 폭넓게 위원회를 구성할 필요가 있으며 주민들이 지역의 비전과 장기계획 수립 과정에 참여할 수 있도록 보장함으로써 다양한 사회적 가치와 욕구를 반영하고 이해집단들의 자발적인 참여와 협력, 동의를 얻을 수 있도록 해야 함. 주민의견수렴이 형식에 그치지 않도록 하기 위해서는 계획 수립 초기부터 주민의견을 수렴하고 의견수렴 결과를 공개하며 이를 어떻게 반영하는지에 대한 절차와 다양한 의견수렴 방식이 강구되어야 함.

3) 통합적 지속가능성의 원칙에 대한 제시

기존의 개발지향적인 '도시계획'과 사후처리적인 '환경관리계획'으로는 지속가능한 지역발전을 이루기 어려움. 따라서 지속가능한 도시계획 수립을 위한 원칙으로서 미래세대에 대한 배려, 자연생태계의 보전, 자급자족성, 사회적 형평의 달성, 공동체와 주민참여 등이 반영되어야 하며, 경제적 효율성과 사회적 형평성, 생태적 지속성을 통합적으로 고려해야 함.

아젠다 10 : 비전실현을 위한 이행계획 수립
(지방의제21 재작성)

"비전을 실현해가기 위해 부문별, 주체별 행동계획을 수립하고 이를 실천, 평가할 수 있는 체계를 만듭시다."

1. 제안배경

지역주민의 참여와 합의에 의해 수립된 비전이 실천으로 이어지고 지역의 변화를 가져오기 위해서는 이를 실현해가기 위한 구체적인 이행계획이 수반되어야 함. 그러나 대부분의 지자체 장기계획에 포함되어 있는 이행계획에는 이러한 구체성이 없고 매우 형식적인 실행지침이나 일정만이 제시되어있는 형편임.

지자체의 장기계획을 포함한 각종 정책의 추진에 따른 결과를 평가하는데 있어서도 가치기준을 어디에 두느냐에 따라 매우 상이한 평가가 나올 가능성이 있으며, 평가기준에 대한 시민적 합의나 지역여건에 맞는 통합적 관점의 평가 기준이 마련되지 않아 지자체의 정책에 대한 실질적 평가와 비판이 이루어지지 않고 있음.

2. 현황 및 문제점

지역에서의 실천은 대부분 행정에서 주민을 동원하는 형식으로 이루어지고 있으며 평생학습, 주민자치센터 등이 지역의 실천을 위한 구심점이 되지 못하고 백화점식 교양강좌로 머무르고 있음. 또한 지역 내에 단체는 많으나 그동안의 실천방식이 어떠했는지, 행동양식과 행동규범이 어떻게 바뀌어야 하는지에 대한 문제의식은 매우 희박한 상황임.

지방의제21이 부문별, 주체별 행동계획을 수립하고 있으나 지역의 실천역량이나 여건을 고려하지 않고 도식적인 구조에 맞추어 추상적인 행동지침만을 제시하고 있어 실행력이 매우 떨어짐. 특히 행정계획과의 연계부족, 실천체계 및 평가환류계획 미비, 주민의견 수렴과정의 취약, 환경관련 분야에의 집중 등의 문제점이 나타남. 지속가능한 지역발전을 위한 이행계획으로서 지방의제21 재작성의 필요성이 제기되고 있음.

3. 아젠다 제안내용

1) 부문별, 주체별 행동시나리오 성격의 이행계획 수립

이행계획이 지역의 실천으로 옮겨지기 위해서는 일부 전문가 내지 시민단체 위주의 형식적인 보고서가 아니라 지역의 실질적인 부문별, 주체별 참여를 통한 사회적 파트너십에 기초해서 이행계획이 바로 행동으로 옮겨질 수 있도록 행동시나리오 성격으로 수립되어야 함.

특히 이행주체를 민·관·기업 등 도식적인 구조가 아니라 지역의 실정에 맞게 구분하는 것이 필요하며 실업, 여성, 복지, 사회적 소수자, 공익기관 등 다양한 지역사회의 이해를 달리하는 주체들이 파트너십의 틀 안에서 합의를 유지하고 주체적으로 이행에 대한 책임을 지는 방식이 정착되도록 유도해 나가야 함.

행동시나리오 성격의 이행계획은 행동주체별로 구체적이고 (Specific), 측정가능하며(Measurable), 목표수준에 대한 성취가능성 (Achievable)과 현실성(Realistic)이 있으며, 활동시한(Timescale)을 가지고 진도관리가 되도록 함.

2) 지속가능성 평가지표의 수립 등 평가제도 마련

지속가능한 지역발전을 위해서는 정책결과가 지속가능성을 어느 정도로 충족시키고 있는지에 초점을 맞추어 평가가 이루어져야 하며, 지속가능성에 초점을 맞춘 경제·사회·환경지표의 통합적 구축과 실질적 평가가 매우 중요함.

이를 위해 '지역 발전의 질' 지표와 '주민 삶의 질' 지표에 대한 개발이 요구됨. 지표개발은 지역의 여건과 수준을 고려하고 공동의 현안이나 과제를 가진 지역들이 함께 참여하여 개발하는 것도 의미가 있음.

'지역 발전의 질' 지표는 지역에서의 사회, 경제적 활동이 지역의 환경용량 증대에 기여할 수 있는 방식으로 이루어질 수 있도록 보전으로 인한 환경의 희소성과 지역의 잠재적 자원을 활용하고 가치를 높이는 지속가능발전 수준을 측정하는 지표로 의미가 있음.

'주민 삶의 질' 지표는 지역사회의 개발과 발전의 궁극적인 목적이 주민의 삶의 질 향상에 기여할 수 있도록 지역주민의 복지와 인권, 사회경제적 평등, 빈곤과 실업, 주민자치와 열린 행정 등 삶의 질 개선 정도를 측정하는 지표로서 제시되어야 함.

아젠다 11 : 지속가능발전추진기구의 안정적 운영

"지속가능한 지역발전 비전과 계획을 이끌어나갈 추진기구를 보다 내실화하고 지원을 강화합시다."

1. 제안배경

지금까지 지방의제21의 추진은 일부 전문가, 시민단체가 중심이 되어 왔으며 지방정부의 책임과 의지가 부족하여 이를 정책에 반영하는데 한계가 있었음. 또한 주로 좁은 의미의 환경개선활동에 치중하여 거시적인 환경개선과 도시구조 재편에 기여하지 못하였음.

이를 극복하기 위해서는 경제, 환경, 사회의 여러 그룹들이 실질적으로 참여해서 협력과 합의를 이끌어내는 통합적인 거버넌스 체제로 확대 개편할 필요가 있으며, 삶의 질 관점에서 지역 주민들의 생활패턴을 바꾸고 구매, 생산, 소비, 재활용의 통합적인 사회·경제 시스템을 확립해 나감으로써 사회 전 부문에 걸쳐 지속가능성이 확보될 수 있도록 해야 함.

지속가능한 지역발전을 전담할 추진기구의 내실화와 안정적 운영이 무엇보다 시급한 과제임. 이를 통해 지역사회에 맞는 시민의 참여방식을 개발하고 다양한 이해관계자들이 참여하여 사회적 파트너십을 형성하며 소지역단위, 또는 마을단위의 사업추진을 통해 지역의 실천역량을 강화해 나가야 함.

2. 현황 및 문제점

지속가능한 지역발전 비전을 일관성 있게 추진해가기 위해서는 지역사회의 주요그룹이 함께 참여하는 거버넌스 추진기구가 필수적임. 지방의제21이 지역사회에서 통합적 거버넌스 체제로 정착되도록 하기 위해서는 운영을 보다 내실화하고 지원을 강화해야 할 과제를 안고 있음.

지방의제21추진기구 이외에도 지역의 역량과 필요에 따라 지역지속가능발전위원회, 지역혁신위원회를 두기도 하나 자문수준의 역할에 머물고 있으며 지방의제21도 사회적 파트너십에 입각한 실질적인 거버넌스 기구로 확고하게 자리 잡지 못하고 있는 형편임.

3. 아젠다 제안내용

1) 지속가능발전추진기구의 안정적 운영을 위한 제도 정비

중앙정부 차원에서는 상위법의 제정이나 관련 근거규정의 마련이 근본적인 방안이 될 수 있을 것이나, 법률적 토대가 마련되었다 하더라도 실효성을 갖기 위해서는 시민사회의 역량과 요구, 그리고 지방정부의 의지가 수반되어야 함.

지방정부 차원에서 지역의 요구와 시민사회적 여건을 고려하여 지속가능발전추진기구를 제도화할 수 있는 다양한 방식을 도입해 나가도록 함.

① 지속가능한 지역발전비전의 수립 및 이를 위한 추진체계(기구)의 마련
② 지속가능발전을 위한 이행계획 수립 및 실천을 위한 추진기구의 설치
③ 지방의제21 추진기구의 설치 및 기능, 역할의 확대, 개편
④ 각종 정책, 계획의 자문 · 심의를 위한 지방지속가능발전위원회의 설치
⑤ 지역의 요구와 현안, 갈등문제 해결을 위한 거버넌스 기구의 설치

2) 지속가능발전 및 시민참여활성화 전담부서 설치

지방정부는 지방자치의 파트너로서 시민사회의 주요그룹에 대한 역할을 강화시키고 주요정책과 계획에 시민참여가 활발히 이루어질 수 있도록 해야 함. 이를 위해 시민참여 활성화와 지역의 지속가능한 발전을

전담할 부서를 설치할 필요가 있음.

행정 내부적으로는 전통적인 기능주의적 부서할거주의의 장벽을 허물고, 개발부서나 산업경제부서에 지속가능발전 쪽으로 업무의 비중을 두는 방향으로 통합적 재 조직화 내지 조직혁신을 이룸으로써 전체 행정조직체계를 지속가능발전 추진체계로 재구축해 나가야 함.

(건설과, 도시과, 농업과 → 지속가능건설과, 생태도시과, 친환경농업과)

3) 참여행정 촉진을 위한 시민전문가 근무제 실시

주요 부서에 참여행정 촉진을 위해 시민전문가를 영입하여 함께 근무하게 할 필요가 있음.

시민전문가 제도를 통해 행정의 대주민 서비스 향상, 지방정부의 정책 및 행정내용 모니터링, 지역발전을 위한 이슈 개발, 정책대안 제시 등 지속적으로 행정의 변화를 촉진할 수 있는 내부기제를 갖출 수 있음.

또한 공무원의 지방의제21이나 시민단체 파견 근무 등 민·관 인적 교류를 실시해 시민사회영역에 대한 행정의 이해와 파트너십을 강화하도록 함.

아젠다 12 : 도시계획 수립과정의 다양한 주민참여방식 도입

"도시계획 초기단계부터 주민공청회를 실시하고 주민모니터링제도를 실시합시다."

1. 제안배경

현행 공청회방식은 전문가 및 행정에 의해 일방적으로 운영될 수 있는 가능성이 많아 공청회의 공고나 주민의견 수렴, 의사결정 과정에 주민이 실질적으로 참여할 수 있는 장치가 마련되어야 함.

도시계획이 행정가와 전문가에 의해 독점되어 추진되는 방식에서 주민이 참여하는 방식으로 이행하기 위해서는 무엇보다 의사결정 과정에서의 주민참여 방식의 다양화와 함께 주민홍보 방식의 다양화가 요구됨.

2. 현황 및 문제점

도시계획안이 완성된 단계에서 공청회라는 주민참여방식을 취하고 있어 시민과의 갈등의 소지가 많다는 것이 현재 도시계획 과정의 제도적 한계임. 또한 공청회의견을 제출하고자 할 경우 개최 후 1주일까지로 정하고 있어 방청객으로 참석한 시민들의 의견을 개진하기에는 제출기간이 너무 짧아 실질적인 의견반영이 불가능함.

국토의이용및계획에관한법률 등 대부분의 도시계획 관련 법률에서 주민 의 의견청취시 '주민' 을 '지방의회' 로 보고 있으나 선거를 통한 주민대표로서의 지방의회가 언제나 주민의견을 제대로 반영하거나 대표하기는 어려우며 때로는 민주주의의 기제로 잘 작동하지 않기도 함. 따라서 주민의 의사를 반영하는 구체적인 과정이 없이 닫혀있는 커튼 뒤에서 지방의회가 합의와 결정을 해버릴 경우 지역의 여건과 주민과는 동떨어진 도시계획으로 문제가 생기거나 지역갈등의 소지가 될 수 있음.

공청회의 개최 사실에 대한 공고나 의견청취도 시보, 시 · 구 게시판 혹은 신문으로 대부분 한정하고 있어서 주민접근의 한계를 분명하게 보여주고 있음. 공람제도 역시 특별히 관심을 갖지 않으면 공고문을 확인하기 어려우며 재산상의 변화에 대한 내용은 공람을 통해서는 제대로 파악할 수 없음. 또한 해당지역 주민에 대한 공지 시에도 '주소지에 거주하지 않거나 주소지가 불명확한 경우 통지하지 않을 수도 있다' 고 규정하고 있어 실질적인 주민참여가 어려운 실정임.

3. 아젠다 제안내용

1) 도시계획 초기단계부터 주민공청회 실시

초기단계부터 공청회 및 주민간담회를 진행하도록 하며 총체적인 설명회 방식보다는 계획부문별 혹은 기능별로 세부적인 토론을 진행하여 의견을 수렴하도록 함. (소그룹을 중심으로 한 워크샵 방식, 집담회

개최)

공청회시 인구지표 적정성 등, 지역사회의 도시환경용량과 지속 가능한 개발의 측면에서 도시계획을 평가할 수 있는 지표가 마련되어야 함.

2) 의사결정 과정에 대한 주민모니터링제도 도입

의사결정 진행과정과 절차에 대해 주민들이 제도적으로 접근할 수 있도록 주민모니터링제도를 도입할 필요가 있음.

전문가 및 시민단체는 계획입안단계부터 마감단계에 이르는 도시계획에 대한 내용을 전반적으로 검토하고 이를 모니터링, 평가할 수 있는 방법을 정하여 주민들에게 모니터링 및 평가결과를 적극적으로 알리도록 함.

3) 홍보방식의 다양화

도시계획 공청회 개최사실 공고, 또는 의견청취 공고사실의 한계성과 주민참여의 결여 등을 보완하기 위한 제도적 장치가 필요하며, 이를 위해서는 관보 및 지역신문에서 탈피하여 지역방송, 주민자치센터, 인터넷, 시 홈페이지 등 다양한 매체를 활용하도록 조례 등을 개정해야 함.

4) 주민과의 의사소통 경로 확대

지방자치단체는 도시계획 초기단계부터 주민들과 의사소통을 할 수 있는 다양한 경로의 확대와 제도적 마련을 위해 적극적인 노력을 해야 함.

정보 네트워크를 이용한 쌍방향 의사전달 체계를 마련하여 주민들의 의견을 적극적으로 반영할 필요가 있음. 이를 위해 주민들이 도시계획 수립과정과 내용 전반에 대하여 깊이 있는 이해를 할 수 있도록 적극적인 정보 공개와 홍보 내용을 충실하게 하도록 해야 함.

또한 사전에 도시계획 수립 전반에 대한 정보 공개와 공청회, 주민의견 수렴 등의 결과를 주민들에게 반드시 알리는 것을 원칙으로 해야 함.

아젠다 13 : 도시계획위원회 운영의 민주화

"위원회 회의록을 공개하고 민간참여비율을 높입시다."

1. 제안배경

대부분의 시군들이 도시계획조례의 목적에 지속가능한 개발의 필요성을 제시하고 있으며 이는 도시계획 집행절차에 있어서 참여민주주의, 절차적 민주주의의 수용과 친환경적 개발을 이행하고자 하는 노력의 일환에서 마련된 것이라고 할 수 있음.

도시계획위원회는 도시계획에 관한 중요사항을 심의·결정하며 이를 위해 조사·연구 또는 자문역할을 담당하는 위원회로 그 위상과 역할을 감안할 때 임무가 막중한 주민대표기구이기 때문에 위원회 구성에 있어서 주민참여를 보장하고 확대하는 것이 필요함.

2. 현황 및 문제점

현행법에 의한 도시계획위원회는 회의 소집, 의결정족수가 과반수 출석에 과반수 찬성, 과반수 위촉 등의 형태로 되어있어 공적인 의사결정 기구로서의 주민 대표성에 대한 신뢰뿐만 아니라 실질적인 민·관 파트너십의 역할을 수행하는 데에도 문제가 있음.

도시계획위원회의 구성인사가 주로 당연직 공무원, 관련행정기관, 학자, 민간단체대표들로 위촉되어 있으며 위원장이 공무원이기 때문에 도시계획 심의에 대한 공정성 확보가 어려워 관의 일방적 의견이 제시되거나 행정위주로 회의가 진행될 가능성이 매우 크다고 할 수 있음.

지방자치단체의 도시계획입안, 결정, 집행 등의 기능을 효율적으로 추진하고 이에 대한 전문성을 높이기 위해 시장 또는 군수는 도시계획에 관한 기획, 지도 및 조사 연구를 하기 위하여 도시계획상임기획단을 둘 수 있게 되어 있음. 그러나 기획단의 위상과 역할도 주민대표기구로 그 구성에 있어서 도시계획위원회와 같은 신뢰의 문제를 지적 할 수 있음.

3. 아젠다 제안내용

1) 위원회 구성의 민간참여비율 30% 이상 확대

위원회 운영에서의 주민 참여 활성화를 위해서는 무엇보다도 전문가, 공무원 중심의 위원회 운영에서 탈피하여 다양한 주민의견을 수렴하고 공익성을 우선할 수 있도록 주민위원의 참여를 제도화해야 함.

동법 시행령, 자치단체의 조례에 시민단체 대표 혹은 시민단체가 추천하는 인사를 포함하도록 하며 위원장 및 간사직에 주민대표를 할당하도록 하는 규정을 포함하도록 함.

또한 위원회 구성에 있어서 시민단체 추천인사 등, 민간참여비율을 30% 이상으로 의무화하며 아울러 주민위원의 정당성을 확보할 만한 선정 기준의 마련함으로써 도시계획 심의의 공정성과 주민의 공익성을 확보해 나가도록 함.

2) 위원회 기능의 강화

위원회가 단순 심의 및 자문에서 벗어나서 계획내용에 대한 발의가 가능하며 상시운영이 가능하도록 위원회의 기능을 강화시켜야 함.

도시계획위원회의 신뢰성을 높이기 위해서는 행정주도형에서 민관협력방식으로 전환해야 하며 운영방식에 있어서도 자율적 관리체제를 도입하는 등 도시계획위원회의 합리적 운영방안을 모색해 나가야 함.

3) 회의소집 및 표결 기준 강화

현행법은 회의소집 및 표결기준이 낮아 근본적으로 도시계획위원회의 신뢰성을 저해하고 있음. 위원회의 회의소집 기준을 위원의 2/3로 하고 표결기준도 기존 과반수 참석에 과반수 찬성에서 2/3 참석에 2/3 찬성의 수준으로 강화하도록 함.

4) 도시계획위원회 회의록 공개

위원회 운영의 합리성과 투명성을 확보하기 위해서는 위원회의 회의록을 시 홈페이지 등을 통해 공개하도록 하며 공개 시기는 내용에 따라 차별화하도록 함.

회의록뿐만 아니라 도시계획 위원의 활동 내역을 공개하여 투명성을 확보토록 함으로써 주민의 관심을 높이도록 함.

아젠다 14 : 도시계획관리의 신뢰도 확보

"도시계획관리의 신뢰도를 높이기 위해 전문가파견제, 공무원지원담당제, 주민제안제, 주민협정제 등 다양한 제도적 장치를 마련합시다."

1. 제안배경

대부분의 지역들이 과다 추정된 인구지표로 도시기본계획 인구를 예측하고 있어 도시계획 운영 전체에 대한 실효성과 신뢰도를 떨어뜨리는 결과를 초래하고 있음. 이는 지역개발을 위해 대규모 택지개발이나 최대인구수용에만 관심을 두면서 자치단체장의 공약에 따라 도시정책을 수시로 변경하는데서 비롯된 것임. 또한 인구성장한계치의 과다 적용, 자연적 인구증가와 사회적 증가의 중복 계상, 통계검증의 미흡, 밀도관리의 오류 등 도시계획 관리가 현실적이지 못한 것도 문제점으로 지적되고 있음.

시민사회가 성숙할수록 소수의 전문가 내지 행정에 의한 도시계획

수립방식의 한계를 인식하고 이를 보완하려는 다양한 계획방식이 논의
되는데 그 핵심은 주민참여형 계획으로 이는 단지 도시계획 내용에 대
해 의견을 부분적으로 개진하는 수준에서 더 나아가 주민이 직접 계획
을 작성하고 이를 계획행정에 반영하려는 적극적인 노력을 의미함.

이제까지의 일률적이고 주민이 배제된 도시계획체계로는 증대되고
있는 지역주민의 삶의 질 욕구를 충족하기 어려우며, 도시계획의 효율
을 높이기 위해서는 지역개발을 통한 규모 확대보다는 지역주민의 삶의
질 향상에 강조점을 두어야 함. 특히 지방분권의 실현을 위해서도 지역
특성을 살리는 도시계획 수립과 시민이 주체적으로 참여하는 방식이 요
구되고 있음.

2. 현황 및 문제점

지방자치단체는 도시계획에 대한 주민 만족도를 높이기 위해 전문
가파견제도, 공무원지역담당제 등을 도입해 주민들과의 접근성을 극대
화하고, 주민제안제도나 공공지원제, 주민협정제도 등의 제도를 통해
주민들의 참여를 적극 유도해 나갈 필요가 있음.

현재 도시계획 및 지구단위계획에서 주민제안제도가 도입되고 있으
나, 현행법 규정상 입안 제안자에게 비용을 부담시킴으로써 공익성 있
는 주민제안 자체를 제약할 가능성이 많으며, 또한 제안내용을 행정기
관이 수용하는 과정에서 임의적으로 판단해 본 계획안에 반영하지 않을
가능성도 있음.

3. 아젠다 제안내용

1) 전문가파견제도 도입

전문가파견제도는 도시계획 및 정책사업에 대한 관련 행정절차와 법적 사항에 대해 전문성 있는 정보를 제공함으로써 주민의 이해를 높이고 이해집단간의 갈등과 상충된 의사를 조정하는 중재적 역할을 수행하는 제도로 지방자치법, 또는 관련 조례 등을 통해 도입하도록 함(주민자치센타설립에관한조례, 마을만들기조례 등).

전문가 확보는 투명하고 공정하게 지역에서 전문적 지식을 가진 자를 초빙, 영입하거나 자원봉사 성격의 계획가를 모집하여 사안별로 파견하도록 하며, 주민의 입장을 대변하고 주민참여사업을 효과적으로 돕기 위한 역할을 할 수 있도록 함.

2) 공무원지역담당제 실시

도시계획 진행에 있어서 초기단계의 대응이 상당히 중요하나 제도적으로 초기단계에 대한 주민에 대한 접근도가 미약한 실정임. 따라서 지역에 대한 이해가 깊은 공무원을 통하여 주민의견 제안 및 수렴을 할 수 있도록 하는 공무원지역담당제를 실시할 필요가 있음.

지역담당제는 현재 기초민원발급 업무를 주로 하고 있는 동사무소의 역할을 개선해 일정 공무원을 지역담당공무원으로 배치하거나 공무원의 수가 부족한 경우 지역에서 일정요건과 지식을 갖춘 인력을 확보하여 준공무원 형식으로 파견하도록 의무화해야 함.

지역담당공무원은 지역별 민원이나 사안에 대한 의무를 부여하여 지역관련 정책, 개발사업 등에 대한 주민홍보와 이해를 돕고 주민참여와 주민협의체의 조직·운영을 위한 행정적·제도적 지원에 대한 사항들을 전담하도록 함.

3) 주민제안제 활성화

주민이 지구단위계획구역의 지정, 변경과 수립에 관하여 제안할 경우, 공개된 토론과 심사를 거쳐, 계획의 입안 및 결정에 필요한 비용의 전부 또는 일부를 지자체가 부담할 수 있도록 함.

공공지원제는 주민제안과 참여를 활성화하기 위해서 지자체의 일정 재산 혹은 기부금을 신탁하고, 운용수익으로 각종 주민제안사업을 지원하도록 하는 제도로, 주민과 시민단체가 함께 참여하여 제안하면 구체적인 사업계획과 지원프로그램을 수립하여 지원할 수 있도록 지원에 관한 세칙을 마련할 필요가 있음.

4) 주민협정제도 도입

현재 일단의 거주지 혹은 상업지 등의 기초단위에서 지역특성을 살리는 도시계획의 제도적 장치를 마련하기는 어려운 실정이며, 주민이 주체적으로 지역사회를 가꾸어나갈 수 있는 토대를 마련하기 위해서는 무엇보다도 법률이나 조례로 추진할 수 없는 지역의 특성을 살리면서 주민의 요구에 세심하게 대응할 수 있는 제도의 도입이 요구됨.

주민협정제도는 거주지 지역단위에서 토지이용, 건축, 경관, 녹지 등과 관련된 주민의 일상적 행위를 규제, 유도하기 위하여 도시계획과정에서 나타나는 제반사항들에 대해 제도적 범위 내에서 주민들의 협약

을 이끌어 내는 주민참여 장치임. (건축협정, 경관협정, 녹화협
정 등)

주민협정을 통해 해당지역 주민들은 스스로 해당지역의 기준을 관
련법령의 기준 범위 안에서 따로 정하고 주민들이 정한 기준에 구속될
수 있도록 하며, 제도화시킬 사안들에 대하여는 지자체장에게 건의안
등을 제출하여 심의 후 지역에 적용, 시행하도록 함. 주민들이 주민협정
을 위한 행정지원을 요구할 경우 행정기관은 공무원, 전문가들을 파견
하고, 필요한 회의장 등을 제공하도록 함.

주민협정제도의 도입을 위해 주민협정의 적용범위, 구성원수 등 주
민협정에 대한 기본적인 규정과 주민협정 내용을 준수하도록 하기 위한
법률적 근거와 규정이 마련되어야 할 것임.

아젠다 15 : 녹색구매 확대실시를 위한 제도의 정비

"녹색구매 촉진을 위한 각종 제도를 정비하고 행정에서부터 이를 실천해 나
갑시다."

1. 제안배경

1996년부터 정부와 기업을 대상으로 환경마크상품과 재활용상품에
대한 공공기관 우선구매제도를 시행해 왔으나 구매계획과 실적의이원
화, 상품정보와 홍보의 부족 등으로 조달규모[6]가 크지 않았음.

2005년 7월부터 시행중인 '친환경상품 구매촉진에 관한 법률'에서
는 공공기관의 친환경상품 의무구매와 구매이행계획의 수립, 그리고 지
역에서의 친환경상품 구매 촉진을 위해서 지방정부로 하여금 녹색구매
조례를 제정하여 시행토록 하고 있음.

일부 광역자치단체(서울시, 경기도 등)에서 녹색구매 촉진을 위한
시도를 하고 있으나, 이를 지방정부 전체로 확산시키기 위해서는 적극
적으로 녹색구매 조례를 제정하고 관련 규정들을 정비하는 작업이 매우
시급함.

---

[6] 공공기관의 친환경상품 구매규모는 조달청의 내자구매 5%로 (2003년 기준 약 4천억원) 매우
낮은 수준임.

2. 현황 및 문제점

선진국의 지방정부는 친환경 생산·소비를 위해 녹색구매방침을 수립하고 산업계·시민단체와 네트워크를 구축하는 한편, 직원과 시민들을 대상으로 녹색소비 교육도 강화하고 있음.

서울시는 2003년 4월 '서울특별시 녹색구매기준'을 제정했는데 수권조항이 없어 조례가 아닌, 예규로 시행하고 있는 실정임. 이 기준은 친환경물품구매절차, 물품의 환경성 입증, 홍보·교육, 표창 등의 내용을 포함하고 있음. 2005년 11월 경기도는 '지속가능 생산·소비 선언' 및 '지방정부·산업계·시민단체간 녹색구매 촉진을 위한 공동실천협약'을 체결하였음.

3. 아젠다 제안내용

1)지역 내 녹색구매 촉진을 위한 조례제정 및 근거규정 마련

친환경상품을 의무적으로 구매·사용할 수 있도록 녹색구매 조례제정 및 물품구매계약서, 각종 공사계약서 등에 녹색구매 근거 규정을 정비하고, 구매계획을 수립·이행·평가하도록 함.

2)지방정부, 공공기관부터 녹색구매 확대 실시

먼저 지방정부, 공공기관에서부터 녹색구매를 전담할 부서와 전담인력을 지정, 운영하고 산업계와 시민단체, 시민의 의견을 적극 수렴하여 매년 지속가능한 생산·소비촉진을 위한 이행계획을 수립해 이를 실천해 감으로써 지역 내 녹색구매를 활성화시켜 나가도록 함.

현재 공산품 위주로 되어있는 친환경상품의 범위를 친환경서비스와 유기농수산물도 포함될 수 있도록 점진적으로 확대해 나가야 하며 특히 지역에서 생산되는 농특산물에 대해서는 지방정부차원에서 친환경상품 대상품목 이외의 품목에 대한 판단기준을 개발할 필요가 있음.

3) 지역 내 가능한 부문부터 녹색구매 실천협약 체결

지역의 녹색구매 확산을 위하여 공공기관, 산업계, 여성, 시민단체 등 주요 이해관계자들이 함께 참여하는 녹색구매 공동실천 협약을 체결하고 이를 이행해가는 것이 필요함.

특히 산업계와 시민단체의 역할이 중요하며, 기업의 자율적인 친환경상품 구매를 활성화시키고 사회 전반에 제품의 생산·소비 간 녹색사슬(Eco Products Chain)을 구축하기 위해 자율협약을 통한 자발적 참여를 유도하는 것이 바람직함.

아젠다 16 : 산업계 친환경상품 생산·유통·판매기반 확대 지원

"우리 지역의 기업이 환경경영과 친환경 비즈니스시스템을 갖추도록 적극 지원하고 육성합시다."

1. 제안배경

공공기관, 시민들로 하여금 녹색구매를 촉진할 수 있도록 하기 위해서는 산업계가 친환경상품 생산 기반을 갖추어야 하며 이와 함께 친환경상품의 시장 창출을 위해 사업체계 전반에 있어서 대기업과 중소협력업체간 긴밀한 협조가 필수적일 뿐만 아니라 정부의 지원도 필요함.

제품을 구성하는 원료는 공급망을 따라 이동하면서 원자재 → 부품 → 조립품 → 최종제품으로 변형과정을 거치기 때문에, 산업계는 제품책임주의(product stewardship) 실현을 위한 기술개발, 제품에 대한 전과정평가(LCA) 및 에코디자인(친환경 설계기법) 적용을 위한 노력을 통해 친환경상품을 생산, 보급해 나가야 함.

기업은 친환경상품의 개발, 생산, 판매, 서비스뿐만 아니라 원자재 및 사업전반에 필요한 물품구매에 있어서 건전한 기업소비자로서 녹색구매의 중추적 역할을 수행해야 함.

2. 현황 및 문제점

대기업뿐만 아니라 중소기업까지 지속가능한 일관생산체계를 확립하는 것이 중요하나 중소기업의 경우 환경경영기법을 도입하기에는 인적, 물적 자원을 갖추고 있지 못하며 지원하는데도 한계가 있음.

2004년 5월 전기·전자, 자동차, 화학업종 등 선진국의 제품 환경규제에 대응하기 위하여 환경부와 산자부가 친환경 원·부자재 공급망(Eco-SCM)[7] 지침을 개발하고 교육을 실시하고 있음. 그러나 제품 중 유해물질을 저감시키는 부품·소재 개발은 그 기간이 매우 길고 많은 연구개발 자금이 소요되기 때문에 개별기업이 이를 감당하기에는 한계가 있음.

소비자들이 친환경상품을 쉽게 구매할 수 있도록 하기 위해서는 친환경 유통업체 육성이 필요함. 특히 친환경상품의 유통판매 지원에 있어서 지원 대상을 공산품 판매업소 이외에도 유기농산물판매점으로 확대할 필요가 있음.

---

7 최종제품생산업체가 제품생산에 필요한 원·부자재를 구입할 때 구성성분, 중금속이나 유해화학물질의 함유여부와 그 정도 등 환경성을 평가하여 구매하는 기법.

3. 아젠다 제안내용

1) 기업간 친환경 협력체계 구축 지원을 위한 시책 마련

최종 제품생산업체는 기업의 환경관리 범위가 단순히 자사의 생산공정이나 사후처리에 그치는 것이 아니라 관련 공급업체들의 적극적인 참여와 환경성 개선 노력으로 이어지도록 관리범위를 확대하고 이를 지원하도록 하여 기업의 환경경영 효율을 높여나갈 필요가 있음.

그동안 시행해온 각종 제도가 생산 공정에서 발생하는 오염물질 저감 위주의 사업장에 많은 점수를 주는 방식이었으나 앞으로는 친환경상품의 구매, 생산에 많은 비중을 두도록 하여 지역 내에서 Eco-SCM을 확산시켜나가도록 함.

지방정부 차원에서 친환경상품 생산을 위한 교육·연수 및 기술과 자금지원 등의 시책을 마련하고, 선진국의 제품관련 환경규제에 대응하기 위한 정보를 제공하도록 함.

2) 친환경상품 개발, 유통, 판매 기반 지원 강화

친환경상품 기술개발, 제조, 판매자에 대한 운영자금이나 세제 지원, 기업간 기술이전이나 협력체계 구축에 대한 지방정부 차원의 다양한 지원방안을 마련할 필요가 있음.

친환경상품의 개발-생산-유통-판매-소비가 선순환 구조를 이룰 수 있도록 원·부자재 개발에 대한 지원뿐만 아니라 친환경상품 생산시설과 유통판매를 위한 지원이 이루어질 수 있도록 지원 범위를 확대해 나가야 함.

〈요약〉

아젠다 1 : 주민참여 통로 마련을 위한 자치입법화

아젠다 2 : 주민참여예산제 및 주민소환제의 도입

아젠다 3 : 주민소송제 및 주민투표제의 실효성 제고

아젠다 4 : 거버넌스기구 활동보고회 및 활동백서 발간

아젠다 5 : 각종위원회회의록 공개 및 위원 선정 규정 마련

아젠다 6 : 지자체 조례 및 주요 기본계획의 통합성 제고

아젠다 7 : 지방의회와의 협력체계 구축과 협력 강화

아젠다 8 : 지속가능한 지역발전을 위한 사회협약

아젠다 9 : 지속가능한 지역발전비전 수립

아젠다 10 : 비전실현을 위한 이행계획(지방의제21의 재작성) 수립

아젠다 11 : 지속가능발전추진기구의 안정적 운영

아젠다 12 : 도시계획 수립과정의 다양한 주민참여 방식 도입

아젠다 13 : 도시계획위원회 운영의 민주화

아젠다 14 : 도시계획 관리의 신뢰도 확보

아젠다 15 : 녹색구매 확대 실시를 위한 제도의 정비

아젠다 16 : 산업계 친환경상품 생산 · 유통 · 판매 기반확대 지원

지은이 소개

김영래(金永來)

연세대 정치외교학과 졸업

정치학 박사

경남대 교수

한국정치학회장

한국NGO학회장

일본 게이오대학 연구교수

현 아주대 교수

현 매니페스토 정책선거 추진본부 상임공동대표

마츠자와 시게후미(松澤成文)

게이오대 법학부 정치학과 졸업

재단법인 마츠시타 정경숙 입숙

가나가와 현의원 2선

중의원 의원 3선

현 가나가와현 지사

소네 야스노리(曾根泰敎)

게이오대 법학부 정치학과 졸업

정치학 박사

예일대 정치학부 객원연구원

호주국립대 객원연구원

하바드대 국제문제연구소 객원연구원

현 게이오대 대학원 정책 · 미디어연구과 교수

현 새로운 일본을 만드는 모임(21세기 임조) 대표간사

이현출(李鉉出)

건국대 대학원

정치학박사

한국학중앙연구원 초빙연구원

일본 오사카시립대 객원연구원

한국정당학회 총무이사

현 한국정치학회 연구이사

현 국회도서관 입법정보 연구관

이노우에 료이치(井上良一)

게이오대 경제학부 졸업

가나가와현 기획부 차장

(주) 요코하마항 국제유통센터 상근감사역

현 특정비영리법인 '참가형 시스템연구소',

'자치창조컨소시엄' 등에서 활동중

현 가나가와현 로컬 메니페스토 추진 네트워크 사무국 차장

손혁재(孫赫載)

성균관대 대학원

정치학 박사

참여연대 협동사무처장

한국정당정치연구소 의정평가실장

성공회대 NGO대학원 연구교수

현 경기대 정치교육원장

하동현(河東賢)

고려대 행정학과 졸업

고려대 대학원 행정학 석사

한국갤럽조사연구소 정치사회조사 연구원

게이오대 매니페스토 연구회 연구원

현 게이오대 정책미디어연구과 박사과정

김재용(金在容)

전 2000년 총선시민연대 청년유권자연맹위원장

현 동북아전략연구소 연구원

　희망제작소 객원연구원

　게이오대 매니페스토 연구회 연구원

현 게이오 대학원 박사과정 재학중

ㅊ

ㅌ

ㅍ